乡村振兴与文化建设能力
——以浙闽豫三村个案研究为例

Rural Revitalization and Cultural Construction Capacity：
Based on a Case Study of Three Villages in Zhejiang, Fujian and Henan

赵翠翠 著

社会科学文献出版社
SOCIAL SCIENCES ACADEMIC PRESS (CHINA)

图书在版编目（CIP）数据

乡村振兴与文化建设能力：以浙闽豫三村个案研究
为例 / 赵翠翠著. --北京：社会科学文献出版社，
2024.10
（中国社会科学博士后文库）
ISBN 978-7-5228-3131-2

Ⅰ.①乡… Ⅱ.①赵… Ⅲ.①农村-社会主义建设-
案例-中国 Ⅳ.①F320.3

中国国家版本馆 CIP 数据核字（2024）第 025646 号

·中国社会科学博士后文库·

乡村振兴与文化建设能力
——以浙闽豫三村个案研究为例

著　　者／赵翠翠

出 版 人／冀祥德
组稿编辑／谢蕊芬
责任编辑／赵　娜
文稿编辑／张真真
责任印制／王京美

出　　版／社会科学文献出版社·群学分社（010）59367002
　　　　　地址：北京市北三环中路甲 29 号院华龙大厦　邮编：100029
　　　　　网址：www.ssap.com.cn
发　　行／社会科学文献出版社（010）59367028
印　　装／三河市龙林印务有限公司

规　　格／开　本：787mm×1092mm　1/16
　　　　　印　张：17.5　字　数：290 千字
版　　次／2024 年 10 月第 1 版　2024 年 10 月第 1 次印刷
书　　号／ISBN 978-7-5228-3131-2
定　　价／128.00 元

读者服务电话：4008918866

《中国社会科学博士后文库》
出版说明

　　为繁荣发展中国哲学社会科学博士后事业，2012年，中国社会科学院和全国博士后管理委员会共同设立《中国社会科学博士后文库》（以下简称《文库》），旨在集中推出选题立意高、成果质量好、真正反映当前我国哲学社会科学领域博士后研究最高水准的创新成果。

　　《文库》坚持创新导向，每年面向全国征集和评选代表哲学社会科学领域博士后最高学术水平的学术著作。凡入选《文库》成果，由中国社会科学院和全国博士后管理委员会全额资助出版；入选者同时获得全国博士后管理委员会颁发的"优秀博士后学术成果"证书。

　　作为高端学术平台，《文库》将坚持发挥优秀博士后科研成果和优秀博士后人才的引领示范作用，鼓励和支持广大博士后推出更多精品力作。

　　　　　　　　　　　　　　　《中国社会科学博士后文库》编委会

序一　乡村振兴中的文化想象力

　　又是一年一度的春节，如何过好年、过出年味的话题被重提。

　　比较而言，人们都会预感和期待乡村的春节肯定比城市的年味浓厚。乡村的春节能放鞭炮，加上家族祭祖仪式及各种民间习俗的展演，年味就更足了。城市居民则以亲友团聚、吃喝玩乐为主，没有一项不是平常日子平常心的事情。问题是，农业文明时代的年味如何保持在商业、工业文明甚至是数字文明之中，年味重了，是否乡村的社会-文化就能发达了？！

　　难道我们真的能够回到儿时的年味中去：一包糖就能使春节甜蜜，一件新衣服就充满了喜庆？！那可是穷怕了之后的短暂快乐和喜悦，所以小孩特别期待过年，能够吃好的、穿好的。现在人们如果还在期待过年的话，他们是否还是在期待和家人团聚，期待除夕之夜的家族团圆饭？被看作例外的社会现象是，现代社会的个体无法独立，而作为乡村基础的家庭却在不断陷落，导致当下不少青年人（无论城乡）都把春节当作精神负担，害怕面对因为春节而衍生的问题或责问。

　　更使人感慨的是，每年春节数亿人次的人口返乡活动早已成为当下中国一道独特景观。人们如此千里迢迢而匆匆返家，大都因为没有日常安顿身心的家庭情景。可是，眼下很多乡村已经基本看不到还在种地的年青一代。乡村的年轻农民已经在用实际行动宣告：他们是最后一代农民。

　　城镇化或迫于生计而促成的人口流动及其带来的乡村发展困境，城市化带来的乡村问题，中国基层的文化振兴问题等，大都在展示当前中国一个重大的社会-文化困境：传统中国以

"家"为骨架的熟人社会解体之后，普遍有效的新型社会自组织形式又难以形成。此情此景之中，即便放点鞭炮、吃顿团圆饭，人们拥挤在民俗活动的神人狂欢之中，固然很有年味，但也无法掩饰乡村空心化、老人化、去集体化等种种表象。它在告诉世人——今日乡村如何重建一个拥有完整人际关系的"社会"，促使当下各种不完全的乡村家庭人际关系能够稳定，促使乡村居民的身心能够基本安顿下来，能够真正面对年味消失之后的那种空寂和荒漠。

学界一般认为，农村不同于乡村。农村对应于城市，是一个经济学概念，比较强调生活物质方面的内容及其差异；乡村对应于当下都市，大多指一个内涵更丰富、内容更综合、更有感情色彩和人文关怀的生产生活共同体，尤其强调文化精神、生活方式和家园归属感，凸显的是相对于都市来说的综合性关系。所以，乡土、乡村更像是社会-文化概念，承载着地理、经济、人口诸多信息之外的文明意蕴，甚至表征了人们的情感、信仰，彰显着一种具有整体性和内在关联的有机文明世界。然而，现实情况是，今日中国大多数乡村早已失去乡村象征家园的文明意义。而家园凋零的第一个特征就是农村人口的大量流失。

但是，近期在网络上读到一个故事，说的是一个农民倾诉自我。他要说的是，土地才是他一切苦难的根源。这种议论与刚才谈及的农村人口流失造成乡村凋零的议论大相径庭，大大出离了人们的一般见识。这位农民沉痛地认为，离不开土地，他注定将一事无成。面对他儿子看不起他，说他种了一辈子地，结果一事无成，他不但不生气，反而在心里感到高兴。

离开土地和农村，他认为这是孩子觉醒了，将来有希望了。他说现在的农民对土地没有任何感情。这位农民似乎在暗示，土地并非农民的命根子，反而要在土地之外才能找到他们生活幸福的根本，土地权才会使他可能去分享城镇化和现代化带来的土地增值。也许在拥有一份土地权之后，他才是乡村经济活动、文化活动、社会活动等方面的主人，而不再在乎城乡差异、每年在哪儿过年。

　　人们看到的表面现象是新时代的乡土或广义上的乡村，人户分离的现象大多来自现在的乡村，那种以家庭为基础的乡村社会秩序在现代化进程中被历史的洪流冲得七零八落，从而不得不把它们归咎于现代化进程对于乡村的巨大冲击。问题是在这种近乎浪漫化的乡村想象之中，我们如何去理解乡村中无数的年轻人反而会离开乡村到城市去面对、去迎接甚至去享受这种现代化的冲击。这些年轻人一旦离开乡村进入城市，乡村就成为他们永远的乡愁，不愿回去，也回不去了。身体、精神以及社会关系三个层面如果都已在巨变之中难以复归，面对一个比城市更加老龄化的地方，空心村越来越多，智慧乡村、浪漫乡村同时也越来越多。即便是基础建设由大城市里面各个机构帮忙建成，道路通了，电路通了，学校建成了，但村里的经济来源主要还是外出务工，促使乡村人气不够的冷清依旧。

　　身处这样的现实和学术问题之中，我们读到了赵翠翠博士新近的研究成果——《乡村振兴与文化建设能力——以浙闽豫三村个案研究为例》。赵翠翠博士曾经研究民间信仰与乡村社会的关系，这本论著是她在华东师范大学社会学系博士后的出站报告，结合国家社会科学基金青年项目而最后完成的研究。研究中提出乡村振兴的"文化建设能力"，以具体对应乡村振兴中的主体秩序和文化心态等结构性问题。

　　该书以浙江、福建、河南的三个村落为研究对象，紧密围绕圣人崇拜、名人崇拜和土地崇拜三种崇拜类型，具体而细致地展现了乡村文化建设现状，揭示乡村文化建设能力的多种行动逻辑。作者展示了乡村振兴中乡村文化建设的一个重要问题，即乡村文化建设的主体秩序、资源依靠究竟是什么，以及由此构成的乡村文化心态。联系近年来的新乡贤现象及其相关讨论，该书面对的圣人崇拜、名人崇拜和土地崇拜是否就是以新乡贤作为主体。

　　恰好如该书所指出的那样，这些以崇拜为文化建设形式的具体效果，是局部的、地方的、家族的、私人的文化秩序构建，但也不乏当前乡村文化建设过程中的普遍特征。尤其是乡村各类仪式性崇拜活动所呈现的各种自我化、消费娱乐化特征，乡村文化建设能力对家族势力、行政权力的深层依附，能够吸引大多数村民参与其中。然而，这正是作者告诉读者的主要内容，乡村文化建设现状的某些景观化与空洞化等现象，或多或少地呈现了一种乡村文化建设能力的无力，甚至是无法应对上面提及的那些问题。

华尔德曾经提出的"新传统主义"，杜赞奇笔下关于"经纪人"在促进乡村与国家关系构建中的地位与作用机制，大都在作者的论述中结合乡村文化建设对各种外在力量和资源的路径依赖，呈现一种值得阅读、深入了解的学术关联，进而在这种关联之中看到了乡村文化建设中的结构化困境及其文化建设能力如何建构的多种可能。在这里，有一个在乡村振兴过程中非常值得关注的问题，那就是作为乡村文化建设的乡村振兴，如何通过"孟子定律"、千百年来深藏在人们观念深处的恒产恒心等问题的解决，而最后得以付诸具体实践。

孟子提出的有恒产者有恒心的文化定律，对于一个农业传统异常厚重的中国社会而言，非常传统，非常重要。它能够提供多样性的春节年味，能够奠定家族团聚的资源和运作机制，还能够自行选择行动空间和呈现自我人格心态的生活样式。这一定律如能体现在乡村振兴中，即中国式现代化建设的基本运行机制之中，就不仅是乡村家庭团聚、宗族祭祀、民俗活动、名人崇拜等问题，也不局限于学术理论，还与中华文明的现代建设紧密相关。

感谢赵翠翠博士在龙年春节满足于年味之际圆满完成的新著。通过她的辛勤而持久的研究，给人们展示了进一步理解、解释乡村振兴及其文化建设的新视野和新思路，激发读者在解读乡村振兴中的文化想象力。

2024 甲辰龙年春节

上海—桂林—济南旅次

序二　乡村振兴与"活出来"的乡村文化

　　乡村振兴的一个重要内容就是文化振兴，而文化振兴的关键在于人的振兴，在于人的道德与文化自觉。20世纪二三十年代梁漱溟先生所推动的乡村建设运动、三四十年代费孝通先生就开始致力于的中国工业化与现代化研究，以及费孝通先生晚年所强调的心态秩序研究，都是在探讨农村、城镇和城市之间的关系，致力于探究如何更好地富民并促进乡村大众的文化自觉与文明自治，实现人与人、乡村与城市、个体与家庭、国家与社会、中国与世界之间的良好联结。

　　因此，文化振兴可谓乡村振兴的关键与重点内容，而文化心态则决定了乡村振兴的多元性、包容性和开放性。尤其是在复兴中华优秀传统文化的背景下，更好地挖掘地方文化特色，梳理地方文化建设的各种心态逻辑，构建具有地方发展特色的文化振兴之路，具有重要意义。同时，以文化建设带动经济、生态、技术、人才、就业等方面的结构性发展，可谓当前乡村文化建设的重要使命。此外，具有社会文化差距的内外主体之间的互动关系如何进行，已成为我国乡村振兴发展实践能否顺利实现的关键所在。

　　基于此，赵翠翠博士提出了"文化建设能力"的核心概念，同时以浙闽豫三村个案研究为例，具体而深入地呈现了三个村庄的文化建设现状及其能力机制，不仅分别论述了圣人崇拜、名人崇拜和土地崇拜在促进乡村文化振兴方面的具体能力及其心态秩序，而且将这些文化崇拜心态放置于具体的行动主体、时空环境、制度结构等微观或宏观的角度进行考察，能够很好地拓展当前乡村振兴尤其是乡村文化振兴研究的具体内容及其研究视角，有益于更好地了解乡村振兴之行动主体的精神文化需求，促进大众精神生活的共同富裕。

整体来看，该研究成果《乡村振兴与文化建设能力——以浙闽豫三村个案研究为例》建立在翔实的田野调研基础之上，结构完整、层次分明，运用扩展个案及其比较研究方法，对三个村庄的文化建设资源进行了深入分析和比较；借助于民间精英的中介身份，揭示了民间精英在建构村与民、民与民、城与乡、家与国之间的价值累加功能，说明了三种文化崇拜心态在提升人的道德自觉、乡村治理、乡风文明、村庄面貌等方面的能力机制与振兴逻辑。这种跨地区、跨文化的比较研究，是对乡村振兴聚焦于单个村落的研究范式之拓展和丰富。

该成果介于乡村研究和文化研究之间，对文化建设能力的内在逻辑与能力机制所进行的深度剖析让人眼前一亮，具有多学科、跨学科的性质，对于一向偏重从组织、经济、政治等角度进行研究的乡村振兴而言，无疑是一个新的切入点。该著作的研究结论提出了"私人化依附"和"层级式建设逻辑"的概念，揭示了乡村文化建设对于家族资源和行政权力资源的深层依附，是对文化建设之表层现象的深描，亦是基于扎实的经验材料之升华，是对乡村振兴逻辑的深入推展。

在对经验现实的分析基础上，该研究成果试图进行历史比较，试图与华尔德的"新传统主义"、杜赞奇的乡村研究进行对话。正是在这种理论与现实的对话中，我们能够看到历史变迁的普遍逻辑，也能够看到该研究成果的学术价值与现实意义。该成果不是书斋式的研究，其对于推进和拓展乡村振兴研究、丰富以往的文化研究、开展多学科研究，对于基层社会研究，或者国家制定具体的方针政策都具有积极的借鉴意义。

文化是一个国家、一个民族的灵魂，是人类社会所特有的现象。只有真正了解作为文化主体之文化需求及其各种实践活动，才能真正了解文化本身的内涵，揭示创造文化的人类社会及其心态特征，构建良好的文化活动及文明心态，构建一种"活出来"的文化精神。在此，文化本身并非静态的存在，而是一种动态的不断被创造出来的过程。基于不同村庄的文化崇拜心态与文化建设能力、文化建设心态研究，还有助于发现文化表达的文本、仪式、景观、空间及其精神对乡村内外不同主体的价值重塑与对不同关系的平衡，也有助于将文化资源进行各种指标化处理与具体分类，有益于发现不同乡村社会的文化建设能力及其强弱关系，讨论不同文化崇拜背后的家族文化心态、祖宗崇拜情结、人地关系变迁与乡村振兴逻辑。同时，呈现不同文化系统、不同价值主体、不同人群关系、不同社会资源之间所可能的价值累加与叠合秩序的生成，为乡村振兴提供一种文化秩序生成框架及其解释体系，建构一种乡村振兴所急需的公共文化与公共型叠合秩序。

在此意义上，作者关于不同村庄的地方文化特色研究，为我们展现了不同类型村庄的不同文化崇拜体系及其心态秩序，如何构建与促进了一种乡村振兴的普遍逻辑。对于其中诸种"关系"的深度挖掘，有助于更好地了解与剖析乡村正在发生的结构性变迁。对不同村庄社会的文化建设形式及其内涵的积极引导，也有助于在新时代承担新的文化使命，是一种有益于推动文化繁荣、建设文化强国、建设中华民族现代文明的积极尝试与实践。

当然，乡村振兴过程中的内外主体所面对的复杂的乡土文化，往往意味着背后有着许多难以处理的"关系"。文化的复杂性不仅指文化多样性，还指内外主体互动包含的多对关系。不同层次、类型的主体之间都可能会因为关系交织而面临双方权力的平衡问题。因此，要想让乡村振兴的实践实现内外主体的包容性参与，取得持续性和长足性的进步，除了文化建设能力的提升，还需要在乡村振兴实践能力的各个方面不断加以探索和加强，以实现乡村振兴的整合发展。

2024 年 2 月 2 日于华东师范大学丽娃河畔

摘　要

　　人与土地关系的疏离及城镇化促成的人口流动、乡村结构的急剧变迁，大致形成乡村社会"去集体化"特征，以及当前乡村振兴主要社会单元的悬置和诸多建设困境。在此种情况下，乡村社会心态及关系如何重塑、资源如何整合、乡村共同体如何重构等"乡村发展走向何处"的问题成为乡村振兴及乡村研究的重点。

　　以往的乡村振兴研究大多集中于村级政权、人才、技术、资本、土地、制度、新乡贤、文化建设等方面，这些都为乡村振兴研究提供了很好的理论借鉴与参考价值。尤其是乡村文化振兴方面的研究现状以及一些乡村文化建设所呈现的仪式化与私人性崇拜特征，都使我思考如何将这些仪式化崇拜内容与组织资源倾向、行动逻辑等转变为促进乡村秩序构成的集体欢腾和公共理念，促进乡村社会各种人群、资源及价值关系的正向累加与公共型叠合秩序的生成。

　　基于此，本书以浙江溪水村、福建梅山村、河南吉原村三地乡村文化建设为研究对象，以"文化建设能力"为核心概念，围绕圣人崇拜、名人崇拜和土地崇拜三种崇拜类型及其文化建设现状，展开对乡村振兴与文化建设能力之间关系的理论与实践分析。在个案研究及其深度比较中论述乡村文化建设的现状特征、各种能力不足及其困境，揭示乡村文化建设能力的各种依附性逻辑。

　　研究表明，当前乡村文化建设能力大多呈现一种私人化依附与层级式建设逻辑。私人化主要体现为乡村文化建设对行政权力与家族关系的深层依附，层级式则表现为乡村文化建设在城与乡、村与村、大众与精英、亲代与子代之间的差异。此私人化依附与层级式建设逻辑造成乡村文化振兴差别突出、集体欢腾式的消费娱乐性明显。

从文化建设的依附性、层级式逻辑出发，在理论对话层面回应华尔德"新传统主义"权力之私人化依附及杜赞奇笔下关于"经纪人"中介在促进乡村与国家关系构建中的地位与作用机制。在实践意义方面，则致力于建构一条将文化建设能力与乡村文化共同体建设有机整合为一体的结构性文化建设路径，挖掘文化建设对促进乡村自治、建设村落文化共同体、提升村级治理能力、促进农业农村现代化等的学术价值与社会意义，为乡村振兴提供一种文化秩序生成框架及其解释体系。

关键词：层级式发展　文化建设能力　乡村共同体　文化秩序

Abstract

The alienation and rupture of relationship between man and land, population mobility caused by urbanization and dramatic changes in the structure of the countryside generally form the characteristics of "collectivization removing" in rural society, as well as the suspension of the main social unit in current rural revitalization and many construction dilemmas. In that case, the problems of rural development, including how to reshape the social relation of rural society, how to integrate resources and how to reconstruct rural community, become the focus of rural revitalization and country research.

The majority of current rural revitalization research focuses on the village regime, talent, technology, capital, land, system, new rural celebrities, cultural construction and so on, which provides a good theoretical reference and reference value for the study of rural revitalization. Especially the current status of rural culture revitalization and various features and personal worship in the process of cultural construction, it prompts the author to think that how to make these ritualized worship content, organizational resources tendency and action logic change the collective jubilation and public perception in promoting rural order, and the formation of forward accumulation and superposition public order enabling all kinds of rural society population, resources and value relationship.

Based on the above mentioned, the research takes the rural cultural construction of Xishui village in Zhejiang, Meishan village in Fujian and Jiyuan village in Henan province as the research objects, and makes the "cultural construction capacity" as the core concept, and studies the theory and practice analysis between rural revitalization and cultural construction capacity among saint worship, celebrity worship, land worship and its current situation of cultural construction. Also, the research discusses various capacity insufficiency and its construction dilemmas of rural cultural construction in case studies and comparisons, and reveal all kinds of dependent logics of rural cultural construction capacity.

Research has shown that the current rural cultural construction capacity mostly presents a personal attachment and hierarchical construction logic. The privatization mainly reflects that rural culture construction is deeply attached to executive power and family relationship, while hierarchical construction is manifested in the differences between urban and rural areas, villages and villages, masses and elites, and parents and offspring in rural cultural construction. It causes outstanding differences of rural cultural revitalization and distinctly collective jubilation entertainment by the personal attachment and hierarchical construction logic.

According to the personal attachment and hierarchical logic of cultural construction, the research report theoretically responds to Andrew G. Walder's neo-traditionalism personal attachment and Prasenjit Duara's statement that the status and mechanism in promoting the relationship between village and state with respect to intermediary "broker". In terms of practical significance, the research aims to construct a structural cultural construction path integrating cultural construction capacity and rural cultural community construction, and explore the academic value and social significance of cultural construction to rural autonomy, village cultural community, village governing capacity improvement, and rural agricultural modernization, and provide a framework generated by a cultural order and its interpretation system for rural revitalization.

Keywords: Hierarchical Development; Cultural Construction Capacity; Village Community; Cultural Order

目　录

Contents

Contents

导　论

　　我曾经在江西的一个村落进行调研，回头之际发现的一幕至今难以忘怀。一座盖得极好的三层楼房，门口坐着一位老大妈。她两眼发直，呆望着远方，似乎在等待和盼望着什么，旁边则是随意乱跑的鸡和鸭。我不禁上前问候了一句，却因大妈听不懂我的普通话而结束交谈，匆匆离开。只见大妈一个劲地摇头挥手，示意自己听不懂，表情竟也没有个变化……

　　这样的情形与感受，霎时间让我想起 20 世纪 80 年代罗中立先生创作的一幅著名画布油画《父亲》。在画面中，"父亲"脸上爬满了一道道的皱纹，手里端着旧碗，头上裹着白布，皮肤在阳光照射下显得格外黝黑，脸上大粒的汗珠似要马上滴落，一副憨厚淳朴的农民形象。而此刻，面对门口端坐、一言不发的老大妈，一阵莫名的悲凉感油然而生。直觉和敏感告诉我，这不就是当下中国乡村社会最为典型的一种象征吗？如果将罗中立先生画布油画的名称修改一下，当代中国乡村社会的图景，是否也可以用《母亲》这样的"老大妈"画面来进行形容。

　　这样的画面与经历，让我陷入了深深的思考与社会学想象之中。老大妈呆坐在门口的画面，过了几日还在我的脑海中不断浮现。这种莫名的感觉与情感始终挥之不去，促使我不得不感慨并深入反思当前中国乡村社会发展的历史及现状。

　　改革开放四十多年来的发展与变迁，使城乡收入差距逐渐拉大，农村人口不断流向城市，土地亦在快速地流转。在此城镇化变迁中，农民生活水平不断提高，乡村出现了人口与土地的空心化现象，但是，这种流动与现代化变迁，也给乡村社会带来了诸多活力与发展契机。那些离开村落在外漂泊的人，无论是自我发展谋生，还是因子女受教育等问题，都顺其自然地成了城镇或城市生活建设的重要构成者。一些在城市里生活得很不错的人，特别是有正式职业的人，能够挣到足够的钱，以至于在城市购房，拥有住所及户籍，过上了"安其居、乐其业"的体面生活，在一次次的返乡与回乡之中强化着对于城乡关系的深刻认知，也增强着内心深处的那份乡愁。而另一些进入城市的人则可能会因"待不下的城市、回不去的乡村"之生存尴尬与生活境遇，只能常年在外打拼赚钱，最后回老家修建房屋，安享晚年。

这些在外谋生的人，恰似前述"老大妈"在门口呆望着的某种思索和期盼，她盼望着儿女孙辈们的归来，想象着家人欢聚一堂的美好氛围，亦像是在深深地担忧与思考着未来自己及家庭的某种境遇。

在快速城市化进程中，村庄给人的印象大多是建设得整齐划一，却少了以往的热闹与人气，平日的乡村大多是一种"只见楼房不见人"的存在。在老百姓看来，村庄家庭房屋的修建，除了可以拥有安稳的住所之外，更多的就是亲密关系、文化延续及家族情感内涵，还有老百姓内心世界中的光宗耀祖情结。即便建造新房平时会无人居住，也要在故土或自家的宅基地上给自己留一块清净与舒适之地，留待他日衣锦还乡。

乡村变迁过程中的一些空心化现象与城市社会文化的繁华形成了鲜明对比，而那些走不出村庄的老大妈和老大爷，则依然喜爱坚守着一亩三分地，平日里呆坐在大门口，在远望、无声、盼望及想象子女归来的复杂与矛盾心情中，度过属于他们自己的春夏秋冬。这样的现实，是否就是中国农村留守人群最为典型的一种状态?!

这让我想起曾经在河南某村调研时，看到在田地里种大蒜的竟都是些老年人；而在安徽某村庄调研时，一位村委会干部说过的话，至今还让我记忆犹新："现在谁还愿意种地啊，以后就没人种地了!"

的确，随着中国城市化进程的推进，村民的生产方式、生活方式、文化崇拜方式、精神需求、消费方式等都发生了巨大的变迁，同时也产生了农业生产中的一些问题，亟待社会关注与解决。比如，上述"未来谁来种地"的问题；农业生产方面，机械化生产技术不断提高，但是农业生产成本不断增加、青壮年外出打工做生意等，都使很多村民将土地流转他人耕种，或是大片整租给种粮大户，那些没有流转土地的家庭，其从事农业生产的主体也多为老年人。

尤其是面对"80后不务农、90后不涉农、00后不识农"的农业发展现状与结构性变迁，所谓"土地乃百姓之命根子"的说法真的将一去不复返了吗？

　　土地生产成本增加、农业收成价值降低的趋势与现状，使村民虽然不再将土地视为唯一的生产资源与收入来源，日益从土地情结中脱离，融入距离村庄较近的小镇、小市或大城市，或成了往返流动于城乡之间的"两栖人"，但是农民的土地情结以及维持乡村社会发展的内在动力与集体发展机制就一定会逐渐弱化吗？

　　虽然在很多人看来，所谓乡土社会的"人气"及"热闹"，仅在春节这样的中华传统节日才得以充分体现，平日的村庄是"空洞的、落寞的、无声而孤独的存在"，但是这并不代表乡村本身的衰落，或文化建设能力的某种弱化，其实这恰恰是乡村城镇化进程中的必由之路。

　　近年来，"孔雀东南飞"的人才流动趋势已经放缓，很多省份在人才引进方面出台诸多措施以广泛吸纳人才，继而呈现了多种多样的发展方式。这些人才、技术、资本的流动，也为乡村社会建设带来了诸多的发展动力与现实条件。与此同时，随着移动互联网时代，特别是"媒介化社会"[①] 的到来，乡村建设的面貌亦不能一概而论，并非一个样板村的乡村振兴模式，而是一种多样化的发展进程及地方文化特色不断挖掘与再造的过程，通过微信、微博、抖音等自媒体而影响社会。乡村媒介化的发展正在快速地改变着个人生活的基本样式，改变着乡村社会关系、乡村文化生产及乡村资源分配的基本逻辑。这些变化都是城镇化、城市化、信息化、市场化、全球化、媒介化给乡村带来的刺激与变革。

　　在此进程中，乡村也因为资源、人口、文化、土地等现实条件的不同，而形成了一种内外结合、城乡融合的发展态势。其中，有些乡村因为人口、土地等面临严重的空心化治理难题，内生动力不足，致使乡村建设面临土地、人才、技术、资本等资源无法聚合的集体发展困境。有些乡村则因为当地城镇化建设趋势、城乡要素流动、互联网信息技术、自媒体等，呈现了乡村发展的新面貌与新气象，给予了村庄更多的发展动力与外生资源，使乡村内外联结与团结机制得到重新构建。一些乡村还日渐成为就近城镇或城市发展的相关组成部分，乡村之物理的、文化的边界正面临被打破的可能，这些都为促进乡村民众就业、提高村民受教育水平、促进

---

① 李烊、刘祖云：《媒介化乡村的逻辑、反思与建构》，《华南农业大学学报》2021 年第 4 期。

农民增收与生活富裕等创造了良好条件。

与此同时，与老百姓关系最为紧密的宗族关系、风俗习惯、乡规民约、传统信仰等文化制度建设，亦在此趋势中呈现极为丰富的表达方式，并以民俗文化、名人历史、非遗项目、祭典仪式等多样化渠道，呈现了对于乡村传统文化、优秀价值传承，人群关系和睦，良好秩序构建的重大意义。然而，与此同时，乡村老百姓的崇拜方式与行动逻辑又呈现越来越明显的私人化、原子化与功利化特征；一些乡村庙会或游神活动也时常因为无民间精英组织、资金支持不足、村民参与率低、仪式专家的去世或离开等情况，而存在某种消亡或失去传承的可能。村落社会的急剧变迁，使以往一些维持乡村秩序的宗族理事会或民间文化组织，其黏合度与人群互动的有机团结性或关联度日渐下降。

换句话说，当村与民、人与土地、人与人、人与祖先的空间关系日渐分离或疏离、断裂及错位时，维持乡村社会之传统"热闹"的文化共同体生活也将会一去不复返吗？城镇化与乡村振兴进程中的乡村，已经不再是传统意义上的乡村，乡村社会中的人也不再是原有乡村社会中的人，至于那些乡村的记忆、土地、祖先等却似乎还在，人与故乡、人与人之间的关系变得复杂而充满不确定性。从传统乡村进入现代乡村，农民心态在此过程中亦发生着诸多变化，亟须从制度结构、理解认知和行为方式等方面建构积极、健康而稳定的乡村文化及心态秩序。

至此，"乡村发展走向何处"的问题依然存在。[1] 费孝通先生一生致力于的"志在富民"以及晚年所思考的"心态秩序"[2] 问题依然值得深入思考。尤其是在当前乡村振兴战略实施的背景下，乡村振兴借助乡村文化建设这一中介、路径与方法，深入挖掘乡村文化建设的特色与发展机制，在提高乡村文化建设能力的过程中，重构乡村正在失衡的社会关系与情感心态、文化生活共同体，构建文化中介或组织，将有益于村落自治、村级治理能力现代化，以及实现新时代乡村振兴及中国式现代化的重要目标，承担起新时代的文化使命，为建设中华民族现代文明提供精神动力与地方支持。

① 黄应贵：《农村社会的崩解？当代台湾农村新发展的启示》，《中国农业大学学报》2007年第2期。
② 费孝通：《中国城乡发展的道路——我一生的研究课题》，《中国社会科学》1993年第1期，第12页。

第一章　乡村发展走向何处？

中国文化的根本就是乡村。

中国国家之新生命，必于农村求之。

一个人就是一个生命，一个活动的中心，一个活动的小单位。你必得承认他有他自己的力量；你必得尊重他自己的感情需求，予以适当的刺激，而导之于你所希望于他的活动。

——梁漱溟《乡村建设理论》

自20世纪二三十年代梁漱溟先生致力于乡村建设运动①后，中国社会的发展与变迁就未曾绕过这一问题。尤其是随着当代全球化进程中国际关系及世界秩序的变化、中国城镇化及城市化速度的加快与推进、城乡收入差距拉大、社会心态日趋复杂、家国心态的变迁等，乡村建设、文化振兴、文化自觉等再度成为被关注的重要研究议题。

中国社会中的"乡村"，依然是具有浓厚的乡土气息、"生于斯、长于斯、死于斯"的"乡土中国"，还是已经被城镇化或城市化所淹没的"无形的存在"之"乡愁的美好"，抑或是流动性日益增强的时代所形成的一种乡村发展进程中的衰落或振兴的景象？如何从整体并兼顾部分的视角，把握中国乡村建设现状与能力特征，把握当代中国"乡村发展走向何处"的重大问题，是关系到当前乡村振兴、城乡关系融合发展、心态秩序重建、中国式现代化②进程的关键。

---

① 梁漱溟：《乡村建设理论》，上海人民出版社2011年版。
② 李培林：《中国式现代化和新发展社会学》，《中国社会科学》2021年第12期。

　　根据国家统计局统计数据①，继 2011 年中国大陆城镇常住人口首次超过农村常住人口、城镇化率达到 51.83%后，2019 年中国的城镇化率达到 62.71%，首次超过 60%，2022 年中国的城镇化率达到 65.22%，城镇化水平稳定提高。按照国际标准，这意味着中国将从乡村社会时代过渡到城市社会时代，这是中国社会发展重大变迁与重要转型的标志。

　　与此同时，城镇化所伴随的人口流动、土地流转、宗族弱化②、阶层分化等，使一些乡村楼房高立、祠堂修建极为豪华却大多空无人烟；一些村庄日益成为城镇或城市发展建设的重要构成部分，却也面临居住格局、生活方式、信仰实践、消费方式、卫生服务、医疗教育等方面的心态适应及重构问题；一些村庄因为乡村庙会、非遗文化、地方名人等获得了相应的旅游文化资源而闻名一方，文化建设能力不断提升；一些村庄因村民文化主体流失，而面临传统文化资源失去传承或村落生活共同体消失的可能；也有一些村庄借着改革开放的发展步伐而走出了一条以旅游文化促进农民增收、带动农民致富的经济发展路径；更有一些村庄则被地方政府征用，迁移至异地或就近地区，重建了新的生活社区。当代中国乡村正在发生和即将发生一场深刻的变革，呈现了各种各样的乡村建设特征与地方发展特色，既有成功的地方经验，也存在一些问题，非常值得在当前的乡村振兴进程中给予重视和反思。

　　如今的乡村已非传统意义的、不太流动的、同质性极强的、"生于斯、长于斯、死于斯"的、以"地界性"③为区域界线的传统乡村，而是日益与城镇、县域、城市等接壤并连为一体或是边界不清甚至消失而融为一体的现代乡村。其中的城镇化或城市化特征，主要体现为人口流动、土地流转、农村耕种粮食的包产制、村与民及人与土地的关系分离。随着人口外流、城市生活压力的增大，一些在外谋生的村民开始遭遇所谓"待不下的城市、回不去的乡村"之生存困境；一些村民虽然居住于沿海发达城市，或是所在省会等二、三线城市，却始终无法构建出对工作地城市

① https://baike.baidu.com/item/城市化率/3034413。
② 陆学艺等：《社会结构的变迁》，中国社会科学出版社 1997 年版。
③ "地界性"在杜赞奇的研究中，是指群体的活动范围以庙宇"神力圈"界定，而非以市场活动界定，更非现代行政村划界线。杜赞奇：《文化、权力与国家：1900—1942 年的华北农村》，王福明译，江苏人民出版社 2003 年版，第 3 页。

社会的归属感与文化融入感，成了"城市里的陌生人"。①

当然，这一切城乡关系、乡村结构的巨大变迁，不能以"城市的胜利"②为终结，恰恰呈现了当代中国社会城乡关系融合发展进程中的各种重大转型问题，这些正是作为社会学研究者必须面对和梳理讨论的重要议题。

乡村快速城镇化或城镇化对乡村社会的内在影响，及现实层面村与民、人与土地关系的分离或疏离，人自身的多地域流动与身份、职业变迁等，都促使我在考察与调研乡村时，特别注意从内部与外部、个体与整体、公与私等多重视角出发，挖掘乡村振兴进程中农民的行动逻辑及其心态；站在尊重农民意愿和文化主体性的角度，发现重构乡村社会关系与乡村文化崇拜共同体等中介、在"找回村落共同体"③中有效促进乡村资源整合的可能性，进而揭示乡村社会变迁与乡村振兴的普遍逻辑，重新发现和反思中国社会文化建设问题。

2017年10月18日，习近平总书记在党的十九大报告中提出乡村振兴战略。2018年1月2日，中央一号文件即《中共中央　国务院关于实施乡村振兴战略的意见》公布。2018年9月，中共中央、国务院印发《乡村振兴战略规划（2018—2022年）》，并要求各地区各部门结合实际认真贯彻落实。在具体实践中，强调"把实施乡村振兴战略摆在优先位置，坚持五级书记抓乡村振兴，让乡村振兴成为全党全社会的共同行动"，即"要尊重广大农民意愿，激发广大农民积极性、主动性、创造性，激活乡村振兴内生动力，让广大农民在乡村振兴中有更多获得感、幸福感、安全感"④。同时，要注意处理好以下关系："长期目标和短期目标的关系""顶层设计和基层探索的关系""充分发挥市场决定性作用和更好发挥政府作用的关系""增强群众获得感和适应发展阶段的关系"。⑤此外，习近平同志还在2021年12月25—26日召开的中央农村工作会议上强调，

① 张鹂：《城市里的陌生人》，袁长庚编译，江苏人民出版社2014年版。

② 爱德华·格莱泽：《城市的胜利》，刘润泉译，上海社会科学院出版社2012年版。

③ 吕方、苏海、梅琳：《找回村落共同体：集体经济与乡村治理——来自豫鲁两省的经验观察》，《河南社会科学》2019年第6期，第113—118页。

④ 习近平：《习近平对实施乡村振兴战略作出重要指示，强调把实施乡村振兴战略摆在优先位置，让乡村振兴成为全党全社会的共同行动》，《人民日报》2018年7月6日。

⑤ 习近平总书记2018年9月21日在中共中央政治局第八次集体学习时的讲话。习近平：《把乡村振兴战略作为新时代"三农"工作总抓手》，《社会主义论坛》2019年第7期，第5—6页。

"乡村振兴的前提是巩固脱贫攻坚成果，要持续抓紧抓好，让脱贫群众生活更上一层楼。要持续推动同乡村振兴战略有机衔接，确保不发生规模性返贫，切实维护和巩固脱贫攻坚战的伟大成就"。① 这些都高瞻远瞩地为乡村建设、文化建设能力提高、城乡关系等工作指明了方向，是新时代推动乡村振兴的政策依据与奋斗目标。

第一节　研究缘起与问题提出

对村落及其村民问题的考察和研究，"最初是由在中国居住或旅行的外国学者进行的。在本世纪上半叶的几十年间，欧美和日本学者或抱着认识中国、认识中国社会的目的，或抱着为自己国家提供政治、经济与社会情报的意图，在中国不同的区域作了许多农村调查和农民研究"，"不了解中国的农村和农民，就不可能从根本上理解中国国情、中国的历史和中国本身"。② 可以说，乡村就是考察中国社会基本状况最为重要的窗口之一。尤其是随着中国城镇化率的不断提高，通过对不同区域、不同空间范围内村落文化的发展现状及其建设能力的整体性关注与研究，不仅可以窥探中国乡村社会发展的普遍面貌，而且可以探究这种普遍面貌背后深藏的地方文化建设能力的机制与差异，亦能在微观层面反观村民在此进程中的行动逻辑及文化心态等，这些都与乡村公共文化建设密切相关。

当代中国乡村社会已经取得较大发展。尤其是在乡村振兴战略实施进程中，各个地方都在积极挖掘特色产业，构建村庄发展特色，致力于促进农民增收，加强美丽乡村建设。只是与城市建设及其文化生活相比，城乡二元结构、农村发展不充分不平衡所导致的人群及阶层分化等，使城乡社会在医疗、教育、文化、住房、消费等方面依然存在一些差距。在此过程中，城市文化及其生活方式向乡村社会扩散、乡村人口向城市不断流动，这种双向的流动，使乡村在技术、人才、资源、宗族、文化等方面呈现了

---

① 《中央农村工作会议在京召开　习近平对做好"三农"工作作出重要指示　李克强提出要求》，新华社，2021年12月26日。

② 周晓虹：《传统与变迁——江浙农民的社会心理及其近代以来的嬗变》，生活·读书·新知三联书店1998年版，第2页。

较大的结构性变迁，却也极大地促进了全球化、信息化、媒介化背景下的乡村规划及农民自我生活的重构。尤其是随着个体化现代社会的推进，物质主义、明星崇拜、享乐主义、消费主义、佛系等弥漫在社会中，乡村在家庭、婚姻、亲密关系等方面的结构性变迁，使一些人时常呈现一种"无公德的个人"[1] 和费孝通先生笔下的"自我主义"[2] 之行动特征，缺乏相应的公共道德及社会关怀，私我性的生活逻辑较强。

即便是连接村与村、村与民、城与乡之极为重要的精神文化生活，如乡村民俗活动、村庄庙会、仪式庆典等，也大多因为上述私人行动逻辑，以及乡村社会的人口老龄化、少子化、青壮年人才外流等，而呈现日渐单一或面临失去传承的可能。虽然近年来政府在提供公共文化方面耗资巨多，开展了一系列文化下乡活动，很多村庄的体育文化设施等日渐完善，但是村民的精神生活水平依然有待提升，乡村文化自治意识还远远不够。村庄大树下或祠堂前，时常集聚着一群人，人们或闲聊家常，或几人一组搓着麻将或玩着棋牌，似有一种乡村公众文化性的体现，却大多无益于文化自觉与公共道德的提升。

就地城镇化、就近城镇化带来了乡村社会发展的巨大变迁，也相应形成了一些城中村问题。异地城镇化进程中，一些地方社会的城镇化进程带来了村落的消亡，使乡村文化资源及其风俗习惯、非遗项目等面临无法传承或消失的可能性，一些乡村则不可避免地进入融入或与城市共融的转型时期，反而构建了新的文化信仰惯习与社区新生活。异地城镇化带来的搬迁、拆迁及其民众在文化实践方式、居住格局、文化自觉、职业选择、家庭收入等方面的重新适应与心态调整等问题，都是考察当前乡村社会变迁与乡村文化建设的重要问题与背景。

尤其是党的十九大提出乡村振兴战略之后，"乡村振兴"不仅是新时代国家开展农村工作的基本方针和重大战略，还是关系到千万农民切身利益与幸福生活的大事件。基于此，乡村在动态的、流动的、私人化的、边界模糊的、媒介化的、全球化的时空与关系再造中重塑乡村的现代价值、激活乡村内生资源，构建基层发展动力与文化中介组织。同时，注重发挥民间新乡贤、乡村精英、地方能人等民间精英在乡村资源配置与价值累加

① 阎云翔：《中国社会的个体化》，陆洋等译，上海译文出版社 2012 年版。
② 费孝通：《乡土中国》，北京大学出版社 2012 年版，第 45 页。

中的积极作用，促进乡村治理善治及现代化转型，提高乡村文化建设能力，帮助实现"产业兴旺、生态宜居、乡风文明、治理有效、生活富裕"之乡村振兴战略总目标，成为乡村研究及文化建设能力研究的关键及重要内容。

第二节　研究回顾及文献述评

乡村已成为多学科的研究对象与内容，是深入考察中国社会变迁、中国社会建设及其文化传统的重要窗口之一，更是新时代研究中国式现代化、中国特色社会主义转型的重要视角。乡村边界日益模糊、异质性渐次增强、风险与流动性日益突出，使乡村正发生着一系列深刻的结构性变迁，这些都是探讨乡村振兴与文化建设能力的重要背景。

一　乡村研究范式的历史变迁

对中国村落问题的关注与研究，可以追溯至 20 世纪一二十年代。1919—1920 年，上海沪江大学教授葛学溥（Daniel Harrison Kulp）指导学生对广东潮州凤凰村进行了全面调查，于 1925 年出版了《华南的乡村生活——广东凤凰村的家族主义社会学研究》①。1921—1925 年，金陵大学卜凯（John Lossing Buck）对中国七省 17 县 2866 个农村进行了为期五年的调查，于 1930 年出版了《中国农家经济》② 一书。

早期日本学者对中国农村社会的调查研究值得关注。最早在 1939 年到 1940 年之间，满铁上海事务所的江苏省农村调查共分为三次进行，可谓日本人在中国社会进行的第一次农村调查。1939 年 12 月到 1943 年 9 月，以日本东京大学文学部社会学家林惠海、福武直和东方文化学院京都研究所高仓正三为中心组织调查班，他们在吴县枫桥镇和孙家乡做过六次

---

① 丹尼尔·哈里森·葛学溥：《华南的乡村生活——广东凤凰村的家族主义社会学研究》，周大鸣译，知识产权出版社 2012 年版。
② 卜凯：《中国农家经济》，张履鸾译，山西人民出版社 2015 年版。

调查①，可谓第一世代的中国江南农村调查，提供了以农业经济为主的诸多信息。② 第二世代的日本学者对中国农村的社会调查研究，以森正夫、滨岛郭俊③、片山刚等学者为代表。

20世纪中期，吴文藻先生致力于建设社会学的中国学派，即"燕京学派"，同时受西方功能主义影响，在方法论上选择"社区"作为研究对象，并指导一批学生对变迁中的乡土中国进行扎实研究。吴文藻先生对"社区"的定义是：社区是社会的具体体现，"社会是描述集合生活的抽象概念，是一切复杂的社会关系全部体系之总称。而社区乃是一地人民实际生活的具体表词，有实质的基础，是可以观察得到的"。④ 不过，鉴于功能主义的一些局限性，吴文藻先生之后又在研究中有所修订，提出"社区前后内外关系论"⑤ 的重要补充。这一"关系论"源自英国人类学家拉德克利夫－布朗（Alfred Radcliffe-Brown）应吴文藻先生之邀来华讲学，他介绍了美国人类学家、社会学家罗伯特·雷德菲尔德（Robert Redfield）大小传统理论的启发影响，即要对社区与它们所在文明之间的关系加以深究，尤其是要对文明"大传统"与乡村社区"小传统"之间的关系进行辨析。⑥

之后十多年间，国内学界以燕京大学社会学系为中心涌现出一批村庄研究著作，被后人誉为"社会人类学的中国时代"。⑦ 其中，最为著名的就是1939年费孝通先生出版的《江村经济》⑧，其深入调查了江村区域内

---

① 佐藤仁史等：《垂虹问俗：田野中的近现代江南社会与文化》，广东人民出版社2018年版，第14页。

② Philip C. C. Huang, *The Peasant Economy and Social Change in North China*. Stanford, California：Stanford University Press，1983；Philip C. C. Huang, *The Peasant Family and Rural Development in the Yangzi Delta，1350-1988*. Stanford, California：Stanford University Press，1990；曹幸穗：《旧中国苏南农家经济研究》，中央编译出版社1996年版。

③ 滨岛郭俊：《总管信仰：近世江南农村社会与民间信仰》，研文出版社2001年版。

④ 吴文藻：《社区的意义与社区研究的近今趋势》，载吴文藻《论社会学中国化》，商务印书馆2010年版，第440页。

⑤ 吴文藻：《中国社区研究计划的商榷》，载吴文藻《论社会学中国化》，商务印书馆2010年版。

⑥ Robert Redfield, *Peasant Society and Culture：An Anthropological Approach to Civilization*. Chicago：University of Chicago Press，1956. Clifford Wilcox, *Robert Redfield and the Development of American Anthropology*（revised edition）. Lanham, MD：Lexington Books，2006.

⑦ Maurice Freedman, "A Chinese Phase in Social Anthropology," *British Journal of Sociology* 14（1），1963.

⑧ Hsiao-Tung Fei, *Peasant Life in China：A Field Study of Country life in the Yangtze Valley*, London：Routledge，1939；费孝通：《江村经济》，商务印书馆2001年版。

的家、财产与继承、亲属关系、户与村、生活、职业分化、劳作日程、农业、土地的占有等农村问题，象征着中国乡村社会所发生的重大变迁，如何成为世界经济格局的局部。这使靠桑蚕为生的"开弦弓村"成为国际社会学界研究中国农村首选之地。

此后，费孝通先生又进行了多个点的民族志式乡村社区类型比较研究①，同时还特别关心社区内外的乡绅②，可谓忠实于吴文藻先生的社区研究纵横观。与此同时，林耀华的义序和黄村③、杨懋春的台头村④、许烺光的喜洲⑤等研究成果渐次出版，虽然其研究村落之具体情况、研究视角与核心主旨等不同，但是都对地方生产、土地、宗族、婚姻、教育等文化现象进行了详尽分析，体现出社会学之功能主义研究方法与乡村社区之研究范式，以呈现"小社区、大社会"的分析思路与研究特征。

20世纪50—70年代，英国人类学家马林诺夫斯基（Malinowski）所著《西太平洋的航海者》⑥中采取的民族志之调查方法传入中国，成就了所谓的"微型社区研究法"。但是这一方法遭遇英国人类学家莫里斯·弗里德曼（Maurice Freedman）的批评，弗里德曼在其代表作《中国东南的宗族组织》和《中国的宗族与社会：福建与广东》⑦中注意到福建和广东宗族与村落明显具有重叠特征，东南沿海地区宗族组织的发达与远离政治中心的问题密切相关。因此，宗族组织在村落生活中发挥了极为重要的功能。这就远远超越了作为微型社区的村落研究，能够从更宽广的视野考察中国村落和社会。

与此同时，美国人类学家施坚雅（G. William Skinner）也认为，中国

---

① Hsiao-Tung Fei & Chih-I Chang, *Earthbound China*：*A Study of Rural Economy in Yunnan*. Chicago：University of Chicago Press，1945.

② Hsiao-Tung Fei, *China's Gentry*：*Essays in Rural-Urban Relations*. Revised & edited by Margaret Park Redfield. Chicago：University of Chicago Press, 2011；费孝通：《中国士绅——城乡关系论集》，赵旭东、秦志杰译，外语教学与研究出版社2011年版。

③ 林耀华：《义序的宗族研究》，生活·读书·新知三联书店2000年版；林耀华：《金翼：中国家族制度的社会学研究》，庄孔韶、林宗成译，生活·读书·新知三联书店2008年版。

④ 杨懋春：《一个中国村庄：山东台头》，张雄、沈炜译，江苏人民出版社2001年版。

⑤ 许烺光：《祖荫下：中国乡村的亲属、人格与社会流动》，王芃、徐隆德译，南天书局有限公司2002年版。

⑥ 马林诺夫斯基：《西太平洋的航海者》，梁永佳、李绍明译，华夏出版社2002年版。

⑦ 莫里斯·弗里德曼：《中国东南的宗族组织》，刘晓春译，上海人民出版社2000年版；Maurice Freedman, *Chinese Lineage and Society*：*Fukien and Kwantung*. Berg Publishers，1971.

人类学不应只局限于村落民族志考察，他在《中国农村的市场和社会结构》① 中指出，农民的实际社会区域边界不由其所居住的村庄范围决定，而是由基层市场区域边界决定的，中国村落与更高级的小市、集镇、城市这些市场网络相关，这些是理解中国农村社会结构与社会生活的关键。莫里斯·弗里德曼的宗族考察及施坚雅关于基层市场网络之"超越村落"的研究方法对此后中国村落研究影响较大。然而，他们的研究依然存在不足，比如缺乏历时性考察，仅侧重于共时性结构。

20 世纪 80 年代以来，村落研究日益受到学界关注，成为多学科关注的重要研究对象。尤其是在历史学方面，属黄宗智（Philip C. C. Huang）② 和杜赞奇（Prasenjit Duara）的研究影响较大。前者的代表作如《华北的小农经济与社会变迁》、《长江三角洲小农家庭与乡村发展》及《清代以来民事法律的表达与实践：历史、理论与现实》。他主要关注包括国家政权、民间精英、普通百姓在内的社会结构，提出在国家与村落之间还存在一个广大区域，即"第三领域"，包括村落乡绅、乡保、民间威望人士、下层办事人员等，由此提出"集权的简约治理"概念，以解释正式官僚结构与基层治理关系。杜赞奇在《文化、权力与国家：1900—1942 年的华北农村》③ 中提出了"权力的文化网络"（culture nexus of power）和"国家政权建设"（state-making）概念，以解释华北村落与国家政权的关系及其变迁。同时指出，国家权力对地方社会的控制并非直接干预，而是通过乡村精英这一中介，具体途径就是通过"国家经纪"模型，分为营利型经纪人和保护型经纪人，前者将其职权视为榨取钱财的机会，后者则代表社区的利益，负责征收赋税并完成国家指定任务，使社区免遭国家政权及营利型经纪人的无理盘剥。

90 年代以来，针对中国农村建设存在的诸多发展困境，乡村发展观、乡村治理理论进入中国社会，为中国乡村研究及社会治理研究带来诸多活力与生机。尤其是随着乡村理论探讨中资源配置的单极化和公共权力运作

---

① 施坚雅：《中国农村的市场和社会结构》，史建云、徐秀丽译，中国社会科学出版社 1998 年版。
② 黄宗智：《华北的小农经济与社会变迁》，中华书局，2000；黄宗智：《长江三角洲小农家庭与乡村发展》，中华书局 2000 年版；黄宗智：《清代以来民事法律的表达与实践：历史、理论与现实》，法律出版社 2014 年版。
③ 杜赞奇：《文化、权力与国家：1900—1942 年的华北农村》，王福明译，江苏人民出版社 2003 年版。

的"单中心"化走向"多中心"治理模式，学界更是越来越重视从乡村交往逻辑、内生动力、非正式制度、价值文化等秩序生产角度重新理解中国乡村及其发展问题。①

总体来说，中国乡村研究大体经历了以上四个阶段的研究范式变迁，从其理论框架与研究思路来看，大多从宏观-微观、整体-局部、结构-市场、文化-制度等方法出发，考察乡村与国家、社会、乡村大传统与小传统、地方与中央、乡村权力与国家权力互动关系及其中介人物等，以考察乡村社会变迁及其关键议题，对当代乡村振兴战略的落实，以及乡村文化建设能力研究具有非常重要的启发与借鉴意义。

二 传统价值资源与乡村文化振兴

习近平总书记在 2018 年 9 月 21 日中共中央政治局第八次集体学习时的讲话中提到，"我国农耕文明源远流长、博大精深，是中华优秀传统文化的根。我国很多村庄有几百年甚至上千年的历史，至今保持完整。很多风俗习惯、村规民约等具有深厚的优秀传统文化基因，至今仍然发挥着重要作用。要在实行自治和法治的同时，注重发挥好德治的作用，推动礼仪之邦、优秀传统文化和法治社会建设相辅相成。要继续进行这方面的探索和创新，并不断总结推广"。② 这些都为新时代乡村振兴战略的具体实施指明了方向与目标。

因此，如何更好地挖掘乡村历史文化资源，激活优秀传统文化基因，促进乡村全面振兴，成为新时代乡村建设的重要使命，关系到人民对美好生活需要的向往与追求。乡村振兴的本质其实是乡村农业农村的现代化，后发国家的乡村现代化是世界现代化的终极问题，涉及一系列特定的政治经济问题③，同时，也与传统文化变迁、文明心态构建等发生着密切的关联。故在乡村振兴研究中，文化振兴亦是一个研究热点。学界围绕中国乡

---

① 董磊明、郭俊霞：《乡土社会中的面子观与乡村治理》，《中国社会科学》2017 年第 8 期；周雪光：《从"黄宗羲定律"到帝国的逻辑——中国国家治理的历史线索》，《开放时代》2014 年第 4 期；朱启臻：《村落价值与乡村治理关系的探讨》，《国家行政学院学报》2018 年第 3 期。
② 习近平：《把乡村振兴战略作为新时代"三农"工作总抓手》，《社会主义论坛》2019 年第 7 期，第 5 页。
③ 陈明：《中国乡村现代化的政治经济学引论》，《学术月刊》2021 年第 9 期，第 72 页。

村发展现状及其传统文化、地方民俗等，论述了文化之于乡村振兴的意义和价值，并认为文化，尤其是地方文化，恰恰是乡村得以延续的根基与灵魂，是乡村振兴的精神与动力之源。

当前，非物质文化遗产在乡村文化振兴中具有多重价值和功能作用，其独特的文化内涵可以为振奋乡村精神提供强大动力，让乡村文化在现代文明体系中找到自己的位置并得以复兴和重建；其丰富的文化资源价值还可以为发展乡村经济提供支持，构建地方文化空间及其社会影响力。① 乡村文化振兴的重要任务在于重建乡村公共文化空间，通过激发农民的文化主体性，创新公共文化供给模式和空间运行机制，使之成为传承乡土文化、培育现代文化精神、保障农民文化权益和实现乡村文化治理的重要平台。② 乡土文化振兴主要蕴含"孝治"、"德治"和"法治"相结合的家风家德建设、社区保障完善以及乡村养老文化重塑。③ 文化以无形力量改变着人们的精神风貌，也以有形的力量助推着产业发展与乡村振兴。④

故文化之于社会发展与乡村振兴的力量不可忽视。回顾中国社会变迁史，早在 20 世纪二三十年代梁漱溟先生所致力于的乡村自治建设对此就有深刻体现。梁漱溟先生在河南及山东邹平、菏泽地区的乡村自治实践，可谓民国有识之士为救国、强国所开展的务实性举措。梁漱溟先生看到了中国文化的失调问题，并认为只有救农村才能救中国，而解救农村的根本方法就是解决文化失调与破产问题。他的乡村建设实验集中于乡农学校之中，具体建设成员包括乡村领袖、成年农民和乡村运动者，试图在农业、经济、伦理、文化、教育、科技等领域，促进乡村社会自治，实现文化自觉。但是，梁漱溟先生的这一实践最终没有行得通。究其原因，梁漱溟先生曾称乡村大众并不欢迎，也曾一语道破，"除了乡下人起来自救之外，谁也救不了乡村；单靠乡村以外的人来救济乡村是不行的"，"本身有生

① 黄永林：《乡村文化振兴与非物质文化遗产的保护利用——基于乡村发展相关数据的分析》，《文化遗产》2019 年第 3 期，第 1—12 页。
② 陈波：《公共文化空间弱化：乡村文化振兴的"软肋"》，《人民论坛》2018 年第 21 期，第 127 页。
③ 陈静、栾文敬：《变化中的孝悌：乡土文化振兴视域下留守老人的生活记忆和社会关怀研究——基于 H 省 T 村的口述史分析》，《兰州学刊》2019 年第 6 期。
④ 门献敏：《关于推进乡村文化振兴的若干关系研究》，《理论探讨》2020 年第 2 期，第 46 页。

机有活力，才能吸引外边的养料"。① 可见，乡村振兴需要外部力量的极大支持，但同时更需要依赖于乡村发展的内生动力及文化自觉。

梁漱溟先生所致力于的乡村建设运动，其失败的原因很是复杂。当然，也与民国时期各种历史环境、人物矛盾冲突等因素相关。此外，"一方面是没有彻底的社会革命和社会主义改造，传统农村很难为中国现代化提供强有力支撑；一方面，现代化必然要求工业化，只有工业化和城市化才能实现现代化。农业立国根本不可能行得通"。② 由此得到的启示是，乡村发展是一个系统性和复杂性工程，需要相应的经济基础和个体文化自觉基础，单纯依赖主观意志及外部力量刺激等，都不能得到真正的发展与进步，需要结合资本、技术、人才、农民意愿、法律制度、价值信念的累加等才能真正建设起来。

历经一百多年的历史变迁，中国社会依然面临"文化失调"之重大难题。尤其是改革开放所促成的以城市为中心的发展模式及制度化的城乡二元结构，都使乡村发展亟待振兴，这关系到全面建设社会主义现代化国家首要任务的实现。当代中国农村，中青年人口大量流出，乡村长者权威日渐下降及边缘化，留守农村的大多为老年人、妇女及儿童。此人群构成特征，导致乡村传统庙会、祭祀典礼等仪式性崇拜活动也面临一定的代际传承困境。无论是乡村非物质文化遗产，还是地方民俗、技艺、神话、传说等地方性知识，都面临一定程度的代际乏人或消失的可能性。乡村文化建设究竟是推倒重建，还是延续传统，在学界研究中主要体现为以王晓明、贺雪峰为代表的"乡村文化危机论"和以黄应贵、赵旭东③为代表的"乡村文化存续论"。

乡村文化衰败的外部原因是快速城镇化或城市化所带来的各种强烈冲击，导致"乡村文化主体空心化、乡村文化日益边缘化、乡村文化认同感疏离、乡村价值体系多元化"；从内部来说，则是"文化环境的封闭性、文化人格的依附性和文化变革的滞后性"。④ 当代农村社会问题日益

---

① 梁漱溟：《梁漱溟全集》（第 1 卷），山东人民出版社 2005 年版，第 616—618 页。
② 贺雪峰：《乡村建设的重点是文化建设》，《广西大学学报》（哲学社会科学版）2017 年第 4 期，第 87 页。
③ 赵旭东、孙笑非：《中国乡村文化的再生产——基于一种文化转型观念的再思考》，《南京农业大学学报》（社会科学版）2017 年第 1 期，第 119 页。
④ 沈妉：《城乡一体化进程中乡村文化的困境与重构》，《理论与改革》2013 年第 4 期，第 156—157 页。

增多且解决乏力，其根源在于农村乡土生活意义被消解和传统伦理文化价值被抽空。① 一方面，现代社会结构变迁导致的"个体化"② 意味着个人从阶级、性别、血缘、宗族等集体范畴与道德伦理中走出或摆脱，农民不再为土地、户籍等所束缚而拥有多种收入方式；另一方面，现代社会高风险、高压力、高强度的社会生存要求，又使个体深深地嵌入土地结构、家族网络及亲属关系之中。个体虽然逐渐从宗族、社区等权力系统中得以解放，但是又重新嵌入社会主义再分配体系之中。

　　乡村文化振兴面临的重大难题，是快速城镇化进程中人口流动所造成的乡村建设主体流失以及集体行动如何生成的发展困境。在此过程中，要改变"城市＝先进、乡村＝落后"的思维定式，引导农民树立文化自信与文化自觉；以社会主义核心价值观为指导，开展农村思想道德建设；加强农村公共文化服务体系建设，丰富农民精神生活；培育乡土文化人才，促进新乡贤参与文化建设，以政府、社会和农民群众合力推动乡村文化振兴。③ 促进传统文化重构，发展壮大乡村文化产业④，也要警惕乡村文化建设中过分产业化和行政化所导致的文化建设之工具性倾向。⑤ 另外，也要避免乡土文化建设的错误心态：其一，乡村文化落后，无法吸引城镇市民；其二，乡土文化零散、早已流失，投入效果不好；其三，乡村文化振兴要"原汁原味"，要把过去的旧东西复原。否则容易产生照搬城市建设之"泛城市化"、放任自流之"荒漠化"和让乡土文化成为时空记忆的"博物馆化"⑥ 等做法。

　　其实，发挥传统价值资源在促进乡村文化振兴过程中的积极作用，就是要发现村落保存和延续下来的精神内核与价值理念，并使其与社会主义核心价值观相融合，继而产生与现代乡村建设相契合、促进乡村全面振兴

---

① 张燕：《传统乡村伦理文化的式微与转型——基于乡村治理的视角》，《伦理学研究》2017 年第 3 期，第 115—119 页。

② 乌尔里希·贝克、伊丽莎白·贝克·格恩斯海姆：《个体化》，李荣等译，北京大学出版社 2001 年版，第 3 页。

③ 欧阳雪梅：《振兴乡村文化面临的挑战及实践路径》，《毛泽东邓小平理论研究》2018 年第 5 期，第 30 页。

④ 沈费伟：《传统乡村文化重构：实现乡村文化振兴的路径选择》，《人文杂志》2020 年第 4 期，第 121 页。

⑤ 沙垚：《乡村文化治理的媒介化转向》，《南京社会科学》2019 年第 9 期。

⑥ 魏斌：《乡村文化振兴要避免三种倾向》，《大众日报》2019 年 8 月 7 日。

的精神动力。① 在此过程中，农民始终是乡村文化建设的主体，"应充分尊重和发挥农民的主体性，提高农民的文化素质、思想意识、道德水平，让农民充分参与传统文化保护、乡村文化开发活动，更好地实现乡村文化振兴的战略目标"②。地方各级政府及其各职能部门，则是推动乡村文化建设的外在力量。在此基础上以外激内，以政策供给破解内生动力之生成困局，以政策、体制和机制改革与创新消解实践难题③，真正走一条中国特色的乡村文化建设之路。以文化与技术相结合，构建乡村多样化的文化生态，有层次地传承与重构乡村文化④，以乡村文化教育培育乡村农民的文化主体意识与主体能力。在村庄文化活动室、镇级文化站、村庄阅览室等文化基础设施建设过程中，充分调研与考虑农民的精神文化需求，大力培养乡村文化骨干及非物质文化遗产传承人，打造乡村文化特色或品牌效应，提高乡村文化建设能力，促进新时代美丽家园建设。

三　农民行动逻辑与乡村秩序重构

梁漱溟先生的乡村建设实践告诉我们，乡村建设需要了解乡村的"乡土性"及"乡村伦理"、村民的行动逻辑与实际需求，需要各结构要素，如资本、技术、人才、利益、权力之间的相互协调、整合及平衡，亦需要制度法律、道德伦理、风俗习惯及文化自觉之间的公私协调与制度性构建。故乡村文化建设是一个系统性工程，首先必须站在农民立场、利益角度，在乡村振兴中满足民众的物质与精神生活需求，在产业结构调整、文化建设活动中增强农民主体意识，包括参与意识、服务意识、集体意识、奉献意识等，充分发挥农民的主动性、积极性和能动性，增强他们对于建设乡村与振兴乡村的信心和能力。

在此过程中，深入挖掘农民主体意识、培育新型职业农民与具有现代发展意识的农民，对于促进乡村建设意义重大。具体来说，"一是必须坚

---

① 陈运贵：《乡村文化振兴的逻辑内涵探究》，《湖北经济学院学报》2019年第11期，第105页。
② 赵梦宸：《以农民为主体推动乡村文化振兴》，《人民论坛》2019年第11期，第68页。
③ 顾海燕：《乡村文化振兴的内生动力与外在激活力——日常生活方式的文化治理视角》，《云南民族大学学报》2020年第1期。
④ 肖莉、王仕民：《现代性与后现代性双重视角下的乡村文化振兴》，《湖南行政学院学报》2020年第2期。

持以农民为本、服务农民的建设理念；二是增强农民的文化自觉性和自主性，发挥农民文化建设的积极性与创造力；三是重塑乡村文化自信，调动农民自办文化的积极性；四是重建乡村民间文化组织和重视乡村文化队伍建设"①，激活乡村文化建设的内生动力。

乡土中国是费孝通先生笔下的"礼俗社会"，更是梁漱溟先生笔下的"伦理本位的社会"，有基于熟人关系网络所形成的一套行动逻辑及处事方式，具有浓厚的"理性小农意识"②及"双层认同与行动体系"③，是将个人和家庭利益最大化的工具性差序格局及其理性人，行动逻辑主要受个人利益支配。用费孝通先生的话来说就是"中国乡下佬最大的毛病就是'私'"。④故只有真正了解农民的行动逻辑，并在尊重与保护农民意愿的情况下进行适合乡村实际情况的建设，才能真正让农村及农民受益，提升农民文化自治水平与公共素质，促进"三农"事业的现代化发展。

已有研究已经指出，农业农村发展有其自身的内在逻辑，其既是生命的逻辑，也是生态的逻辑。⑤对于中国人而言，传统农耕文化绝不仅限于单纯的技术或产业，而是深深浸润和影响着人们的言行举止、思想观念，有其丰富而深刻的本质内涵。⑥反思中国文化亦可以发现，土地情结实乃中国文化的重要原点。"土地情结之浓厚的程度不仅体现在观念、信仰、文学艺术、户口管理等方面，对中国文化的统一性、连续性及多样性形成，亦起到决定性作用。"⑦所谓"入土为安""落叶归根""故土难离"等，都是中国人独特的土地情怀及生命意识，以及极为深厚的土地崇拜情结与文化情感。中国人所喜爱的风水崇拜也与土地关系密切，是民众对土地的一种情感化叙事。虽然当代中国老百姓早已不再将守着"一亩三分地"视为生存之根本或唯一，但是，土地依然是乡村老百姓心目中最为宝贵的物质与精神文化资源，是一份乡愁及自我保障。

因此，当前推动乡村建设过程中，维护乡村民众的土地利益极其关

①　黄永林、吴祖云：《乡村文化建设中农民主体意识建构与作用发挥》，《理论月刊》2021 年第 3 期。

②　Samuel L. Popkin, *The Rational Peasant: The Political Economy of Rural Society in Vietnam*. Berkeley: University of California Press, 1979.

③　贺雪峰：《农民行动逻辑与乡村治理的区域差异》，《开放时代》2007 年第 1 期。

④　费孝通：《乡土中国》，北京大学出版社 2012 年版，第 39 页。

⑤　李根蟠：《农业生命逻辑与农业的特点》，《中国农史》2017 年第 2 期，第 3—14 页。

⑥　曹东勃：《优秀传统农耕文化助力乡村振兴》，《解放日报》2018 年 9 月 25 日，第 18 版。

⑦　杨存田：《土地情结：中国文化的一个重要原点》，《北京大学学报》2001 年第 5 期，第 4 页。

键。城镇化趋势所生发的行动逻辑及其非预期后果，是乡村振兴进程中特别需要关注的地方。尤其是那种微观的文化心态及道德情感，对于乡村振兴而言也是极为重要的。从行动逻辑来看，中国农民经历了从伦理本位的集体主义过渡到大集体时代国家本位的集体主义，再到现代社会伦理本位的个人主义之行动逻辑演变。① 在此种情况下，无论是农民主动选择的城镇化，还是迫于教育等外在要求的被动城镇化，抑或是村落发展之就地或就近城镇化，都呈现了农村社会日渐过渡到城镇社会背景下，农民应对城镇化发展所采取的策略与行动理性，他们在关注与追求个人权利过程中，亦特别重视核心家庭这一个人私域。

有学者专门研究了农民在城镇化进程中所呈现的五大行动策略，分别是"小心无大错"策略、"跟风"策略、"人往高处走"策略、"不能苦孩子"策略、"有房才有家"策略，这些策略不仅较好地解决了城镇化发展带来的困难与问题，而且在迎合城镇化过程中提高了家庭的生活水平；这种农民进城的行动理性，就是"城镇化逻辑"，也即依据城镇化发展及其趋势要求所采取的一系列行动逻辑，亦包括对城镇化所产生的各种非预期后果的发展及身份转变之接受与适应。② 这些恰恰是农民生存之基本策略和私人行动之小农意识的基本导向。

总而言之，始于包产到户的农村土地改革和市场化、工业化所导致的人与乡村、土地、祖先关系的疏离、错位以及城镇化、都市化所促成的人口快速流动与阶层分化，早已形成乡村社会的某些"去农业化""去乡村化"，乃至"去集体化"或"后集体主义"特征。这些都使乡村大众及其文化实践活动，呈现较为明显的私人化特征。此种逻辑对乡村社会整体发展及其价值观念的累加乃至秩序重构影响重大。针对这种以自我利益为中心的小农行动导向，学界曾提出"后集体主义"③ 作为乡村建设发展的主要进路。在具体实践过程中，乡村建设不仅需要从外部制定适应乡村发展的制度优化方法④，而且需要社会资本的作用支持⑤，在平衡与协调公私

① 郭星华等：《农民行动逻辑的演变》，《黑龙江社会科学》2012 年第 4 期。
② 吴业苗：《城镇化中农民行动策略及其逻辑》，《中国研究》2019 年第 23 期。
③ 周怡：《中国第一村：华西村转型经济中的后集体主义》，香港牛津大学出版社 2006 年版。
④ 金太军、鹿斌：《制度建构：走出集体行动困境的反思》，《南京师大学报》（社会科学版）2016 年第 2 期。
⑤ 张继亮：《走出集体行动困境的社会资本逻辑理路探析》，《学术交流》2014 年第 6 期。

利益中促进乡村社会的良性及可持续发展。

此外，针对当今中国乡村社会建设所呈现的普遍依附性及农民的私人行动逻辑，如要助推和降低集体行动成本[1]，就需要借助乡村非制度层面如乡风、村规、民约、身份、权威等"文化面向"[2] 的价值信念与人物中介等激励或参与机制，构建乡村价值体系的正向累加与叠合秩序等乡村共识，促成情境化、策略性私人行动走向集体行动，促成农民从"无公德的个人"转向"有集体理念的新公民"，更好地促进乡村公共秩序的生成。

四　心态变迁与乡村建设能力

考察乡村社会民众的心态变迁与文化建设能力之间的内在关系，有助于梳理农民自身的生产生活状况与实际的所需所求，这种对于农民微观心态层面的挖掘与研究，恰恰关系到乡村文化建设的效果及其所促成的文化建设中介的发展现状。

快速城镇化进程中的乡村社会，已经并非传统静态且边界清晰的乡村，而是一个在人口、阶层、职业、生活方式、价值信念、消费方式、精神面貌、社会心态等各方面都发生巨大变迁的"新乡土社会"[3]。在此种背景下，探讨乡村文化建设能力，不仅要关注乡村城镇化及其城乡关系，而且要在考察乡村社会结构变迁中关注人自身的心态变迁及其与乡村建设能力之间的理论和实践关联。此一对心态变迁维度的重视与强调，也是费孝通先生晚年研究转向的重要内容。当前，传统小农经济格局在城镇化及商品经济发展过程中被打破，单一的农业意识逐渐被多元产业共存意识取代。[4] 这种产业及其价值观念的多元化变迁，正是农民心态发生转变的重要原因之一。

改革开放四十多年来，中国社会经济取得了飞速发展，也产生了一些社会心态问题亟须关注。在快速城镇化进程中，中国社会形成了独有的农民工群体，其在城市融入过程中面临诸多社会心态困境[5]，形成了城市边

① 周生春、汪杰贵:《乡村社会资本与农村公共服务农民自主供给效率——基于集体行动视角的研究》,《浙江大学学报》2012 年第 3 期。
② 夏瑛:《从边缘到主流：集体行动框架与文化情境》,《社会》2014 年第 1 期。
③ 贺雪峰:《新乡土中国》,北京大学出版社 2013 年版。
④ 王欢:《土地、政策与农民心态》,《北京邮电大学学报》2000 年第 2 期。
⑤ 许佳佳:《城市融入进程中新生代农民工社会心态的困境及突破路径》,《农村经济》2015 年第 4 期。

缘人群及所谓"待不下的城市、回不去的乡村"之生存尴尬与精神文化困境。同时，社会上的道德滑坡、诚信缺失、无公德心、道德绑架、规则乱象等亦不时出现。如学界研究所指出的，一方面，中国人的价值观和社会心态变得越来越理智且成熟，越来越开放和多元，越来越主动和积极，越来越具有世界意识，其精神生活的全球化特征日益明显，风险意识、环保意识、诚信意识、平等意识和公共服务意识及对其他文化的包容意识逐渐养成；另一方面，中国人的社会心态亦呈现了前所未有的"失序"迹象，体现为"五种消极的社会心态：焦虑、浮躁、拜金、炫富、暴戾"。[1]这些心态变化都影响着中国农村建设进程与农民精神风貌的养成。

这些心态秩序方面的多元化变迁，其实就是各种现实问题的具体反映。在乡村振兴背景下，通过对微观层面的农民心态及行动逻辑的考察，不仅能全面认识与理解农村社会现状，而且能面对实际情况，探索符合地方发展建设的思路与方法，构建乡村发展的文化潜力与资源整合能力。比如，征地农民的心态[2]、乡村老百姓的精神文化需求、乡村公私利益关系如何处理等，这些都是考察与研究乡村建设能力需要关注的重要内容，甚至是影响乡村振兴的关键所在。

其实，当前社会心态变迁所呈现的普遍特征及其关键，首先就在于促成一种良好而健康的发展格局。这里的"发展"，从个人来说，就是促成一种能够带动个人能力发展的乡村建设模式，兼顾村民与村集体的公私利益关系，兼顾不同行动主体的参与和协调。这方面，固有乡村研究对经济能人、经纪人、民间威望人士、乡村文化精英等的中介作用已经强调和指出。比如，他们在乡村庙会、民俗文化、家族祭典等活动中的积极组织作用等，就是一种重构乡村社会关系、促进资源整合与平衡乡村民众心态的良好互动方式，有助于乡村留守人群之间的凝聚力与社会关系的重构，有益于乡村文化建设之集体能力的提升与路径构建。

新时代中国社会要实现乡村振兴，就是要在城乡关系融合发展中，构建多样化的城乡文化建设机制，促进文化建设要素在城与乡、村与村、民与民、精神与大众之间双向流动与资源共享，不断提升乡村文化建设能

① 周晓虹等：《中国体验：全球化、社会转型与中国人社会心态的嬗变》，社会科学文献出版社2017年版，第366—374页。
② 夏小莉：《吉首市新型城镇化进程中征地农民心态调研》，《中国集体经济》2015年第19期。

·22·

力，构建良好的发展秩序与心态秩序。此外，还需借助乡村外部力量与相关资源，推动乡村的内生型发展。比如，借助中小城市和小城镇的地方资源与优势文化，辐射与带动乡村文化建设。尽管"中小城市和小城镇当前发展并不理想、产业不够发达、基础设施薄弱、公共服务水平低、吸引力不高，促使依托中小城市和小城镇发展面临诸多现实考验与挑战"①，但是，借助乡村外部资本、技术及人才，尤其是返乡创业的文化类企业、文化部门、文化精英、优秀大学生等，无疑将有助于激活乡村文化建设的内生动力与资源集聚，促进乡村文化建设的能力提升与机制生成。

五　述评：文化建设能力与乡村振兴

以上对乡村研究范式的历史变迁、传统价值资源与乡村文化振兴、农民行动逻辑与乡村秩序重构、心态变迁与乡村建设能力四个方面的文献回顾及相关问题的概述，呈现了当前乡村研究与发展的基本情况与特征趋势。尤其是城镇化与乡村振兴战略视角下的文化建设现状及其诸多问题的梳理，都为考察乡村振兴与文化建设能力之间的理论与实践关联提供了重要的参考与借鉴意义。

乡村文化建设的诸多层面，虽然提及当前乡村文化建设面临的一些问题与需要采取的措施，但是因为部分内容局限于笼统的理论或对策式讨论，故对于微观层面的农民心态、文化需求心态等内容还留有讨论空间。乡村建设及其社会治理相关论著中涉及文化振兴的微观视角，在城镇化、社会治理及情感治理②等讨论中有所涉及。然而，将乡村仪式性崇拜活动及其价值心态等纳入乡村建设及其能力研究范畴，尤其作为当前乡村振兴亟须注意的微观心理、文化价值观、心态秩序构成要素方面的研究则并不多见。

同时，针对乡村建设进程中的社会关系失衡、乡村治理空心化、乡村交往私我化及农民原子化所形成的某些"去集体化""去农业化"特征，当前文化建设能力效果甚微的现状更加值得反思。近年来，虽然乡村文化

① 杨传开、朱建江：《乡村振兴战略下的中小城市和小城镇发展困境与路径研究》，《城市发展研究》2018 年第 11 期，第 1—7 页。

② 周晓虹：《社会心态、情感治理与媒介变革》，《探索与争鸣》2016 年第 11 期；文军、高艺多：《社区情感治理：何以可能，何以可为?》，《华东师范大学学报》（哲学社会科学版）2017 年第 6 期。

建设能力逐步增强，但是，"也还存在文化活动质量不高、文化活动设施缺乏、文艺人才缺失和文化产业化程度不高等突出问题"。① 一些文化名村或示范村虽建设了文化博物馆、文化礼堂、公共祠堂等，却不能充分运用。其中一些处于闲置、无人监管与引导状态，有的甚至被私人占用，或是变为民众打麻将、下象棋等集体娱乐、欢腾休闲的小群体空间。乡村文化建设之于乡村民众素质提高、文化自觉、资源动员能力提升乃至村级自治的效果并没有充分展现。

在此种情况下，如何提升乡村文化建设能力、真正以文化作为发展的连接机制，构建乡村人群与资源的重新整合，促成乡村多重价值之间的正向累加与公私协调，构建基于文化自觉的行动单位与乡村生活共同体，依然是考察当代中国乡村集体行动能力、乡村社会结构变迁，促进乡村走向振兴及城乡融合发展的关键。

故"文化建设能力"（cultural construction capacity）是本书的关键词与核心概念。其中，"能力"一词更是强调了文化构建秩序的动态视角。而在现有的国内外研究文献中，与"文化建设能力"一词相关的概念大多是"文化能力"（cultural competence）、"跨文化能力"（intercultural competence）、"社会文化能力"、"多元文化能力"、"可行能力"等。这些概念的提出与应用、内涵与特征等，都促使我试图从"文化建设能力"角度去研究乡村社会建设的动力机制及其困境。如此，不仅能将仪式性崇拜活动及其价值心态视为一种文化建设能力的构建要素，还能从能力构建的过程与关系视角，挖掘、梳理与论述乡村不同价值关系之间的整合及其互动机制，实现对乡村文化建设研究的动态式考察。

此外，民间精英在促进乡村振兴中的中介作用不可忽视。借助于民间精英这一身份中介及其能力效应，也能够很好地窥探乡村文化建设的资源与人群关系的整合过程及公私利益的协调，发现乡村文化建设对于家族及行政权力的深层依附与各种普遍的私人化行动逻辑。在人地关系的城镇化变迁中，民间精英究竟在促进乡村文化建设方面发挥了怎样的能力效应，他们的身份构成与能力特征如何，文化精英如何与行政精英、商业精英等合作，继而促进乡村文化建设的机制生成与社会影响，这些问题值得深入

---

① 潘启云、田东林、杨永建、李皎、彭云：《边境民族地区农村基层党组织文化建设能力研究——来自云南4县8镇18村的调查》，《云南农业大学学报》2014年第3期。

探究。发挥民间精英在促进乡村振兴中的中介作用，不仅需要积极引导、激活民间精英参与乡村建设的积极性和主动性，还需要处理好公私利益，搭建好其中介组织，促进乡村资本、人才与集体文化行动的构成，推动乡村产业发展、生活富裕和治理有效。

在城镇化进程中，乡村社会土地流转、人群分化等，在某种程度上加剧了目前乡村建设过程中的私人化趋势。当前中国乡村文化建设及乡村崇拜实践，具有一种突出而明确的私人行动逻辑与仪式性私人化崇拜的双重特征，严重制约着乡村振兴战略背景下，乡村文化建设及其交往机制可能推动的各类共享型资源及其整合机制的生成。其构建乡村秩序的能力存在一些不足与现实挑战。其崇拜仪式大多是以集体交换或集体欢腾为主要模式，秩序构建能力有待激活、促成与整合。如何从文化生成视角促进乡村公共价值与集体理念重构，同时防止其在重构乡村价值与秩序中的分离及负功能亦至关重要。

乡村振兴战略的提出，为农村社会一切优秀传统文化提供了发展的机遇。然而，快速城镇化进程中的人口流动，乡村发展所呈现的某些过疏化、空洞化与原子化、崇拜方式私人化与功利化，使文化建设的社会性与公共性作用发挥颇受局限，这些恰恰反映出文化建设在现实层面所面临的一种结构性困境。

因此，实施乡村振兴战略，促进农业农村全面发展，就是要关注农民自身发展与意愿需求，在促进农业生产水平不断提高基础上，促进农民自身文化素质及社会认知水平的提高，为乡村振兴提供发展之必需的资本、技能、文化、知识等多支持系统，继而将村规民约、地方民俗、崇拜惯习等非正式制度，与法律法规、伦理道德相结合，探索一条文化建设美丽乡村的振兴道路。

基于上述研究现状分析，我试图以"文化建设能力"为核心概念，以浙江溪水村（传统村——圣人崇拜）、福建梅山村（名人村——名人崇拜）、河南吉原村（新农村——土地崇拜）三个典型村落的乡村建设与仪式性崇拜活动的关系为主要研究对象，考察乡村振兴进程中文化建设能力的现状特征、能力构成及存在问题。具体研究内容将涉及城镇化进程中的乡村历史与社会结构变迁、乡村振兴与文化崇拜心态、乡村文化崇拜的仪式性活动及其基本现状、文化整合乡村发展的实践机制、民间精英参与乡村文化建设的中介作用与身份效应、乡村文化资源之间的整合及冲突、乡村文化价值之间的累加过程及其叠合秩序的生成等。这些都将进一步剖析与揭示乡村文化振兴之普遍的建设逻辑，为乡村振兴提供一种文化秩序生成框架及解释体系。

第三节　学术价值与研究意义

深入挖掘乡村文化建设能力在促进乡风文明、生态宜居、人文建设、伦理道德等方面的具体价值，并且与制度、法治、乡规、民约等价值关系进行整合，建构一种多元的、层级的、系谱性的公共型叠合秩序，为乡村振兴与乡村文化建设能力研究提供理论基础，为促进文化振兴提供相应的理论借鉴与经验参考。

具体来说，我将重点从乡村结构变迁、流动人口、文化崇拜类型及其对比等方面，分析行政精英、文化精英、商业精英等民间精英在乡村建设中的作用机制及其价值累加关系，最终把握"村落-村民"的分-合关系、人地关系的秩序叠加过程与结构，形成本书研究的学术价值与研究意义。

其中，学术价值体现在如下四个方面。

第一，针对当前社会学领域特别关注的中国社会之个体化进程、集体主义与私人化现象，具体表现为快速的土地流转、人口流动等所促成的一些治理空洞化与原子化、乡村价值观念的私人化和人际关系过疏化等结构性发展困境，构建乡村振兴所需的"新集体主义"理论架构，强调"有集体理念的新农民身份"，构建政府主导、包容不同乡村文化正能量的公共文化与叠合型公共秩序。

第二，针对当前乡村建设中宗族式微、仪式性崇拜活动的功利化与私人化、民众对法治制度的信任度偏低、村规约束力较弱等集体行动困境，从系谱性功能主义和生成性结构主义两种理论视角出发，以"文化建设能力"为核心概念，研究乡村建设中新集体主义、集体行动如何构成的重要问题。

第三，突出文化信仰结构与其他价值结构在累加中的公私关系处理，集中研究乡村基层政权所主导、协调与整合的地方文化与宗族伦理，形成既有局部的文化构建秩序又有总体的公共价值秩序之乡村治理结构；实现乡村文化建设对乡村振兴战略的主动适应，在法治框架中协调与平衡乡村不同文化建设之间的关系。

第四，超越制度与扩散等二元关系，将传统文化崇拜及其文化实践的群体性、社会性、功利性、私人性进行多重整合，在基层政权及其法治框架内进行多重价值关系的累加与公私利益协调，提高乡村建设进程中的文化建设能力，为乡村建设乃至乡村全面振兴提供一种公共文化及公共型叠合秩序。

至于本书的研究意义，主要体现在两个方面。

其一，理论意义。

乡村振兴进程中的文化建设能力研究，其实质就是从文化生成秩序的理论视角出发，研究文化建设能力构成与基层群众的文化崇拜心态之间的理论与实践关联，构建乡村不同价值得以正向累加的公共文化与叠合型公共秩序。如此，既能深刻考察乡村建设的经验成就、发展困境及其结构性根源，又能从不同文化崇拜类型及其交往关系、不同价值主体关系及其资源整合中，挖掘文化实践与社会互动的联结机制，把握乡村振兴主体的心态变迁与行动逻辑，激活农村建设的内生性与积极性，有益于协调与平衡多方利益主体关系，为政策制定与乡村基层治理提供借鉴和参考意义。

其二，现实意义。

讨论乡村文化建设能力，其最大的现实意义，就是从乡村文化视角出发，深入挖掘与探讨乡村文化及各种仪式性崇拜活动在构建良好社会心态、促进乡村文化资源整合、集聚人心与增强村庄凝聚力、构成乡村文化组织、促进基层文化自觉等方面的意义。比如，研究不同村庄背景下的文化崇拜类型如何有益于促进农村建设、促进乡村振兴，如何有助于乡村道德教化、伦理规范、人文生态、乡风文明等价值观念的生成，如何有助于家族关系协调及构建超越家族血缘关系的文化共同体秩序；这些不同的文化建设如何与法治的、制度的、宗族的、乡规民约等价值进行正向累加，既加深高度分化了的乡村社会不同人群之间的互动理解，又能为乡村振兴提供某种文化资源和价值共识，有效促进乡风文明与生态宜居，构建新时代美丽新乡村，还能为乡村振兴处理不同社会关系提供某种理论视角与政策依据。

第四节　具体研究思路

　　基于当前乡村振兴战略的提出与实施，首先，本书试图整体把握中国农村建设与各种文化建设之间的关系，为农村新集体主义重构与公共治理秩序提供内生动力；其次，梳理不同乡村社会之不同的仪式性崇拜类型及其文化心态，尤其是与地方文化建设之间的内在关联及其联结机制，研究不同文化崇拜形式及其心态在价值层面的整合过程与机制，构建促进乡村现代化、城乡关系融合的发展中介；最后，通过不同区域、不同村庄的乡村文化建设能力之深度比较研究，揭示当前乡村振兴进程中文化建设能力的普遍规律与行动逻辑。

　　具体研究思路如下。

　　第一，重新讨论在乡村文化崇拜、价值信念基础上得以形成的集体动员方式，具体梳理乡村振兴中"新集体主义"的发生机制。针对农村建设的诸多发展困境，在从"价值累加"到"秩序叠合"的过程中，考察乡村文化崇拜及其心态特征所具有的交往与建设机制，集中挖掘乡村建设中宗族组织、行政权力与民间精英等多种价值关系之间可能具有的累加机制，为乡村振兴战略背景下的农村建设提供重建新集体主义或集体行动方式的理论基础。

　　第二，在乡村"总体秩序"与"局部秩序"、私人价值观念与公共秩序如何得以重构、叠合的结构分析中，运用社会学生成性结构主义的研究视角与方法，既有对农村家族、民俗、文化组织等从低到高的累加性系谱功能分析，也有对乡风文明、民俗祭祀等交往关系的结构研究。从最简单的家族组织到最强功能的基层政府组织，把乡村社会组织、行政权力组织、家族组织、文化关系，依其功能性层级关系，分成局部秩序与总体秩序，从中梳理它们如何介入乡村日常生活、社会交往等具体实践活动，最后叠合生成一种具有强大治理功能的乡村公共秩序，为分析性研究提供理论假设。

　　第三，具体把握从"价值累加"到"秩序叠合"的中介关系。通过乡村秩序中的关键性中介人物，比如行政精英、治村能人、新乡贤、文化精英、商业精英等价值累加机制中的中介人物及其资源动员方式，呈现农村建设中的多种资源类型与配置方式，将私人化的崇拜方式、民间信仰、家族观念与农村建设所需要的公共秩序彼此对比互动，以解决"后集体化"时代农村社会中无公德的个人如何重新回归集体的问题，建构乡村振兴的新集体行动与生活共同体。

第二章　理论概念与内容方法

　　归根结底，科学概念之所以能够受到人们的信任，是因为它在方法上是可以控制的。……集体表现不可能完全符合它的对象。诚然，概念很有可能会通过不很完善的符号表达出来，但科学符号本身也总是近似的。

——埃米尔·涂尔干《宗教生活的基本形式》

　　理论概念的创新，源于对现实问题的深度关注与思考。针对当下农民始于包干到户、人口流动、土地流转、人与土地分离所积累而促成的"去集体化"特征，解决当前农村建设中主要社会单元的悬置等困境，乡村建设的主要基础和发展目标就是要让大多数处于土地流转、人口流动中的乡村居民重归集体，重构新集体价值理念，进而生成叠合型公共秩序。本书从文化社会学的理论视角与方法出发，运用系谱性功能主义与生成性结构主义两种研究方法，既有家族、民俗、乡规、民约等价值系谱的功能分析，又有乡风文明、民俗祭祀等交往关系的结构研究效度，为研究乡村振兴进程中的文化建设能力提供论证依据。

　　本书研究的总体目标是，致力于研究当下乡村振兴中的价值秩序与文化心态，揭示乡村振兴与文化建设能力之间的理论关联。同时，通过梳理当代乡村建设中社会大众的价值变迁、文化心态、行动逻辑等，关注乡村社会不同价值系统的文化建设能力的强弱及其异同，分析基层大众文化构建和参与乡村公共事务发展及其制度机制的可能性。对这些问题的梳理与讨论，其实就是在关注乡村社会结构分化过程中不同文化资源之间的配置及其整合逻辑，实质上就是在"探寻社会成员共享的利益及其价值的协调机制"①，就是乡村文化建设能力最终所指向的公共制度与城乡发展关系中介的具体构建。

我试图运用扩展个案法及比较研究的方法，从理论-实践、宏观-微观、历史-现实、传统-现代等互动及比较中，具体以浙江溪水村（传统村——圣人崇拜）、福建梅山村（名人村——名人崇拜）、河南吉原村（新农村——土地崇拜）三个典型村庄②为主要研究对象进行论证，在梳理与比较不同乡村社会其文化建设能力的异同以及这些相同与相异的生成逻辑中，发现三类个案相同的家族-祖宗崇拜情结及其背后复杂的人地关系与家国心态，在"村落-精英-国家"的研究框架中最终揭示乡村文化建设的普遍逻辑及其能力不足的结构性建设困境，论述文化建设能力对于当前促进乡村振兴的重大意义。

第一节 理论视角与核心概念

在庆祝中国共产党成立100周年大会上，习近平总书记指出："坚持把马克思主义基本原理同中国具体实际相结合、同中华优秀传统文化相结合，用马克思主义观察时代、把握时代、引领时代，继续发展当代中国马克思主义、21世纪马克思主义。"③ 这些为乡村振兴及其文化建设指明了方向。乡村振兴是一个整体性、长期性和系统性的工程。乡村振兴不仅是物质、技术、资本的振兴，而且是乡村社会、文化、人才等方面的振兴。对于后者，主要涉及生活方式、道德情感、价值观念、行动方式等变迁及内容。既有乡村振兴研究大多集中在产业、土地、人才、教育、生态、旅游等方面，论及乡村文化建设及其对乡村振兴的重要性与必要性，并指出乡土文化价值及其内生资源是乡村振兴的灵魂与根本，这些都为本书从乡村各类仪式性崇拜活动挖掘乡村振兴的内生动力与发展机制，提高乡村文

---

① 张静：《社会建设——传统经验面临挑战》，《江苏行政学院学报》2012年第4期，第63页。
② 根据社会学研究规范与要求，书中涉及的具体地名和人名等，如溪水村、梅山村、吉原村三个村名均为化名；溪水村的孔麟鞠、孔麟山、孔祥凯，梅山村之梅姓、梅林辉、梅晓珠、梅清风，吉原村所在市"吉市"和前任支书吉辉，均已做化名处理。特此说明。
③ 习近平：《在庆祝中国共产党成立100周年大会上的讲话》，人民出版社2021年版，第327页。

化建设能力奠定了很好的基础，有助于乡村多重价值累加及其心态秩序的现代构成，助力乡村治理秩序的有机重构。

推动乡村振兴，首先需要深刻了解乡村社会结构及其变迁，全面挖掘乡村资源，认真思考和调研乡村民众的所想所需与所求所盼。城镇化进程中，虽然乡村正在发生着天翻地覆的巨大变化，尤其是就地城镇化或异地城镇化，促使人与人之间的关系呈现了一种过疏化和功利性的倾向，但是大部分的村庄社会依然处于就近城镇化，或远离乡镇、市区、省城的状态，依然是以血缘、亲缘、地缘为基础的熟人社会，以节庆礼俗、乡规民约、仪式祭祀等为中心的日常生活及其文化崇拜方式蕴含丰富的乡土气息及传统观念，对稳定乡村社会、构建乡风文明、维持乡村秩序、构建新时代新集体主义具有重要意义。

需要界定的核心概念是，所谓"文化崇拜"，即乡村社会中的各种仪式性崇拜活动，是与乡村民众日常生活、生产劳作、家族情感、村庄秩序、民众心态、节气神话等密切相关的各种精神性需求及生活惯习，是一种自古以来中国老百姓形成的混合性敬畏及崇拜体系。

具体来说，"文化崇拜"在本书中是指溪水村祭祀孔子的各种典礼、梅山村祭祀梅姓家族祖先的祭祖仪式、吉原村祭拜祖先的各种崇拜惯习等。这些文化崇拜活动所呈现的空间观念、心理特征、话语叙事、仪式展演、家族情感等，都是村庄生活中的一种制度性仪式，是一种非正式层面的生活规则及文化意识，对普通大众而言具有举足轻重的地位和意义。

这种文化崇拜对象及行动惯习，既是一种信仰惯习，又是一种有益于整合家族、村庄人群及资源关系的价值中介。这些乡村社会中不同的文化崇拜对象，有的以"文化化"的方式申请了不同级别的非物质文化遗产，有的则借助"非遗化"和"资源化"的行政化路径，深受地方文化及旅游部门的重视，构建了一条乡村振兴的文旅融合发展道路。故文化崇拜、文化崇拜对象及其民间惯习，表面上是村庄社会的各种私人或家族性的仪式性活动，实际上却是一种与个人秩序、村庄秩序构成关系紧密的生成要素，也是一种促进乡村建设的内生动力与人群关系整合的文化身份和精神标识，能够借此凝聚人心、构建发展的核心动力、激活村庄人群与资源关系，有益于乡村文化自治意识的生发。

这些乡村社会中的各种文化崇拜活动还包含丰富的生态文明与价值理

念，有益于促进与实现"产业兴旺、生态宜居、乡风文明、治理有效、生活富裕"的乡村振兴目标，促进农村建设的现代转型。

关键问题是，如何充分挖掘与探讨乡村文化所内含的这些价值与发展理念，并重新累加于农村建设及其乡村秩序的重建过程中。农村建设是一个系统工程，不仅需要相应的制度配套、政策支持，而且需要乡村内部各种价值及资源的有效整合。面对当前城镇化进程中农村社会极为普遍的人口流动与阶层分化，人与人、人与土地、祖先关系的空间分离或断裂、错位等现实，乡村文化崇拜的仪式性私人化特征有可能使其不但无助于乡村价值信念及资源关系的累加，而且形成乡村居民交往方式及生活方式的某种疏离或"区分"①，却并非那种现代社会发展过程中兼顾"个人主义"与"社群主义"之"公共人"②的意义。

在此种情况下，乡村人口集聚、集体意识及其行动如何才能形成？这就涉及乡村基层政府、权威结构的治理能力以及不同文化之间的功能、不同行动主体之间的利益关系如何协调与平衡等问题。

基于乡村建设过程中的现实困境及问题，本书试图从系谱性功能主义和生成性结构主义两种理论视角出发，梳理农村建设中"新集体主义"、集体行动乃至公共文化、叠合秩序的重新构成。在此方面，结构功能学派代表人物之一、著名社会学理论家斯梅尔瑟（Neil J. Smelser）③提出的价值累加理论及其概念内涵对本书研究具有重要的启发意义。斯梅尔瑟借助经济学描述产品价值增值的术语，提出用于解释集体行为的价值累加理论（Value-added Theory）。

该理论认为，所有的集体行为都是由六个方面的因素相互作用产生的，分别是结构性诱因、结构性紧张、共同信念、触发因素、行动动员和社会控制失效。该理论大多被用以解释群体性事件或冲突的发生机制及其过程、结果等现象，在学界引起很大反响，但是同样也遭受各种异议。比如认为该理论过于强调社会控制机制的薄弱或能力不足，却没有分析社会控制能力过强所带来的问题；或只是强调集体行为中的情感因素，缺乏对

---

① 皮埃尔·布尔迪厄：《区分：判断力的社会批判》，刘晖译，商务印书馆 2015 年版。

② 理查德·桑内特：《公共人的衰落》，李继宏译，上海译文出版社 2008 年版。

③ Neil J. Smelser, *Theory of Collective Behavior*. New York：Free Press，1962.

集体行为中理性因素的研究。① 其实，价值累加的结果，既是不同价值累加的自然结果，也是社会结构予以强化的结果，还是一种在实践中可能重新生成与再生产出来的结果。

受价值累加理论及其概念内涵的启发，我试图借助"价值累加"这一基本的概念工具，论述农村建设中不同文化价值累加的"文化建设能力"能否或在多大程度上能够构建出一种新型乡村秩序，促进乡村现代化与城乡关系的融合。

在此，"文化建设能力"这一概念的提出，还深受印度籍经济学家阿马蒂亚·森（Amartya Sen）所提出的"可行能力"（capability）概念内涵的启发与影响。在此特提出"文化建设能力"，通过文化建设能力的构成分析，发现乡村文化建设的中介机制及其共同体意义，同时窥探乡村社会文化建设存在的普遍行动逻辑及其建设困境。

关于上述"可行能力"的概念内涵，在《以自由看待发展》中有具体论述。在该书中，阿马蒂亚·森从自由及实质自由入手谈论"可行能力"，如"'自由'是在'实质的'（substantive）意义上定义的，即享受人们有理由珍视的那种生活的可行能力"，"一个人的'可行能力'，就是对于此人是可行的、列入清单的所有活动的各种组合。在这个意义上，能力就是一种自由：能过有价值的生活的实质自由。这种自由观既意味着个人享有的'机会'，又涉及个人选择的'过程'"。② 在《正义的理念》这本书中，阿马蒂亚·森还探讨了现实、生活与可行能力，可行能力与资源，幸福福利与可行能力，可行能力与平等、依附和干预，可行能力与个体、社群的关系等，并指出可行能力与自由关系密切，它基于个人的自主选择，也要承担相应的责任，"可行能力是开展行动的能量，由这种能力派生出的责任也是可行能力视角的一部分的要求，也即道义的（deontological）要求"。③ 因此，阿马蒂亚·森所论述的"可行能力"，重在强调一种基于个体主动选择和掌握实质发展自由的能力。

---

① 陶钰环：《价值累加理论框架下的集体行为探析》，《法制与社会》2015 年第 4 期；袁莉：《价值累加理论框架下的网络集体行为研究——以"帝吧出征 FB"事件为例》，《东南传播》2016 年第 7 期。
② 阿马蒂亚·森：《以自由看待发展》，任赜、于真译，中国人民大学出版社 2013 年版，第 3 页。
③ 阿马蒂亚·森：《正义的理念》，王磊、李航译，中国人民大学出版社 2012 年版，第 16 页。

　　这种基于"能力"概念的内涵，促使我思考乡村文化建设的能力及其构成机制，试图将文化作为一种主观兼具客观的对象，同时去挖掘这种文化之于个人发展、家庭关系、文化心态、乡村共同体、村级政权、城乡关系融合、可持续健康发展的意义。故"能力"一词其实可以将文化建设转换为一种动态的生成与实践过程，强调文化建设能力在村与村、村与民、精英与大众、城市与乡村、村干部与村民等不同关系互动中的生成性、累加性与实践性，以及对于个体发展、乡村建设乃至社会秩序构建的重大意义。具体则可以通过对多要素、多关系、多维度的考量，探究这种能力构成的大小强弱等，以此对比和分析不同乡村社会建设的现状特征及其普遍的建设逻辑。

　　关于核心概念"文化建设能力"的内涵，除了深受经济学家阿马蒂亚·森"可行能力"的概念影响外，还受"文化能力"这一概念的深刻启发与影响。"文化能力"（culture competency）的定义始于 20 世纪 80 年代多族裔共存教育与健康社会工作领域。心理健康人员克洛斯（T. Cross）等人将"文化能力"视为"一系列融入系统、机构或其专业人员实践方法中的文化行为和态度，使他们能够在多元文化环境中有效地工作"[1]，其核心观念是要确保所有患者获得公平护理。另有其他定义，如"特定的组织行为和政策，使组织能够更有效地服务于文化多样化的人群"。[2] 赖斯（M. F. Rice）致力于研究文化能力是如何促进公共服务在跨文化背景下高效与公平运作的。[3] "文化能力"还与对文化的理解以及组织人群等关系密切。佩弗概述了美国各州公共教育服务等七个领域要具备文化能力。[4] 故提高文化能力还与公共教育政策制定及实施等关系密切。国内张冬梅、郑晓宁等学者倡导我国民族地区开展具有文化能力

---

① T. Cross, B. Bazron, K. Dennis, and M. Isaacs, "Towards a Culturally Competent System of Care," Volume Ⅰ. Washington, D. C.: Georgetown University Child Delvelopment Center. CASSP Technical Assistance Center, 1989.

② Tony Carrizales, Anne Zahradnik, and Michelle Silverio, "Organizational Advocacy of Cultural Competency Initiatives: Lessons for Public Administration," *Public Administration Quarterly* 40 (1), 2016: 126-155.

③ M. F. Rice, "A Post-modern Cultural Competency Framework for Public Administration and Public Service Delivery," *International Journal of Public Stctor Management* (7), 2007.

④ S. L. Peffer, "Legally Competent Public Servants: State Statutory and Regulatory Mandated Cultural Competence Provisions," in K. Norman-Major and S. T. Gooden (eds.), *Cultural Competency for Public Administration*. Armonk, N. Y.: M. E. Sharpe, 2012, p. 33.

的公共服务，这些研究主要从语言文字这一载体出发进行价值层面的深层论述。①

从国内外相关文献来看，对"文化能力"的研究大多与培养各行各业的"跨文化能力"相关，②而非西方学界所强调的为提供高质量教育服务而提升公共教育部门的文化能力。而且，国内众多跨文化能力研究更加侧重"受教育对象"之人的能力内涵，而非提供教育公共服务的教育部门之行动或政策，故针对文化能力提升方面的各种规划和实际举措，成为某些民族问题研究的重点。③在全球化语境下，跨文化能力研究的理论模式还在不断推进，如递进-交互培养模式④，更加强调动机、知识、技能等之间交际的"交互性"⑤本质等。

尽管"文化能力"的概念提出、理论模式及基本特征，似与本书所论述的文化建设能力并无实质关系，但是，无论是关于文化的可行能力，还是文化的各种能力提升，都旨在探讨文化之于个人、乡村、教育及国家社会建设的意义。在此，我提出"文化建设能力"的概念及内涵，其实就是在延续和传承文化社会学的相关理论视角，不仅致力于对文化秩序的构成过程进行梳理，而且关注乡村不同文化崇拜类型在某一乡村社会所具有的文化建设能力与可能形成的建设机制。这些都是与乡村建设能力相关的理论与概念对于我的研究思路与方法的启发。

更为重要的是，乡村社会中不同的文化崇拜类型及各种仪式性崇拜活动所呈现的价值理念、文化心态、仪式构建、活动组织等，它们之间能否或是在多大程度上能够进行一种正向的"价值累加"，进而生成一种有益于农村建设的公共文化及叠合型秩序，促进农村社会的全面健康与可持续发展，这些都是本书所要讨论的重要内容。

需要注意的是，虽然不同价值之间可以进行某种累加，但是不同价值之间也存在某些矛盾与分割的可能，并非累加便能够产生一种正向而积极的意义。如同美国经济学家和社会学家曼瑟尔·奥尔森（Mancur Olson）

---

① 张冬梅、郑晓宁：《促进民族地区公共服务高质量供给的文化能力提升研究》，《中央民族大学学报》2022年第2期。
② 王欣梅、王孙禹、乔伟峰：《工程科技人员跨文化能力研究》，《清华大学教育研究》2019年第6期。
③ 张冬梅：《民族地区民汉双语文教育的文化能力提升研究》，《满族研究》2020年第1期。
④ 许力生、孙淑女：《跨文化能力递进——交互培养模式构建》，《浙江大学学报》2013年第4期。
⑤ 戴晓东主编《跨文化交际理论》，上海外语教育出版社2011年版，第52页。

所探讨的"集体行动的逻辑"中，较之排他性集团，相容性集团就可能实现集体的共同利益，但是同样不可避免其中存在的"搭便车"行为，这就回归到一个根本问题，即个人与集体之间的利益分配。如何使用一种策略或是激励机制，促使个人利益与集体利益一致，以至于兼顾个人利益与集体利益，这就是所谓"集体行动的逻辑"，实际上也正是"集体行动的困境"。①

可见，无论是集体行为产生过程中的"价值累加"，还是集体行动逻辑中可能出现的私人"搭便车"现象，都说明集体行为、集体行动之所以能够构成，乃不同价值累加、不同利益主体之间相互作用的结果，但是也可能会因为其累加过程中各种不同利益主体之间的关系矛盾或权力博弈等而发生价值累加、集体行动中的利益矛盾或价值分割。这些都会在一定程度上影响一种文化崇拜系统所具有的文化建设能力及其制度构建，影响一种文化崇拜类型构建乡村秩序的生成过程与作用机制的充分发挥。

总之，乡村文化建设能力研究，就是希望将农村社会中各种不同文化系统、不同民族、不同宗族、不同价值观念的村民之文化主体身份进行有效整合，增强村民从事农业生产的职业伦理精神，实现文化身份及其职业选择整合农村建设的各种价值与功用机制。当然，也要特别注意不同文化崇拜、信念系统在价值累加过程中可能出现的关系紧张、矛盾、"搭便车"现象。当前中国农村社会中的传统乡村共同体、正在出现的职业共同体以及各种文化共同体，它们之间能否共享共同的或者是认同累加而成的价值信念系统，走出崇拜方式、价值关系的私人化困境，乃是乡村振兴战略中公共型叠合秩序、新集体主义形成的关键。

总之，本书所要强调的学术思想具体如下。

第一，突出研究乡村文化在价值结构整合中的"公-私关系"。

通过提出公-私关系叠合生成的公共型乡村价值秩序，把握文化建设能力与宗族、习俗、乡规、民约等互动特征，整合乡村文化建设的私人性与公共秩序，以协调人群关系、人地关系、人与祖先的关系。如此，既为研究乡村建设的价值累加及叠合秩序的构成提供经验依据，也可拓展学界

---

① 曼瑟尔·奥尔森：《集体行动的逻辑》，陈郁等译，格致出版社、上海人民出版社 2014 年版，第 4 页。

对文化与乡村社会互动关系研究的视角和方法，将私人化的个人崇拜仪式及实践活动与有益于乡村建设的公共秩序相互叠加。

第二，强化"文化与秩序"的关系研究。

满足人民群众的文化需求是乡村振兴不可忽视的精神富裕问题。不同于固有的民间崇拜与文化组织的研究热点，本书将集中于文化崇拜方式与城乡融合发展中的乡村秩序研究，尤其是乡村崇拜仪式的私人表达与乡村公共秩序之间的公私张力，集中研究乡村基层政权所主导、协调与整合的地方文化建设与宗族伦理、祖宗崇拜、文化惯习、村容村貌、村落建设等之间的关系，形成既有局部的文化生活秩序，又有总体的公共文化价值之乡村治理结构。

第三，提出乡村文化建设要主动适应乡村振兴战略。

从乡村振兴与文化建设能力的互动视角出发，考察乡村建设中不同文化崇拜类型与乡村其他价值关系如何生成彼此之间的累加机制，强调在公共型叠合秩序构成中实现乡村文化建设对乡村振兴战略的主动适应，有益于协调与平衡乡村不同社会关系及其权威性生成。借助于乡村振兴战略之文化视角的振兴，在文化建设能力的培育、构建及提升中打造村庄建设的文化品牌效应，提高村民人文道德素养，以乡风文明促进人心凝聚，促进美丽乡村与村民精神生活的共同富裕。

第二节　基本概念与研究框架

当前乡村社会建设已经取得了很大成就，然而也存在诸多问题值得注意。比如，公共文化服务体系建设中存在投入不足、运营不善、文化供给与民众实际需求脱节等诸多问题①，农民精神文化生活存在"精神文化阵地落后、精神文化建设人才缺失、农民精神文化生活空虚"② 以及城乡文

---

① 游祥斌、杨薇、郭昱青：《需求视角下的农村公共文化服务体系建设研究——基于 H 省 B 市的调查》，《中国行政管理》2013 年第 7 期。

② 文军：《渝东南少数民族地区农民精神文化生活调查——以重庆市武隆县浩口乡为例》，《人民论坛》2013 年第 8 期，第 176—177 页。

化产品供给不均衡①等问题。此外，乡村留守民众如何被重新组织起来，乡村社会资源如何聚集起来，农村产业如何进行适应乡村建设的结构性调整，乡村治理能力提升的中介是什么，解决"面包问题"与精神文化需求关系的机制是什么，如何满足民众思想观念和对物质需求的共同满足，都要求乡村振兴处理好各种公共事务之间的公私利益关系，加强乡村建设之个体责任感培育，平衡好社会公德与个人私德、公共利益与私人利益之间的关系，这些都是考察与讨论乡村文化建设能力研究的重要内容。

故"文化建设能力"的研究内容及具体内涵，基本能够容纳乡村振兴之结构性困境，城镇化进程中的文化崇拜方式变迁及其社会心态，农村地方文化、风俗惯习、民间精英的身份构成等问题与维度，通过梳理与研究信俗、乡规、民约、法治、制度、宗族等不同主体及价值间累加的可能性与现状，论述乡村公共文化资源的公私整合何以促成公共型叠合秩序。

从生成性结构主义理论及方法出发，所谓结构，即是可以生成的；不同价值在累加过程中可以生成一种新结构，促进不同价值之间的整合与共建共享，有益于一种新秩序的产生与重构。在此，乡村振兴战略中的文化建设能力研究，就是要以"文化建设能力"为核心概念，以"文化崇拜""价值累加""叠合秩序"为基本概念，集中论述乡村社会中诸种文化崇拜类型及其关系间的累加与整合，构建与提高农村文化建设的能力，推进农业农村现代化越走越有奔头。

因此，这里需要再次界定和强调如下四个概念及其具体内涵。

其一，核心概念：文化建设能力。

关于"文化建设能力"的核心概念，旨在讨论不同乡村社会中不同文化崇拜类型所具有的对于促进乡村在生产方式、价值累加、人文景观、思想观念、人才建设等方面的积极意义与作用机制。同时，结合价值累加之谱系与公共型叠合秩序，关注与挖掘不同区域背景下不同乡村社会建设的现状特征及发展困境，在比较与梳理乡村文化建设的普遍逻辑，探讨文化建设能力的生产与再生产过程中，揭示地方文化崇拜及价值信念之于个人、家庭、村集体、乡村振兴乃至基层治理现代化的意义。

---

① 杨刚：《乡村振兴背景下农村文化产品供给的不均衡——基于可行能力的考察》，《贵州社会科学》2021年第10期。

其二，基本概念一：文化崇拜。

所谓"文化崇拜"，在本书中是指乡村大众的各种精神性需求及仪式性崇拜活动，这些与文化崇拜相关的活动、仪式、空间、文本等，都与村民的日常生活、家族情感、风俗惯习、祖宗崇拜等息息相关，是一种乡村社会中的私我性及家族性崇拜方式，亦是一种能够实现整合人群与资源关系的价值系统及精神中介，有助于促成乡村良好而健康的社会风尚、人际关系、家族伦理等，构建地方文化自信与乡村凝聚力。这些文化崇拜类型在溪水村便是祭祀孔子的各种庆典仪式，在梅山村是祭祀梅林辉这一祖先的家庭祭祖仪式，在吉原村则是老百姓最为深厚的祖宗崇拜情结。这些文化崇拜及其心态秩序特征，大多体现了一种人与祖先、人与土地关系的特别化构建。这种深藏于民众内心的微观心态及精神文化需求，恰恰需要在乡村振兴中特别注意。尤其是其间所呈现的各种家族情感、姓氏源流、家谱文本、家风家教、家族名人、地方历史文化等，恰恰是当前促进乡村振兴需要积极挖掘的资源和价值，有益于乡村集体情感及行动能力的构建，有助于整合乡村不同文化价值、不同利益主体、不同人群关系。

其三，基本概念二：价值累加。

以"价值累加"的基本概念，研究乡村中各类系谱性文化关系，从最简单的家族组织、文化崇拜组织到功能最强的基层政府组织，梳理基层政府治理与文化建设的关系，它们何以构成乡村公共价值累加结构，同时抵制乡村生活中的非法文化活动。借助于"价值累加"（value accumulation）这一概念，能够解释乡村振兴中不同文化崇拜类型如何累加成为共有的社会、文化资源，如何构建一种新型的集体行为并实现各种价值因素在乡村共同体层面的累加与增值，继而形成乡村价值公共秩序。其中，最为关键的就在于不同价值主体累加过程中的中介机制及其平衡协调的关系逻辑。如能恰当平衡并处理好这些关系，便能够促成一种有益于大众及乡村整体建设的公共文化及公共型叠合秩序。

其四，基本概念三：叠合秩序。

用"叠合秩序"这个基本概念，讨论乡村建设中各种文化民俗、村规民约、法治制度等互动关系，在基层政权治理、法治与伦理共享基础上，借助于生成性结构主义研究方法，研究它们整合乡村治理秩序的能力与程度，试图构建一种乡村社会发展的公共文化与叠合型公共秩序，继而适应并服务于乡村振兴新集体主义的构成及其总体秩序的安排。如此，既能深刻考察当前乡村建设的发展困境及根源，又能从不同文化建设能力的构建及其交往关系出发，挖掘文化与社会之间互动的良性机制，有益于平衡多方利益主体关系，激活乡村建设的内生性与积极性，促进乡风文明与生态宜居，对政策制定与乡村基层治理都具有借鉴意义。

通过上述问题意识与四个概念，试图构建以下理论研究框架。

首先，建构乡村振兴所需的"新集体主义"理论框架。针对当下人口流动、土地流转、人地关系的分离或断裂、乡村空间共有性增加等所积累而成的一些"去农业化""去集体化"特征导致当前乡村振兴主要社会单元的悬置等集体行动困境，乡村振兴的重要基础之一，就是要让大多处于土地流转、人口流动中的乡村居民重归集体，重构新集体价值理念，进而生成促进乡村文化建设的集体行动方式及资源动员方式。这种"新集体主义"[1] 曾被认为是"中国乡村在走向现代化过程中的制度创新"[2]，不同于西方社会中的"社群主义"，亦不同于人民公社时期的"集体主义"，而是新时代背景下的"集体主义"，强调政府主导、多元主体协同参与并治理所形成的新型治理秩序，是传统乡村社会道德与伦理发生重大变迁后所形成的一种"中国式现代化进程中的乡土社会"[3] 及其文化振兴模式。此模式能够将民间文化崇拜及其实践活动这一乡村内生性秩序的构成要素，整合与融合在促进乡村文化多重价值整合、层级式的、叠合型公共秩序构建过程之中，同时，特别强调村民的文化自觉与乡村文化建设的开放性与主体性，以及二者之间的整合。

其次，强调"有集体理念的新农民"之身份建构。当前乡村居民价值观念的一些分化、功利及私人化趋势、公共化困境及"无公德的个人"等行动特征，使乡村居民生活方式、价值观念中公-私关系的调研与梳理成为本书的主要使命。当代乡村居民如何实现从"无公德的个人"到"有集体理念的新农民"，包括当下农民的职业身份、村民身份和文化身份，这三重身份能否整合，或整合程度的大小，不仅需要相关经济支持、

---

[1] 李旭：《新集体主义：新时代乡村振兴中的精神引导——以浙江为例》，《观察与思考》2018 年第 1 期。

[2] 王颖：《新集体主义与泛家族制度——从南海看中国乡村社会基本单元的重构》，《战略与管理》1994 年第 1 期；王颖：《新集体主义与乡村现代化》，《读书》1996 年第 10 期。

[3] 王露璐：《中国式现代化进程中的乡村振兴与伦理重建》，《中国社会科学》2021 年第 12 期，第 89—109 页。

村委会组织、民众自愿，而且需要相关公共表达机制及服务体系的健全。从农村建设及城乡融合发展角度，整合构成当代新农民身份，就是从人自身出发所实现的一种主体性与需求性构建，对乡村振兴及其治理制度的创新与构成大有益处。

最后，建构政府主导、多元主体构成的叠合型公共秩序。从文化社会学的理论视角与方法出发，运用系谱性功能主义与生成性结构主义两种理论视角及研究方法，既有家族、民俗、乡规、民约等价值系谱的文化功能分析，又有乡风文明、民俗祭祀、家族文化及交往关系的结构研究效度，这二者之间的整合与再组织，就能够以文化主体性、文化身份构建集体意识及其现代行动方式，为探讨乡村振兴战略中的文化建设能力研究提供理论及论证依据，构建基层政府主导、多元主体协同参与和构成的公共文化与叠合型公共秩序。

第三节　总体设想与研究内容

由于异地城镇化及人口流动、进城打工与土地流转造成乡村社会基本单元的悬置，因此，乡村振兴战略的主要问题之一即如何让或吸引分散各地的农民重归集体，分层叠合四十多年来乡村居民在包产到户、联产承包中早已个人化或私人化的价值观念与行动逻辑，把村民重新整合进乡村价值的生成结构中，渐次构成乡村振兴的公共型叠合秩序。以下研究框架及其内容将有助于厘清乡村振兴战略中乡村振兴与文化建设能力之间的理论与实践关联，进一步丰富与加强对文化建设能力研究的理论再思考。其总体设想与具体内容如下。

其一，城镇化过程中乡村文化建设的现状与特征。

城镇化不单是物质经济方面的发展，更需要精神文化层面的提升。梳理城镇化过程中的乡村文化建设现状，尤其是乡村民众崇拜方式的变迁，把握当前乡村文化建设存在的各种结构性困境，进而从文化实践方式、代际关系、资源动员方式、人群构成、乡村精英等角度，把握农村社会结构与文化建设能力之间的关系。同时，深度讨论人、地、祖先三者关系的变化所导致的乡村文化生活共同体变化，继而揭示文化崇拜及其仪式性活动在促进城乡关系融合发展、重建乡村公共文化与公共秩序中的积极作用。

其二，乡村文化崇拜或文化惯习与文化建设能力之间的关系。

乡村文化包括诸多方面的内容，如民众的受教育状况、地方知识，客体化形式方面的服饰、饮食、山水、生产工具，还有制度化形式方面的乡规民约、文化仪式、节庆习俗等，这些都构成一个乡村的文化内容及村庄灵魂。很多研究已经表明，村庄风俗、崇拜惯习、乡规民约等具有标识性的空间、仪式或文化事象，作为地方性知识及其道德表征，对村落成员具有较强的感召力和道德引领力。从文化崇拜、崇拜惯习等角度，探讨其与乡村文化建设能力的关系，就是要集中讨论文化建设能力研究中有益于乡村建设的具体价值，如何有助于乡村道德教化、伦理规范、人文生态、乡风文明等建设，如何与法治、制度、乡规、民约、道德等价值累加，既能在现实层面加深不同人群、不同家族之间的互动理解，又能在研究层面为乡村振兴处理与文化建设的关系提供某种理论视角与政策依据。

其三，新乡贤①、民间精英参与乡村文化建设的具体方式。

借助于生成性结构主义研究方法，分析基层政权、民间精英与各种价值关系的累加及其秩序结构生成的关系，尤其是在其中发挥重要作用的中介人物，如新乡贤（充当乡村文化建设中综合利益表达的"中间层"，是承接"政府－乡贤－普通村民"的桥梁②）、民间精英等可谓探讨乡村振兴内生动力的重要构成部分。在此过程中，媒介人物③，杜赞奇提出的乡村统治中的"经纪模型"，即两种经纪人类型——"保护型经纪和营利型经纪"④，民间社会中的"仪式专家"⑤或"仪式承包者"等精英类型，他们在不同价值关系累加中的中介地位与作用机制非常值得关注。其中所可

① 张兆成：《论传统乡贤与现代新乡贤的内涵界定与社会功能》，《江苏师范大学学报》（哲学社会科学版）2016年第4期；胡鹏辉、高继波：《新乡贤：内涵、作用与偏误规避》，《南京农业大学学报》（社会科学版）2017年第1期。

② 宗喀·漾正冈布、王振杰：《民族杂居地区乡村文化振兴与社会治理的耦合逻辑——基于文化资本视角的分析》，《西北农林科技大学学报》2021年第5期。

③ 杨联陞：《中国文化中之媒介人物》，载《中国文化中"报"、"保"、"包"之意义》，贵州人民出版社2009年版。

④ 杜赞奇：《文化、权力与国家：1900—1942年的华北农村》，王福明译，江苏人民出版社2003年版，第2页。

⑤ 李向平、李思明：《信仰与民间权威的建构——民间信仰仪式专家研究综述》，《世界宗教文化》2012年第3期。

能形成的秩序叠加以及秩序分化，也同样需要在个案研究中进行详细论述。而我要考察的行政精英、文化精英、商业精英等家族精英，他们作为地方社会中的民间权威人士，可作为整合与协调乡村建设中私人性或公共性的价值累加关系的中介，继而拓展生成乡村文化建设的新路径与新秩序，这将是讨论乡村社会新型集体行动能力的重要内容。

其四，乡村文化建设中的各种私人化与多重价值累加。

乡村建设是一个长期而系统的工程。当下农村人地与人人关系发生普遍分离或断裂，与文化实践密切相关的人与祖先之间的关系也因城镇化进程的加快推进而面临分离或断裂的可能。在此种情况下，乡村文化建设的各种私人化、仪式化、景观化成为一种普遍现象，文化自身在参与乡村建设、资源整合、人际和谐等方面的功用也可能因为人群分散而大打折扣。尤其是当乡村不再是具有物理边界、自然属性的封闭空间，而呈现为动态的、流动的、开放的，且逐渐与城市化、网络化、全球化连接时，乡村人口的社会控制、多重价值累加而来的集体行动又如何才能形成？这既涉及乡村基层政府的治理能力、不同文化建设能力之间累加机制的构建，又涉及乡村文化建设与乡规民约、基层村委会组织、宗族组织、族际关系等之间的平衡与整合。

其五，乡村文化振兴中的新集体主义或公共型叠合秩序的构成。

乡村文化振兴的实现方式，最重要的就是要以文化建设能力的各种提升、文化建设方式的多样化路径等，满足促进乡村集体行为发生、公共型秩序叠合而成的内部与外部条件。农民在"去集体化"之后回归集体，重塑新时代背景下的集体主义理念，必须有一种促成集体行为重新发生的价值理念和秩序安排。乡村振兴及城乡关系融合发展背景下，在落实文化建设的行动主体层面，即当代农民如何从"无公德的个人"转换为"有集体理念的新农民"，促进农村社会文化建设的整体性变迁，就特别需要一种价值中介或机制以激励村民参与乡村振兴及其集体行动。

因此，农村新集体主义的形成、农民在乡村振兴中的各种集体行为重构，既要研究传统村落共同体、新型职业共同体以及文化崇拜共同体的基本构成及其互动关系，又要研究宗族关系、民间习俗、崇拜关系、族际关系在基层政权、法治和伦理共享秩序中如何协调相处，这有助于农民新身份、乡村新秩序的构成。同时，需要超越主流文化与亚文化、传统与非传统等二元关系，将文化建设的群体性、社会性与私人性进行整合，在基层政权及其法治框架内进行多重价值关系的正向累加与公私协调，提高农村建设的集体行动能力，为乡村振兴提供一种内生性资源及动力机制。

第四节　研究方法及其特色

研究方法，即研究某一问题所采用的方法。具体包括定性研究、定量研究，或是文献研究法、个案研究法和比较分析法等。这些具体方法的运用，将帮助我们获取丰富的研究资料、深入理解研究对象，指导我们在文献研读与田野调研中不断将问题深入推进，形成解释问题的理论框架与概念体系。

第一，扩展个案研究方法。

关于扩展个案研究方法，布洛维在描述此研究方法时，特别强调根据问题从不同的立场出发，寻找具有不同特征、社会地位、社会角色的人群进行访谈，而不是只局限在一个同质群体中。[①] 扩展个案研究方法强调将个案"扩展出去"，实现走出个案研究的局限。扩展个案研究方法力图从独特中抽取一般、从微观走向宏观，从而将过去与现在相联系，最终试图建立微观社会学的宏观基础。这一点不同于传统个案研究方法，后者致力于建设宏观社会学的微观基础。基于传统个案研究方法与布洛维扩展个案研究方法的结合，我试图在微观与宏观、部分与整体、传统与现代、历史与现实中发现并论述问题，试图考察乡村民间崇拜及其文化心态作为一种微观而部分的社会秩序构成基础，是如何受到宏观而整体的结构制度与资源配置之权力系统的影响的，而那些家族、行政权力等宏观制度结构又是如何作用于或影响着微观的乡村文化建设路径、过程及方向目标等的。全书基于三类个案研究，并兼顾乡村文化不同类型及其复杂关系，在不同地域个案研究及其比较中，特别关注不同区域、不同背景、不同村庄、不同文化建设能力的乡村建设现状及其构成特征，同时，通过人物中介的深度访谈、价值观念的比较分析等而获得科学结论。

---

① Michael Burawoy, "The Extended Case Method," *Sociological Theory* 16, 1998.

第二，资料搜集与分析方法。

资料搜集，即开展一项研究需要搜集的第一手资料或直接资料，是进行某一种问题研究的前提和基础。资料搜集既能帮助研究者在此过程中发现问题，又能依据理论研读与田野调查等不断完善与补充相关资料的搜集。资料分析是指对某一研究问题所涉及的前沿文献与实地调研资料进行详细整理归纳和分析的过程。资料分析过程能够帮助研究者更为清楚地确定问题研究的意义与核心主旨。就本书而言，我主要采用了如下研究方法进行资料搜集，从而极大地提高了研究的科学性与可操作性等。文献研究法主要用于前期的文献研读、理论综述及写作；参与观察法是通过参与乡村社会某些事务来进行观察的一种资料搜集方法；深度访谈法是通过对田野中的具体人物进行深度访谈来获取第一手资料的过程，比如主要用于把握民间精英等核心人物参与乡村建设的功能分析。在资料分析方面，主要以关系/事件为研究技术，选择与诸研究主题密切相关的资料作为研究论据，加大对核心问题研究的解释力度。

第三，比较分析方法。

比较分析方法在本书中，主要体现为对浙闽豫三类个案进行横向比较，致力于发现三类个案在体现乡村文化建设能力方面的普遍规律与行动逻辑，以及乡村文化建设能力对乡村振兴的重要意义。同时，在个案研究及其比较分析中把握乡村建设现状、基本特征及存在问题，把公私关系、中介人物在乡村文化建设及提升文化建设能力过程中的身份地位与互动机制研究贯穿于全书，并分析其能否或是在多大程度上能够在乡村振兴具体实践中生成一种促进乡村振兴的公共文化与公共型叠合秩序。

总体来说，本书具有以下研究特色。

第一，运用生成性结构主义，挖掘乡村振兴进程中的文化建设如何成为有益于乡村建设的道德规范与伦理共识，具体把握乡村多种价值关系如何在公私不同领域叠加成为一种促进乡村整体建设的秩序结构，从私人领域、私人生活进入乡村公共生活领域，促成乡村社会中已经或正在分化的公-私关系构成一种新集体生活方式，促进乡村社会的全面进步与发展。

第二，以总体秩序、局部秩序为分析方法，将文化建设的正负功能进行一种结构性分解，整合文化建设、宗族关系、民俗文化等多重价值关系，在法治基础上建构一种基层政府主导下的层级的、系谱性的公共文化与公共型叠合秩序。在此，乡村文化建设承担的是一种传承与发展乡村传统的价值与秩序意义，在此基础上如何推进乡村文化建设进入现代化乡村治理体系，是乡村文化建设之关键。

第三，采用公-私关系的辩证研究方式，论述乡村交往中的公-私关系能否叠合生成文化建设的私人化方式与乡村公共秩序，为乡村建设提供价值基础，为新农民身份获得奠定价值基础，激活农村资源与文化活力。同时，将不同文化类型、不同价值关系分解为公共型秩序构成中最必要的公-私关系，并把这种公-私关系互动机制的分析方法，贯穿于研究始终，观察、梳理诸种价值累加关系中，乡村居民如何能够从"无公德的个人"转变为"有集体理念的新农民"，进而在生成性结构主义分析中，论述乡村秩序中新集体主义能否最终形成。

第四，通过"中介人物"这一研究路径，即促成乡村秩序生成的中介人物，把握乡村文化建设的基本过程与普遍行动逻辑。在乡村振兴的生成性秩序结构中，通过对乡村社会之行政精英、文化精英、商业精英的行动方式的研究，往往能够把握乡村人群关系的互动机制、主要资源及其配置方式，他们之间的互动方式往往构成乡村价值关系与公共秩序叠合的中介机制，决定着乡村文化建设及其能力大小的具体展开，构成本书研究主题的内在逻辑与理论关联。研究此类中介人物的身份地位构成与功能作用，即能把握乡村建设中总体秩序与局部秩序的具体形成。

第三章 传统村：圣人崇拜 及其儒家文化的生产能力

> 有人问中国的文化精神是什么呢？我认为中国文化精神，应称为"道德的精神"。中国历史乃由道德精神所形成，中国文化亦然。这一种道德精神乃是中国人所内心追求的一种"做人"的理想标准。乃是中国人所向前积极争取薪向到达的一种"理想人格"。因此中国历史上、社会上、多方面各色各类的人物，都由这种道德精神而形成。换言之，中国文化乃以此种道德精神为中心。中国历史乃依此道德精神而演进。

> ——钱穆《中国历史精神》

祭祀是一种源自天地和谐共生的崇拜理念。中国人自古就有对天、地、祖先的信仰传统，继而产生了一系列的祭祀礼仪及文化信仰体系。不同于祭祀，祭典则是一种具体的祭祀仪式，又叫作祭礼。对于祭祀的文字记录，现留存的解释可见于《周礼》《礼记》等。古代君王往往在郊外定期举办祭天大典，寻求人与天地之间的沟通与共生。中国人拜祖先时，不仅向祖先汇报很多私密事务，而且无不希望得到祖先的特别庇佑。这种道德情感体现在对圣人孔子的祭祀上同样如此。尤其是孔氏家族成员，更有着不同于非孔氏家族成员的情感与心态。

祭祀大成至圣先师孔子的典礼可以简称为祭孔，其是民间社会对圣人先贤孔子的尊敬、敬仰和追思活动，是一种最能体现中华民族文化精神和认同的祭祀仪式与祭典文化。在儒家文化振兴进程中，一些地方的祭孔典礼还成为促进地方社会振兴的重要符号与文化表征，成为一种具有生产与再生产能力的象征仪式，有益于促进儒家文化的创造性转换与创新性发展。尤其是那些具有历史文化与名人价值的传统村落之祭孔仪式，更成为地方社会所着力构建的文化建设资源及其象征符号。如何在观察、思考及实地调研基础上，深入梳理和挖掘这些传统村落及其祭祀仪式所具有的文化建设能力，理解包括祭孔文化在内的乡村各类优秀资源之于个人、家庭、村落及地方社会的意义和价值，探讨农村文化价值正向累加、构建公共文化与叠合型公共秩序，同时发现其中存在的问题和发展困境，成为研究文化建设能力、促进乡村发展的重要构成与关键所在。

　　基于上述问题意识，本章以浙江孔氏南宗后裔古村落溪水村及其圣人崇拜为研究对象，重点关注溪水村当代圣人崇拜及儒学文化建设现状与能力构成，圣人崇拜之于现代价值、心态秩序构建的社会意义，民间精英参与乡村振兴的中介作用与身份特征等内容，讨论圣人崇拜及其文化价值秩序变迁，揭示这种文化崇拜的再生产与实践过程之于个体发展、乡村精英及乡村建设的意义与可能。

第一节　溪水村村史及其现状概要

　　关注溪水村文化建设能力所呈现的价值与秩序作用，首先需要考察与论述溪水村具有怎样的文化价值系统，然后再关注这种文化价值系统及其实践活动之于个人日常生活、家族认同关系、人文景观、文化传承、村落共同体等的意义。

　　本章所要研究和论述的对象是溪水村的圣人崇拜及其文化实践活动，即考察对大成至圣先师孔子的文化崇拜现象及其能力构成现状对于溪水村乡村振兴的重要意义。这种圣人崇拜的文化深层结构就是中国人最为根本的两大崇拜类型，即"圣人崇拜"和"祖先崇拜"之文化内涵，融合祖宗-圣人、正统-权力、血缘-身份等多重逻辑，最终尊人为圣、尊崇祖宗，成为中华文明最为根本、中国人最为普遍的价值信念和文化情感结构。

　　溪水村是一个具有百年儒学文化传承的传统村落，是该市孔氏后裔聚居人数最多的村庄。这里不仅聚居着孔氏南宗后裔，还建设有尼山私塾、孔氏总厅、孔氏文化广场、孔子雕像，各家各户门前无不贴有论语语录等宣传标语。在此地繁衍生息的孔氏南宗后代子孙，实为清康熙六十年（1721 年）来此扎根，迄今为止已有三百多年历史。在此生活的第一代孔氏祖先是孔毓均，其经商做生意，是当时陕西西安县商会会长，之后便借此身份携全家老小来此经商并定居。正因为该村乃孔氏后裔村且历史文化悠久，所以被列入第五批中国传统村落名录。

提及孔氏后裔，不得不提及孔氏南宗的形成过程与历史变迁。孔氏"南孔"后裔子孙，实乃孔子后裔一个极为特殊的宗族。其特殊之处，主要源自八百多年前的一场政治变乱导致的孔氏家族的分裂。当时，作为嫡系长孙的一支追随南渡皇帝赵构建都临安（今杭州），当时的衍圣公，即孔子后裔第 48 代嫡长孙孔端友则定居浙江衢州，被称作"孔氏南宗"。同时，当时的金朝又在北方另立孔端操为衍圣公。元朝统一后，忽必烈召南宗第 53 代嫡长孙孔洙北上"载爵归鲁"，却遭孔洙拒绝，这便是历史上的"孔洙让爵"。其中缘由，此处不赘述。自此，北方孔氏衍圣公为孔洙族弟。此后，孔氏南宗在江南儒学弘扬方面发挥积极作用。尽管明朝时明武宗朱厚照恢复孔氏南宗世袭爵位，并授予其"五经博士"，但是，孔氏地位及影响力已远不及北宋时期。这些都使孔氏南宗将"诗礼"相传之族学带到江南并日渐开放，促使孔氏南宗日渐走向平民化。

正因为这段历史及其文化传承脉络，孔氏南宗后裔基本定居于浙江，溪水村就是其定居的重要村落之一。从地理位置和行政区域来看，溪水村位于该地市区正西部，地处常山港与大源溪汇合之三角地带，不仅三面环溪，更有千年古樟耸立于江边。此处还曾经是清末民初时期繁荣的码头，乃钱江上游通往外地的必经之地。溪水村面貌发生巨大变化。目前，全村共有八个村民小组，现有农户 398 户，人口 1200 余人，其中孔氏后裔达800 余人，占据一半还多。至今，溪水村都保存有完整的孔氏族谱、孔氏家训和清朝时期的孔氏祖宅。从劳动力现状及其能力来看，村里合计 800多名劳动力中有近三分之一属于长年外出务工人员。从种植业来看，村里现有柑橘面积 1000 余亩，年总产量 700 余吨。其中，耕地面积合计 704亩，人均耕地面积约为半亩。总体来看，溪水村村民主要收入来源于种植业，具体就是柑橘收入和外出打工劳务收入。

溪水村是现在江南民间孔子后裔最大的聚居地，其独特的历史文化及浓厚的儒家宗族文化，使村落的环境氛围以及日常生活都深受影响。村里新出生小孩在取名字时，仍会以孔氏族人之家规和族谱排行论辈，足见其深受儒风熏染的文化渊源。基于此，本书将其定位为"传统村"，就是致力于关注和挖掘传统村在乡村振兴进程中所呈现的各种文化建设能力及其具体方式、现状特征，孔氏家族文化所宣扬的"礼"文化与"祭祀"文化是如何在官方与民间达成关联式互动的，如何通过儒家精英影响基层民众，并重构乡村发展的价值秩序与心态文化；在此过程中，作为弘扬和传承乡村儒学价值之重要人物的民间精英，他们发挥了怎样的中介作用，这些都构成本章重点探讨的问题及内容。

第二节 孔氏南宗祭孔之公私类型

孔庙遍及全国，但孔氏家庙在全国仅有两处，乃孔氏嫡长孙家祭场所。自南宋以来的九百多年历史变迁中，孔氏南宗家庙经过多次毁损，曾有"三建三迁"。现有格局基本定型于清代道光年间，后来遭遇两次较为严重的破坏，分别是抗日战争时期日军占领洗劫孔庙和"文革"期间被作为"批林批孔"对象时。其后，孔庙文物基本被砸毁，原本作为孔氏族人住所之孔府，也被拆改为平房，仅保留一小部分建筑。

改革开放以后，包括孔子及其思想在内的中国传统文化重新得到重视。20世纪80年代末，一批衢州知识分子在《衢州报》上发表文章，大声疾呼"加强南宗孔庙的开发利用"，从"开发文化旅游"角度，举办"孔庙物资交流会""孔子节"，借南宗孔氏文化品牌以振兴地方经济，打造城市发展品牌。

1996年，国务院公布孔氏南宗家庙为全国重点文物保护单位。其后，衢州市人民政府在省文物局支持下对孔庙与孔府遗址进行考古发掘，并在完成公房、民房和部队房屋拆迁后，终于在孔府原址上恢复建筑。因此，孔府从不足4000平方米的面积扩大为13000平方米，并建设了孔府后花园。南孔家庙位于衢州市区新桥街，是当地最有名的旅游景点和全国重点文物保护单位，门票十元，全年人流量达十万余人，全年收入达一百多万元，主要用于孔庙内部各种工作事务支出。孔庙共有管理人员六人，其中，有事业编制者仅有两人。

近年来，衢州市致力于打造"一座最有礼的城市"，试图从儒家"礼"文化角度构建城市发展的文化魅力，提高城市文化软实力与竞争力。我曾在游走于该市街头时发现，该地随处都可见"南孔圣地 衢州有礼""一座有礼的城市"等系列宣传标语。该市 2020 年政府工作报告更是写道："深入实施南孔文化复兴、文化惠民和公共文化服务'十百千'工程，启动南孔文化核心区建设，成立南孔文化发展中心，新建'南孔书屋'14 家，举行孔子诞辰 2570 周年大祭。……推进南孔古城 5A级景区创建，开工建设古城双修历史街区风貌衔接、南湖广场文旅综合体、儒学文化区旅游配套、水亭门游客服务中心，改造提升信安湖国家水利风景区，以丰富多样的文化产品讲好'南孔故事'。"① 可见，南孔已成为该市促进经济发展的最有影响力的文化能力和象征符号。

而象征该地南孔文化的一个重大符号就是"祭孔典礼"。其中的"祭祀"体现在圣人孔子的思想中，便是对"礼"的重要内涵的论述。"礼"是孔子政治思想中的重要观念，无论是对西周时期制度的赞美，还是在《论语》第四十九章所讲之"礼乐"，大都含有维护传统礼制的意义。孔子也倡导对当时的旧礼做出局部改革，发展出实质内容，以调和阶层矛盾，但是孔子之改革，最终依然局限于所谓"礼""仁"之道德等级化。②这一根本问题，恰是孔子思想中贵族与平民之阶层"区隔"③。而孔氏南宗这一支脉所传承的儒家文化，尤其是自元代以后基本走向平民化的叙事逻辑与现实变迁，正是这种区隔感的某种强化。尽管这种"平民化"趋势在当时的文化环境中是一种无奈之举，却深刻影响和构建了孔氏南宗在历史及当代中国社会文化中的独特地位。

尽管如此，孔氏南宗在历朝历代发展过程中，依然呈现其内部在变迁过程中的各种分化与合流。具体体现在对先师孔子的祭祀规格及等级层面，同样因为祭祀主体之阶层差异，而日渐形成两种不同的文化崇拜类型、表达方式及认同逻辑，这亦是学界研究中国民间文化或崇拜时发现的一种普遍特征，是中国文化深层次的结构性特征及关联，其实质是不同身份伦理及等级秩序。

---

① http://news.qz828.com/system/2020/04/28/011525678.shtml。
② 侯外庐：《中国思想史纲》，上海书店出版社 2004 年版，第 36—43 页。
③ 皮埃尔·布尔迪厄：《区分：判断力的社会批判》，刘晖译，商务印书馆 2015 年版。

传统祭祀背后的礼制及其秩序逻辑同样体现于当代中国社会中的各种祭典之中。所谓祭祀，其实质就是祭祀主体通过祭品，给予祭祀对象的一种特殊化的仪式展演，这是一种涂尔干笔下的"集体意识"[1]及其行动的构建过程，是一种社会化力量在祭祀仪式中的生产与再生产，能够连接和促进人与祭祀对象之间的互动与交流。当前，孔氏南宗祭孔典礼大致分为公祭和私祭，或称官方祭祀和民间祭祀两种类型。前者于孔氏南宗家庙举办，是地方政府及社会各界人士联合举办和参与的公祭。后者则是乡民社会中的民间祭祀，比如溪水村组织的祭孔典礼。孔氏南宗祭孔大典自2004年恢复以来，已举办十次有余。公祭之外，逢"五"逢"十"还会举办大规模的社会公祭。每年公祭典礼上，都会有来自不同行业、不同国家的受邀嘉宾参加，还有国外留学生及社会各界人士代表共同参加。截至2018年底，已有来自57个国家的130家孔子学院的270位负责人参祭或访问。

　　以2019年祭孔典礼为例。整个祭孔典礼分为礼启、献礼、颂礼、礼成四个部分。上午九时，钟乐声响起，参祭人依次缓步进入大成殿，向孔夫子像敬献五谷、文房四宝、晋香。之后是敬献花篮，诵《祭孔子文》，尼山小学的60名迎宾礼生齐诵朗读《论语》章句，诵读"大道之行也，天下为公，选贤与能，讲信修睦……"，最后，典礼在全场齐唱《大同颂》中礼成。从着装风格来看，南宗公祭倡导新风尚，参祭者大多身着现代服饰。传统太牢礼献"三牲"也改为"五谷"和文房四宝。典礼过程中，参祭者向孔子像敬献五谷、文房四宝、晋香、燃烛；全体参祭人员庄严肃立，向孔子像行鞠躬礼；各界代表人士分别向孔子像敬献花篮。2019年《祭孔子文》由省委常委、宣传部部长、主祭人朱先生宣读，并与陪祭人共同进入大成殿行礼。国际儒学联合会、中国孔子基金会、孔庙代表、孔氏族人代表，以及来自亚美尼亚、塔吉克斯坦、德国、美国、南非、阿尔巴尼亚、日本、韩国、乌干达、马达加斯加、多哥等11个国家的孔子学院代表、留学生代表，社会各界代表参祭团陆续来到现场。

　　从仪式过程[2]构成的理论视角来看，仪式是一种社会过程的运作，而

---

[1]　埃米尔·涂尔干：《宗教生活的基本形式》，渠东、汲喆译，商务印书馆2011年版。

[2]　维克多·特纳：《仪式过程——结构与反结构》，黄剑波、柳博赟译，中国人民大学出版社2006年版。

仪式所构成的社会也是交融与结构的辩证统一，甚至是结构与反结构相互作用的结果。由此来看，大型祭孔典礼的举办，其实就是一场在特殊庆典场合所举办的、仪式感不断增强与生产的仪式过程。而且，在仪式过程中的诸多环节及其参与者，也都在参与中依赖于这样的崇拜仪式，他们共同构建和生产着这种特别的仪式本身，同时也因此而受到此结构的深层影响。组织者、祭拜者、尊崇者齐聚于特定的仪式化空间，在祭祀典礼中寻求一种特定时间与空间中的感知体验与道德情感。至于这种崇拜是否恒定，或能否真正构建一种道德意识及公共规则却是极为复杂的问题。在参加这种重大的公祭活动时，每位参加祭孔典礼的成员对孔子、孔圣人、孔氏族人、儒家文化传统等所持的态度和心理都会有所不同。尽管如此，这种共同参与祭拜、共同在场以及共同实践感知与体验着的仪式化过程及其崇拜行为本身，却都在某种程度上生产和再生产着孔氏南宗及其家族情感在现代社会中的意义系统和价值秩序。通过这样的仪式化展演过程及其沟通机制，可以使参与者的身份地位、行动方式、情感认同等涉及社会交往关系与秩序规则的事项得以重新组合与构建。

可见，仪式过程不仅是个人或私人的特别化构建，亦是集体行动者共同在场所参与完成和共享的仪式化过程。仪式不仅是一种特殊时空背景下的社会行动类型，而且需要从历史脉络与文化传承中汲取特别意味。除了一年一度之庄重盛大的公祭典礼外，民间祭孔活动也在延续和举办。咸丰六年（1856年），孔氏先人就在溪水建立了孔氏总厅，自那时起直至1947年九十余年间，溪水孔氏祭祖活动从未中断。至当代，南宗孔氏家庙恢复祭孔活动后，溪水村孔氏族人们就热切盼望村里能够尽早恢复溪水村祭孔传统，以构建孔氏后裔的身份认同与家族情怀。

据孔麟鞠老人自述，2011年5月，以"当代人祭孔"和"百姓祭孔"为特色的南孔祭典，被正式列入中国第三批国家级非物质文化遗产名录。2012年，在家族众多宗亲和村里有识之士的热切期望和要求下，他和宗亲们一起自发成立祭孔筹备小组，在政府、孔庙等单位支持和亲族们的共同努力下，恢复了中断已久的祭孔典礼。溪水村孔氏族人认为，祭孔典礼就是一场族人相聚一堂的共同祭祀，通过这种特别的祭祀活动能够巩固孔氏后人宗族伦理，凝聚宗族共同体力量。

为进一步弘扬先师孔子的思想及学说，溪水村的孔氏总厅进行了重建。2018年孔氏总厅建成后，孔麟鞠老人像往年一样，于9月28日组织了声势浩大的祭祀典礼，整个活动有当地孔氏族人和社会各界人士共四百多人参加。除了举办祭祀典礼外，当地孔氏族人还在典礼过程中为本村特困户发放慰问救助金，为当年考上大学的困难学生发放了奖学金。作为浙西孔子后裔最大的聚居村之一，溪水村每年坚持举办民间祭孔典礼。因此，这一村级孔氏祭典还成功入选第五批市级非遗代表性项目，可谓溪水村最为重要和最具代表性的文化建设能力与符号象征。

第三节　儒家精英参与乡村文化建设的中介作用

乡村精英①包括文化精英在乡村社会建设中的中介作用，已经被众多研究所指出。作为孔氏南宗圣地，其悠久的儒家文化及儒风传承，之所以能够在九百多年的历史变迁中，将南孔儒家文化传承发扬，离不开孔氏宗亲之民间精英的中介作用与艰辛付出。因此，从乡村精英②视角出发，挖掘其对乡村传统文化的理解及其所付诸行动的各种"关系/事件"（relation/event）③与过程叙事等，即能够窥探乡村精英对于地方社会文化、村容村貌、乡风文明、治理有效等方面的积极价值与社会意义，发现乡村精英在地方文化振兴过程中所扮演的角色、地位、行动逻辑，乃至其参与乡村建设所存在问题。

我于溪水村调研时发现，当谈及村里儒家文化发展建设及对村史的了解情况时，人们就会谈及一位老人，那就是被誉为"新乡贤"的孔麟鞠老人。孔麟鞠老先生在传承孔子家族文化方面可谓身体力行，是孔氏家族家风家教建设之精神典范。进入耄耋之年的孔麟鞠老人是孔氏家族第75代传人，他不但对儒家文化和孔子家族历史非常了解，而且对溪水村农耕

---

① 杜赞奇：《文化、权力与国家：1900—1942 年的华北农村》，王福明译，江苏人民出版社 2010年版。

② 李里峰：《乡村精英的百年嬗蜕》，《武汉大学学报》（人文科学版）2017 年第 1 期。

③ 关系/事件（relation/event）方法，是法国学者吉尔·德勒兹提出来的。关系/事件不但注重与研究主题相关的"关系"，而且关注与该"事件"发生、发展相关的诸种"结构"。Gilles Deleuze, *The Logic of Sense*. New York：Columbia University Press，1990；Gilles Deleuze, *The Flod：Leibniz and the Baroque*. Minneapolis：University of Minnesota Press，1993.

文化颇有研究，被誉为村里最懂儒家文化的乡间文化人。据孔麟鞠老人回忆，为更好地将家风家训传承，受孔氏宗亲族人，尤其是老一辈族人影响，他于1997年便开始致力于为溪水孔氏家族做一些力所能及的事情。特别是修建孔氏家谱一事，孔麟鞠和孔麟山两位老人可谓呕心沥血，尤其是孔麟鞠老人，付出了非常多的时间。据他们回忆，20世纪末，溪水村孔氏宗亲不少族人生活在新疆，当他们回老家看望亲人时，就会找孔麟鞠老人聊天并抱怨些家族之事，他们认为时间流逝飞快，但是溪水村的孔氏家族没有家谱，如此下去日后子孙恐会忘掉他们乃孔子后人这一特别家族，那时候的孔麟鞠老人其实也有此类担忧。只是，重修家谱不仅工作量大，而且书面材料极少。虽然据了解，20世纪孔氏先人孔宪宗先生曾经着手修编家谱，但是抗日战争的爆发致使这项工作无果而终，许多资料亦遗失不见。

重修家谱困难重重，但是孔氏族人对孔氏家谱重修的期望始终留存于孔麟鞠老人的脑海之中。为更好地延续孔氏家族文化，让后世子孙们铭记先人先祖恩德，弘扬儒家风范、文化礼仪与道德伦理，促进孔氏族人之间的团结，1997年，孔麟鞠决定与堂弟孔麟山一起着手重修家谱。虽然完全没有修编家谱的经验，只能参考老版本家谱进行，书面资料更是少得可怜，但是孔麟鞠老人始终没有放弃。他除了料理家务，就集中时间翻阅资料，还试图从孔氏先人墓碑中搜寻相关史料，走访并请教一些老者或知情人士，在访问与调查中一步步登记核对，完善补全了家族世系表。其间所费精力与心血，自不待言。最终，他们耗时近三年，于2000年完成了16开130页的《衢州市南宗溪水孔氏宗谱》。当然，其中亦离不开孔祥凯老人在资料和资金等方面所提供的无私帮助与相关建议。对于其中存在的问题，孔麟鞠老人也坦言，一些孔氏族人因客观原因没有记录在册，只能等待日后再补充。当他们把族谱交给村里一些老者看时，"不少人因此而激动起来，还流下了眼泪。那时候，他们兄弟两人都觉得自己曾经付出的努力和遇到的困难，都是一件很值得的事情"①。

除了重修家谱外，从2012年开始，每年的9月28日孔子诞辰日，孔麟鞠老人还和堂弟孔麟山在村里组织声势浩大的孔氏家祭活动。据调研了解，溪水村是目前该地区唯一保留祭孔习俗的村落。祭孔当日，分散于各

---

① MKXJ1访谈记录，2019年2月18日。

地的孔氏族人大多会回到村中参加家祭。① 我于该村调研时，发现孔麟鞠、孔麟山两位老人很有儒雅之风，与他们交谈甚是亲切愉快。他们两人均写得一手好字，而孔氏族人中这样的人亦不在少数。每年举行祭祖活动时，张贴在墙上的论语语录皆出自孔氏后裔之手。溪水村孔氏总厅墙壁所展示的文字及历史脉络介绍等资料，皆出自孔麟鞠先生之手。我前往孔麟鞠老人家里拜访时，发现其家中客厅就挂有先师孔子遗像，"仁义礼智信，温良恭俭让"之先师思想及精神可谓深刻影响着孔氏子孙的一言一行。孔麟鞠老人表示，他希望儿子孙子辈都能够将儒家思想代代相传。

正因为对孔氏先祖的尊崇敬畏与对后人的殷切期望，孔麟鞠老人在日常生活中更是严格要求自己并践行儒家孝道伦理。在村里，孔麟鞠老人对母亲的孝顺可谓众人皆知。其母在 78 岁那年患上脑血栓一直卧病在床，到 88 岁离世整整十年时间，全由孔麟鞠和妻子二人服侍照顾。他常常告诉村里的村民说，"人最重要、最根本的就是孝顺"。孔麟山也如此教导儿子孔令守。据了解，每次孔令守从北京回溪水村时，父亲孔麟山总是教导他一定要先去探望母校恩师再回溪水村，因为如果没有老师当年的教育，就没有现在的他。

孔麟鞠老人自述深受家父孔繁喜开办尼山私塾之教育的影响，自小就喜爱读书写字作画，平日里还从事美术装潢工作。孔麟山老人回忆，那时候孩子 6 岁就可以去私塾读书，村里几十个孩子坐在一起学习孔子文化，诵读《论语》经典。除了让本姓小孩子接受教育外，孔繁喜也招收外姓学生，让他们在一起学习，还招收贫困家庭的孩子，不收他们的学费，让他们在私塾里免费上学。孔麟鞠老人说，"孔家后人历来重视教育。我们一直延续此教育传统，重视孩子教育。孔麟山的儿子孔令守是中国传媒大学硕士研究生毕业，我的孙子孔德邃 10 岁就写得一手好字，去年还获得了第十九届全国中小学生书法绘画比赛一等奖。……现在溪水孔氏家族大大小小的活动，我基本都参加，没有一分钱报酬，但是，为了大家，付出

① 溪水《孔氏家谱》上明确记载，始祖毓均子二：传福、传禄（殇）。传福子二：锦渭（殇）、继灏。六十九世继灏生四子二女，四子：广智、广仁、广勇、广德。此后，七十世孙便发展成四房，即大房广智为明德堂，二房广仁为思鲁堂，三房广勇为世恩堂，四房广德为绂麟堂。四房族人逐代衍生，人丁兴旺，至今在当地已发展成为一个大族。

再多都乐在其中"。①基于此，溪水村所在乡小城镇综合整治时，乡政府主动邀请老人参与规划。溪水村孔子雕像周围的四幅画以及孔氏后裔南迁历史故事之农民画，都依据孔麟鞠老人的描述而作。

另外，据孔麟鞠和孔麟山两位老人介绍，南孔家庙管委会孔祥凯先生多年来对他们帮助良多。之所以能够顺利重修溪水村孔氏南宗家谱、恢复溪水村孔氏家祭典礼，村容村貌近年来发生翻天覆地的变化，离不开孔祥凯先生多年来的帮助与指导，与他用心经营与弘传孔氏南宗家庙以及弘扬儒家南宗文化关系密切。因此，"谁是孔祥凯"的问题一直萦绕在我的脑海中挥之不去。为更好地了解南孔圣地历史文化及当代乡村振兴之儒家文化建设，我特地前往南孔家庙拜访了孔祥凯先生。同时，通过查阅相关资料并进行深度访谈后发现，孔祥凯之所以被当地人亲切地称为"孔爷"，不仅因为其乃孔子第75代嫡长孙，还因为其袭封于民国最后一任孔氏南宗奉祀官的独特身份。正是因为这一特殊的血缘关系与正统身份，20世纪90年代初，为更好地挖掘地方文化品牌，促进地方社会经济发展，当地市委、市政府特地邀请孔祥凯先生管理孔氏家庙。其后，在"孔爷"的主导下，孔氏南宗家庙社会影响力大大提高，孔祥凯先生更因其在工程、历史、音乐、艺术等方面的极高造诣，被社会大众亲切地称为"孔爷"。

"孔爷"独特的行政身份、文化身份和孔氏家族正统身份的多重身份整合交织，使其始终以"流淌圣祖血液以荣耀家族"为首要任务，始终不忘自己作为"生民未有"之后人的家族情怀及文化传承责任。每逢祭孔典礼，都是孔祥凯老人最为忙碌的时刻，在孔氏南宗家庙大成殿的东西两庑、六代公爵祠、思鲁阁、五王祠等处，都能看到他为筹备祭孔典礼而忙碌的身影。正是因为这种正统身份及其文化自觉的家国情怀，溪水村祭孔典礼、孔氏总厅重建、孔子文化广场修建等乡村公共事务与祭孔传统等民间活动，也常常得到孔祥凯老人关心。经过多年的筹备、组织和相互支持，百年来溪水孔氏家祭规格上升为"乡村儒学文化交流"的盛典，与祭孔典礼共同成为该地祭孔文化之两大代表。

可以说，一种乡村文化崇拜类型的生发及构建，乃至持续性的文化传承机制之生产与再生产，不仅是这些文化精英自身对于文化本身的崇拜及

---

① MKXJ1 访谈记录，2019 年 2 月 15 日。

对于文化内涵的行动式挖掘，还是文化精英之间相互影响及其社会交往的结果与产物，是他们对于一种文化类型之传承使命与责任所达成的文化共识与文化身份的权利表达。追其原因，更可能基于他们都属孔氏后裔直系子孙之家族血缘及正统身份，出于他们对孔氏家族文化传承的自觉意识与道德心态。总之，孔氏家族精英之于一种文化类型、一种价值观念、一个地方社会建设的地位作用已得到充分体现。

正是因为这种正统身份及其独特的家国心态，溪水村所在乡积极挖掘南孔文化价值，同时以小城镇环境整治为契机，围绕"南孔画乡、田园勾溪"主题，深入打造"有礼小镇"和"风情小镇"，同时结合当地风俗文化、余东农民画等地方文化形式，使溪水村所在集镇环境大为改善，村民幸福感得到较大提高。在此影响下，溪水村积极响应乡级号召，齐聚资金新建孔子文化广场、孔氏总厅，村文化广场还竖立了孔子雕像，村里街巷随处可见孔子名句之标语木牌，及悬挂于集镇街边、专门设计定做的孔子文化灯笼，以彰显溪水村的儒风雅韵，村容村貌大为改观。即便是非孔氏后裔的其他姓氏村民，也通过溪水祭孔典礼等文化活动举办所带来的社会影响力、参与感等，增强了对地域村庄的文化价值认同。

如此，孔氏家族祭孔典礼已入选该地第五批市级非遗代表性项目，通过"非遗化"[①]方式构建了祭孔典礼的正统性和行政合法性，实现了"文化构建能力"的社会学意义。同时，构建这一文化崇拜类型的政治精英及民间精英，也因而成为具有特别身份及权力象征的权威人物。这些都极大地提升了溪水村在地方社会中的影响力，促使其成为当代儒家及孔氏家族文化传承的重要基地，真正将儒家文化与地方旅游、环境整治、文化建设等乡村发展相结合，促进了溪水村村级发展及小城镇建设。在此，溪水村祭孔典礼之"崇拜性"似被"文化性"替代，"祭"与"拜"的诸多不同仪式展演过程和活动流程仪式，力图构建的就是一种兼具"祖宗崇拜"和"圣人崇拜"的文化祭仪活动。

然而，从社会实施层面来看，精英视角下的儒家祭祀仪式及其乡村儒学实践虽然带有人文性，但是这些极具象征性的展演队伍、各类旗帜、所抬轿子、为仪式增加特别氛围的各种祭乐人、孔氏宗亲按照长幼尊卑依次

---

① 李华伟：《正祀与民间信仰的"非遗"化——对民间信仰两种文化整合战略的比较》，《中央民族大学学报》2019年第2期。

祭祀的礼仪名单及次位安排等在老百姓看来，无不是对孔子作为特别对象的"崇"和"信"。孔子不仅是孔氏族人最尊敬的祭祀对象，而且成为村落人群中孔氏及非孔氏族人乃至无神论者等人群心目中最尊崇、敬仰怀念的对象，实质是一种带有儒家礼制以及极富文化性和崇拜性质的地方性知识与文化情感。

当代孔氏南宗之所以能够复兴，与孔氏第 75 代嫡孙"孔爷"的关系密切。"孔爷"在孔氏南宗文化传统过程中所发挥的中介作用不可忽视，正所谓该地区复兴儒家文化的行政精英。正是因为"孔爷"的身份等原因，孔祥凯先生从内心深处其实认为"儒学"并非"儒教"。因为，他认为孔子并不是"神"，孔子对于神的态度是"敬而远之"。这种对"非神论"的强调，根据我的调研，还有类似情况。比如，孔氏家庙修缮以后，关于大成殿孔夫子像前牌位如何题写一事，当时许多人的意见是按照旧例实施，即列"大成至圣先师之神位"。但是，孔祥凯先生思考很久后依然认为，孔夫子曰"祭神如神在"，所以此处牌位不应写"神"字，就此还原孔子凡人身份。尽管如此，此处依然存在令人困惑之处，既然"祭神如神在"，祭祀的过程就如同"神在"一般，那么，祭祀孔子的各种仪式化典礼，就同样具有将孔子神化的性质与特征。关于此问题，香港孔教学院院长汤恩佳先生和孔祥凯持同样观点，并认为先师孔子没有解释无法解释的自然现象。儒家学说特别强调"修身、齐家、治国、平天下"，克己以成"君子"。因此，孔子思想其实就是积极的入世与治世思想，是教导人们如何做人的思想，儒家学说就是教导如何做人的价值理念，并非"赎罪"和"祈祷"，或是祈求彼岸世界。

通过这些论述可以确定：其一，通过孔氏南宗文化，尤其是乡村儒学文化实践、祭孔典礼等，可以构建出以地域文化为抓手的特色文化能力，同时，借助乡村文化精英、行政精英的身份地位等，是一条提高乡村知名度、改善村庄人文环境、齐聚乡村文化资源和集体价值感的有效路径；其二，民间精英作为一种文化类型的重要传承者，他们掌握着关于祭孔的儒家经典知识、仪式、文本等方面的文化资源与解释权力，能够在整合与平衡各方利益、各方立场、各方关系、各方资源过程中实现自身作为精英身份的文化权利及权力的身份构建。然而，与此同时，精英视角下的儒家文化建设与大众实践之间始终存在某种特别的区隔，其中的文化身份、家国心态、行动逻辑也会有所不同。这些区隔在溪水村已经呈现了精英与大众、民与民之间的差别。

第四节　乡村儒学实践及其价值秩序的现代构建

通过论述溪水村孔氏家族历史文化变迁过程可以发现，民间精英参与地方文化建设的身份中介效应不可忽视。这一点不仅体现在前述溪水村孔氏家谱重修、祭孔典礼恢复及其过程之中，还体现在"首届乡村儒学文化节进溪水"的村级活动之中，体现在溪水村的日常儒学活动实践及各种乡村公共事务之中。这些都对溪水村弘扬和传承孔子思想及其家族血脉文化起到至关重要的作用。

当代溪水村孔氏家族祭孔典礼的恢复与乡村儒学文化节的举办等，使溪水村成为当地一个独具特色的传统文化名村。溪水村的儒学文化及其活动举办，致使溪水村祭孔典礼不仅成为孔氏后裔族人关心之事，而且成为溪水村超越血缘关系之外的公共文化活动及体验。因此，无论是年度祭孔典礼，还是乡村儒学进村、孔氏总厅的日常活动组织等，都深受该村及周边老百姓喜爱，很多家长也因为偏好传统文化而携带小孩参与其中，感受中华民族现代文明的魅力。

值得一提的是，尽管孔氏南宗家庙的文化基调主要基于孔祥凯老人的界定而提倡孔子是人而非神，但是其实在溪水村的村级文化实践中，村民对于这一祭典有着不同的看法和态度。每次祭孔典礼进行时都可以发现，除了正常地按照流程次序敬献花篮、鞠躬行礼等重要环节外，一般都会有族人上香燃香，在先师孔子面前默默念诵、作揖等情景。在我对溪水村一些村民的深度访谈过程中，一些人大多承认孔子乃"圣人"而非"神"，但是此类行为方式及惯习式的做法，体现出一种崇拜式的行动逻辑与文化道德心理。

溪水村祭孔活动还继承了孔门严格的礼仪制度。比如，祭孔设有主祭人，也就是族长，主要负责与统筹族内外各种事务。在溪水村，人们基于孔氏血缘关系的宗族身份及等级观念依然浓厚，具体体现于族内所发生的红白喜事、祭孔典礼的组织与仪式展演等过程之中。作为孔氏南宗祭孔之纯粹的民间祭祀类型，溪水村老一辈族人对孔氏南宗家庙祭孔典礼至今念念不忘。对于20世纪早期的祭孔大典，好几位村民说，"以前每逢南孔家庙举办祭孔时，村里人大多要赶往参加呢，很热闹，完了还有分香饼吃"[1]。一个"分香饼"的场景及记忆描述，不仅是老一辈孔氏族人流传最多的家族故事，而且是儒家血液在溪水村村民心中不断流淌的特别象征。这期间无不体现出一种仪式典礼所表达的民间"庙会"之感，却也是村民最为朴实的道德情感表达与文化崇拜心理。

对于祭孔典礼之于溪水村的价值与意义，一位孔氏南宗族人说，"在我看来，在这么多年里，溪水村整个地方都在变，溪水村在朝着好的方向变化发展，但是唯一不变的一点是我们大家对于孔氏家族的认同感，我们孔家人无论走了多远，都会在祭孔那一天回到溪水村，分散在衢州各地以及全国其他地区的孔氏后人也会来溪水村参加我们的祭孔典礼"[2]。可见，对孔氏后人而言，参加祭孔既是对孔氏家族同姓氏的血缘认同，也是基于血缘关系的地域认同、身份认同、情感认同及文化认同，还是一种对于远古祖先之情感追思和慎终追远。但凡孔氏后裔族人，大多会在此特别仪式展演中形塑对于祖先的想象，在无形之中生产与再生产对于家族共同体认同的文化心理结构，并通过一次次的"互动仪式链"[3]，增强对于族内人群、资源、权力、交往关系的归属感与集体意识。在此，孔子既是"大成至圣先师"，又是千百年来中国人所敬仰崇拜的圣贤人士，还是被建构出来的庇佑子孙之"祖先"，是孔氏族人心目中最尊贵的崇拜对象，具有祖宗神明之特别资质与独特身份。

这种特别的血缘身份及家族情感结构，以及人们对于远古祖先"亦神亦祖"[4]之独特的文化崇拜心理，极大地影响了孔麟鞠老人对孙子的教育方式。孔麟鞠老人自己表示，他从小深受父亲影响，耳濡目染、潜移默化，特别喜欢读书、作画、书法、写作等，"家中的书房里有三个大书柜，放满了藏书，空闲的时候经常会拿出来翻翻。近些年为了家族的事情忙活，随着年龄渐长，很多爱好方面的事情慢慢都放下了"[5]。65岁后，

① MKLY2 访谈记录，2019 年 2 月 13 日。
② 林铭涵、袁逸颖：《脉脉儒风传家训，时代新风建乡村》，《钱江晚报》2019 年 2 月 18 日。
③ 兰德尔·柯林斯：《互动仪式链》，林聚任译，商务印书馆 2009 年版。
④ 贺喜：《亦神亦祖——粤西南信仰构建的社会史》，生活·读书·新知三联书店 2011 年版。
⑤ MKXJ1 访谈记录，2019 年 2 月 15 日。

从事美术装潢的工作基本停放。在教育方面，孔麟鞠老人说，自己的孙子今年 10 岁，从孙子 6 岁他就开始指导孙子练习毛笔字，非常注重对孙子写字基本功的训练，在孙子 7 岁的时候，还让他练习"悬腕"。正是因为这些日常训练和日积月累的指导熏陶，孙子还获得了第十九届全国中小学生书法绘画比赛一等奖。在孔麟鞠老人看来，儒家文化源远流长、孔子思想博大精深，他希望子孙后代都能够从中汲取营养。

这种文化熏陶及文化传统氛围，还使溪水村孔氏族人都特别重视后代子孙的教育问题，并以孔氏后人身份不断鞭策子女。一个在初中教书的先生说，"我们村和其他村最大的区别就是比较重视教育——考上大学的人比较多"；村民孔樊庆说，"从我儿子出生有记忆的时候，我就告诉他，他是孔家的后人，我在教育他的时候也经常会和他提出一些以往我的长辈向我提出的要求，比如讲礼貌啊、努力读书啊，我觉得这些家教都是一些最基本的东西，应该严格地去执行"；另外一位退伍老兵孔樊武也认为，"我们需要的是做好对孔氏文化的保护，作为后人我们应该在生活中以礼待人、以德服人，在道德上起到代表和先行作用"。① 从这些访谈及报道中足见孔氏后人对于孔氏家族文化的深厚情感及其认同归属，真正将孔氏家风、文风和学风践行于自己及对子孙后代的教育与期望之中。

以上内容从孔麟鞠老人的父亲开设私塾，一直到他对儿子、孙子的教育中亦得以具体呈现。目前，溪水村还没有正式成文的家风家训，但流淌于孔氏后人血液中的家族观念与价值信念系统得到了言传身教。这种重视教育的理念虽似有一种来自对长辈或祖辈训诫的服从和接纳之意，却是传统儒家伦理及其等级秩序的日常化体现，亦是孔氏南宗自元代"孔洙让爵"之后儒学走向"民间化"②、平民化、"大众化"③，走向家族、日常百姓的一种文化传承方式，有益于乡村社会秩序的稳定和良好风俗

① 林铭涵、袁逸颖：《脉脉儒风传家训，时代新风建乡村》，《钱江晚报》2019 年 2 月 18 日。
② 解丽霞：《制度化传承·精英化传承·民间化传承——中国优秀传统文化传承体系的历史经验与当代建构》，《社会科学战线》2013 年第 10 期，第 1—6 页。
③ 孙君恒、刘可馨：《从圣坛到民间：王艮儒家君子观大众化建构及困限》，《深圳大学学报》（人文社会科学版）2017 年第 6 期。

之延续。① 孔氏南宗文化的民间儒学道路在当代溪水村的弘传，正是我之所以重点关注和考察溪水村作为一种传统村所具有的现代价值与文化能力的原因。溪水村的祭孔仪式、礼及谦卑的教育理念、宗族伦理、民间习俗、祭孔典礼等文化崇拜活动，正是乡村振兴战略背景下积极挖掘地方特色文化内涵，提高乡村建设能力的重要方式。因此，当地在推进小城镇综合整治中，也将儒家文化元素积极纳入，充分展现溪水村独特的历史文化底蕴与现代传承价值。儒家文化使周边村镇街区，都彰显着文明风尚与生态宜居。

　　需要注意的是，传统儒家礼俗及纲常伦理能否真正为溪水村乡村建设开出一条发展和振兴道路，是我关注和研究该村发展进程的重要原因。

　　一个普遍的现实是，在城镇化过程中，溪水村人口外流，村里留守人口大多为老人和儿童，加之农业种植生产成本增加，需耗费大量时间成本和心血，故不愿从事农业的村民越来越多，稍有能力者都会选择就近就业或异地就业，或外出打工、做生意，或从事其他服务业等，这些都使乡村人口逐渐减少，人际交往关系过疏化趋势日益加剧。② 在此种情况下，乡村振兴之行动主体日渐减少，土地荒芜或空地增多，传统宗法礼制在此过程中受到极大影响，乡村发展面临人群难以聚合、集体行动难以构成、资源无法很好整合等能力不足及困境。

　　村庄人口流动不仅导致村级人群结构、经济发展、宗族关系等发生变化，还影响着孔氏家族文化的传承效果与实践过程。留守在村里的，大多为老年人，一些村民还存在身体不佳、文盲等情况，这些都在打破村民接受孔氏南宗、重构儒家文化的认知结构。年轻人忙碌于工作、子女教育及家庭生活，大多仅从教育中理解和感悟孔氏宗族文化，一些人对孔氏家族文化的历史变迁及孔子思想了解甚少。对于一些村民而言，学习论语等传承家族文化也只是个人的被动选择，或是出于子女教育需要，或是有时间才可能关心之事。生计问题乃生活之根本，决定了人们依附物质生活而无暇顾及文化需要及其传承的重要性。即便是最能体现溪水村文化底蕴的孔氏总厅，平日里也沦为民众打麻将的娱乐之地。

---

① 季芳桐：《儒学民间化研究——以泰州学派为考察点》，《南京理工大学学报》（社会科学版）2013年第5期，第58页。

② 姜爱、刘春桃：《乡村"过疏化"背景下传统村落乡村精英的角色——基于鄂西南盛家坝乡E村的个案考察》，《中南民族大学学报》（人文社会科学版）2019年第5期。

这些乡村变迁现状及事实，不得不让人反思以下问题。

其一，乡村文化建设固然意义重大，村集体文化建设对构建自我、家庭关系、宗族认同、村落共同体建设、集体经济等，无疑都是一种软实力和发展动力，可谓与每个人息息相关。然而，这种文化建设过程和村民的生计问题相比，属于"需要有时间才会去做或考虑"的事情。村民除了可能参与自上而下的乡村儒学活动实践之外，自下而上的文化建设更是动力不足。除了部分文化精英和爱好者出于一种特别身份与使命担当，以及熏染于血脉之中的家族情结，能为这种文化传统付出相应的积极努力外，大部分乡村老百姓对于乡村仪式性崇拜活动的举办，持一种"凑热闹""逛庙会"式的心态，缺乏基于文化身份的自我构建与文化自觉意识。在此，乡村振兴背景下的乡村文化建设，是否沦为极少数人或某些家族精英，或是村集体进行文化建设的形式性内容了呢？这些与普通老百姓的日常生活之间存在某种必然的关联，或者说村民参与文化建设积极性与动力不足的根本原因，恰恰是乡村建设过程中亟须注意的人口结构、经济现状及技术人才等问题。

其二，精英视角下的乡村儒学复兴及其实践，虽然在南孔及溪水村的文化建设中取得良好的实践效果，但是也不免存在与普罗大众脱节的层面。这里的"脱节"主要体现在两个方面：一方面，民间精英所致力于推动的"乡村儒学"，旨在弘扬和传承孔氏家族家风及家族伦理，提高乡村文化建设的人文性和民众精神层面的"心性或道德哲学"；另一方面，作为普通老百姓却可能会将其当作一种文化的高级形式，或是一种国家权力的表征，甚至仅仅将乡村祭孔及其文化活动视为一种时空化的、崇拜性的仪式展演，或是孔氏家族集团内部的私人性仪式活动。在此，溪水村祭孔文化及其仪式传承究竟是儒学还是儒教，抑或是二者之间"分化与合流"①的集中呈现都已并不重要。重要的是，这种基于孔氏家族集体的文化崇拜类型之于溪水村的意义和价值何以深度挖掘与构建，并真正促成乡村社会文明素质的提高、生态宜居建设、精神生活的共同富裕以及解决其中所可能存在的文化主体悬置问题。

---

① 李向平、张晓艺：《分化与合流——当代中国的儒学与儒教》，《人文天下》2016 年第 16 期。

第五节　国学热与民间崇拜的仪式性私人化

近年来，随着优秀传统文化的日益复兴以及中国人对教育事业的重视，社会上出现了一股"国学热"的思潮。越来越多的"国学班"如雨后春笋般出现，致使本就属于外来语的"国学"①亦遭遇各类纷争。"国学"越来越"热"，在很大程度上与国家教育政策对传统文化及知识体系的强调、"中国式父母"教育理念、"内卷"现象严重等问题密切相关。尽管一些社会组织类型的"国学班"课程开设得如火如荼，其初衷是更好地传承中华优秀传统文化，让更多人熟悉和重读传统经典并付诸现实人生，然而，在市场化、商业化的运作逻辑下，"国学热"亦乱象频频，以至于"国学大师"不断涌现。

一些私人、企业和高校名师合作，联合成立各类机构和中心，讲授国学课程，大多包括琴、棋、书、画、武术、太极、茶道等。其机构或中心的叫法也都各具特色，大多引用传统字眼及名称，或加上历史朝代，曰某某胡同、某某书院等。国学班一般分为高校国学班和社会国学班两种类型。前者有北大、北师大、人大、武大、厦大等知名高校；后者则主要以百姓国学会为代表，推出各种拓展训练的课程与班级制，旨在使国学文化深入民间、走向民间。也有专门针对不同年龄人群设置的机构与专业课程，面向一些社会精英人物。比如，博学书院在国学培训方面近年来表现出色，开设有高端培训课程，有统帅之道、孙子兵法、资治通鉴、商业智慧、黄帝内经与养生智慧等，受众大多为企业股东、董事长、总裁以及爱好国学的人士。这些课程强调其应用性，旨在提高个人文化素养和魅力，最终服务于企业公司管理及自我职业发展。

在此过程中，各种"国学班"不断涌现、各显神通，却日益演变为

①　"国学"一词属于外来语，基本是日本名词，日本明治维新前就有，最初是对抗中国的汉学，而后用于对抗西方。国学传入中国后，经过很多变化，也有"国粹"说法，同样属于日本传入。章太炎认为"国学"和"国粹"太夸大，故改用"国故"，有《国故论衡》。胡适提出要"整理国故"，即整理中国有关的历史种种，如此"国学"变成中性名词。

满足不同群体私欲的仪式性私人崇拜，其间更不乏利益、价值、资源等各主体间权力关系的交锋与残酷竞争。其中，很值得注意的就是"国学热"中的儒家文化，更为具体的就是和孔子、孔氏家族文化相关的各种国学班及其课程。比如，孔子微课堂，教授课程无疑包括三字经、论语和弟子规等，行动层面则大多包括拜孔子、穿汉服等。各种各样的国学班、国学课程、国学机构出现在全国各地大小城市，加之因教育部课程改革等素质教育的迫切要求，不少家长不惜花费高价求教于各地名师课程，为子女升学考试做好前期的铺垫和准备。

在此过程中，各类国学班的教学质量，以及不同人群对于"国学热"的看法大相径庭，其中不少引发争论。"国学热"背景下，社会上生出各种不同性质、不同组织方式的儒家文化建设方式，有地方政府、社会组织、商业机构、个人及家庭等不同的建设路径。虽然它们都试图复兴儒学文化传统，其设置的目标、具体操演方式、运作制度、资源动员方式、组织机构、参与人群等不同，却有共同点，那就是都以儒家传统经典为文本系谱与解释权威，继而构建其自身的制度化运作机制、文化身份及广泛的社会认同。在此过程中，不同儒学复兴主体参与其中，成为复兴传统儒家经典及其知识体系的各类仪式行动者，但是其建设能力大小各不相同。

毫无疑问，溪水村乡村儒学建设与近年来出现的"国学热"密切相关，也可以说是相互推动。结合溪水村儒学复兴及其文化实践所呈现的圣人崇拜逻辑，可以发现溪水村在乡村振兴进程中的文化建设能力具有两大特点。

其一，溪水村传承孔氏南宗传统，所致力于的儒学复兴及其民间化建设道路，其实是通过血缘、家族、道德、权力、身份等生产机制所构建的仪式行动者与群体活动。对于每个孔氏家族后人而言，他们都在个人的家庭伦理、职业选择、宗族事务、教育方式、婚姻关系中具体地践行着来自血缘关系的认同与归属。当然，这种认同与归属的程度之深，以及能够引发其参与乡村建设的能力发挥大小，又取决于其对儒学传统的认知深度与自觉践行的程度。溪水村乡村儒学文化实践及其文化崇拜现状特征，是溪水村目前最大的文化特色与村落符号，亦是挖掘其文化建设能力的重要资源与中介机制。

其二，溪水村乡村儒学传统及其当代仪式性行动，并非简单的儒学民间化，亦深受地方政府所建构的复兴优秀传统文化的权力机制和血缘家族关系认同机制影响，二者实则是一种公与私、官方与民间、城市与乡村祭祀崇拜之间相互补充、合作及映衬的关系。在此过程中，地方公共权力借助孔氏南宗之民间传统，在孔氏南宗家庙致力于构建具有周期性、操演性、规模性、程式化的崇拜祭祀及仪式行动，致力于不断重构大成至圣先师孔子之圣人地位，构建更广泛的文化认同与道德归属，属于地方政府主导、社会各界广泛参与的儒学复兴之路，具有较广泛的群体性、社会性与公共性。而对于溪水村之纯粹的民间祭祀而言，则试图借助地方公共权力所构建的官方祭祀及仪式展演的光环，构建村落社会生活中以地方孔姓家族血缘为特别逻辑的民间崇拜仪式及其行动类型，兼具地域性、家族性和血缘性等特点。如果说前者致力于扩大孔子圣人崇拜及其大家族的文化影响力，那么后者则致力于构建孔氏支系地方小家族内部的家族祭祀与家族血缘认同。在地方权力主导之外，溪水村祭孔的历史变迁及其当代实践维系于一地一隅，实现着对个体、家庭、村落及周边村镇的意义和价值。他们各自构建孔氏家族身份的地位、动力机制与祭祀方式等有所不同，却共同促进当代儒学文化传统的生产与再生产能力建设。

当代圣人崇拜的两大祭祀类型及其文化实践活动虽然只呈现于溪水村及其所在辖区范围，却也是中国社会迄今为止最为普遍的两大祭孔类型及实践方式。如果将这一圣人崇拜看作一种民间社会中的崇拜类型，那么其中的公私类型，同样也是其基本特征的构成。无论是何种类型的崇拜方式及祭祀类型，都是基于不同的参与人群、资源类型、权力关系、民间精英，甚至是不同的资金构成来源等要素共同形成的结果与产物。从更为微观的视角去观察了解，看似盛大而庄重、热闹而颇具仪式感的崇拜活动及特别展演，有其共同的崇奉对象，然而其实质则是不同的个人与圣人孔子之间关系的私人化、亲疏化构建，每个人都基于不同目的、不同想法、不同心态、不同期待、不同现实诉求等而参与其中，每个人所寻求的道德体验、情感归属、价值认同、认知心态等亦不相同。

故表面上，溪水村近年来因为祭孔活动恢复等促使村落之乡村儒学建设活动深受社会大众关注，然而和当代中国儒家在中国社会的命运一样，儒学文化建设道路遭遇诸多瓶颈。在当代多元文化现状背景下，一方面，制度化儒家①已经解体，其"得失"②导致的实践空间还有多大、还能走多远；另一方面，"民间儒学"③文化建设能力的影响力与深入程度究竟会如何，这些都决定着当代儒家、儒学在现代社会中的适应过程、转型机制及文化建设的效果。如能真正从弘扬中华优秀传统文化价值出发，致力于构建儒家、儒学、儒教基于个体独立、家庭和睦、社区团结、公共价值实现等现代化儒学文化建设方式，便可能真正让儒家、儒学、儒教之优秀价值与精神理念走向社会、融入人心。同时，儒学的弘传方式一旦脱离群众的实际需求与能力，这种文化建设的治理能力空间也将受限。

至于民间儒家、儒学文化建设的形式化、生活化、家庭化等私人化崇拜方式，能否发挥超越私人崇拜的公共价值与道德意义，同时致力于弥合精英与大众、村与村之间崇拜逻辑的文化区隔，构建更广泛的普适性建设机制，无疑还面临诸多儒家文化内涵及现代价值拓展等现代性挑战。

小 结 文化传统的生产与再生产能力

此处论及的"生产与再生产"概念，受益于法国社会学家、人类学家布迪厄（Pierre Bourdieu）在20世纪70年代初所提出的文化再生产理论及其概念，他的这一理论具体体现在《教育、社会和文化的再生产》④、《实践感》等系列论著中。布迪厄试图用"再生产"这一概念表明社会文化的动态构建过程，一方面，文化通过不断再生产以维持自身平衡与社会延续；另一方面，文化再生产又并非一成不变的，而是包含着一种对此的背离和反抗。无论如何，文化以再生产方式不断演进故而推动着社会不断进步。文化再生产与布迪厄的"实践"⑤理论关系密切，实践作为一种中介能够实现结构与行为之间的相互转换。实践既是一种受文化观念影响的

---

① 干春松：《制度化儒家及其解体》，中国人民大学出版社2003年版。
② 陈卫平：《儒学制度化的得失》，《光明日报》2015年7月6日，第16版。
③ 郭齐勇：《民间儒学的新开展》，《深圳大学学报》（人文社会科学版）2013年第2期。
④ Pierre Bourdieu et al., *Reproductionin Education, Society and Culture*. Trans. by Richard Nice. New York：Sage Publication, 1990.
⑤ 皮埃尔·布迪厄：《实践感》，蒋梓骅译，译林出版社2003年版。

个人行动，也是再造文化与秩序的具体途径。总体而言，结合布迪厄的文化再生产理论与实践理论可以发现，文化具有对行动者的强大能动作用和对人自身的制约性，故文化其实也是一种不断生产与再生产的结果。

在此理论视角与相关概念的启发下我发现，溪水村的儒家文化建设过程就是一个儒学文化传统、惯习、认知、情感等不断生产与再生产的过程，且这种仪式化过程伴随着各种分化或分类的可能，而具体的生产机制则包括文本叙事、家族家谱、家庙建筑、仪式展演、权力主体、大众认同、媒体宣传等。此外，我在本章主要梳理了祭孔的历史变迁与基本类型、溪水村的文化建设能力与圣人孔子的关系、溪水村祭孔文化的生成背景与仪式展演、祭孔典礼促进乡村振兴的能力机制等内容。其中，最为典型的就是孔氏后裔祭孔典礼，以及与之相关的城乡儒学文化实践差异及其制度化构建的不同类型与互动关系，最后揭示作为文化传统的乡村儒学及祭祀实践所具有的生产与建设能力。

具体则考察了以下问题。其一，溪水村这一传统村在当代儒家文化建设方面的历史地位及其对促进乡村振兴的价值与意义。其二，民间精英在促进溪水村孔氏总厅修建、孔子文化广场修建、家谱重修、祭孔典礼恢复等过程中的中介身份与作用机制。其三，作为一种基于血缘关系的家族性祭典，如何作为一种象征机制，呈现较为广泛的认同与归属。其四，溪水村乡村儒学文化建设的诸多内容与形式，与促进个人、家庭及村集体价值累加及秩序叠合的理论关联与实践关系。其五，作为中国文化崇拜的典型与文化象征，溪水村圣人崇拜及家族祭典之独特性，如何构建了乡村文化建设能力最为普遍的行动逻辑。

通过对上述几个问题的研究与论述，揭示孔氏南宗文化传统在溪水村是如何作为一种文化传统被得以生产与再生产的。作为浙西地区较为典型和具有代表性的传统文化村落，溪水村自恢复祭孔典礼之后，尤其是该典礼被纳入市级非遗代表性项目之后，不仅村容村貌、村民精神风貌得到较大改观，而且构建了一系列儒家文化的符号象征及身体化的文化表达形式。溪水村的年度祭孔典礼一次次增强着孔氏后裔族人对孔氏南宗文化的传承心理与情感意识，有益于村落社会人群关系的和睦友好、资源整合及价值秩序的深入构建。

这些文化符号及仪式化行动的展现过程，体现了溪水村在文化建设能力方面的潜在优势与地域特色。这种文化建设能力基于溪水村独特的孔氏后裔身份及其历史传承，更基于儒家文化精英对于当代孔氏家族文化、祭孔典礼、乡村儒学实践等所做出的各种再重构与身体力行，还基于孔氏南宗之历史传承、在全国范围内的地位构建及其地方权力代理人对这种文化祭祀形式与内涵的重视和挖掘。这些基于历史的、血缘的、情感归属的、儒家精英的、地方权力的、家国情怀的等不同要素之多重组合及价值累加，构建了溪水村特有的历史底蕴及乡村文化风貌，更促使溪水村成为全国，尤其是孔氏南宗在民间传承的地域空间及城乡文化链条。

通过溪水村的研究个案我发现，溪水村当代儒学文化实践在民间精英和大众之间存在某种分化与合流的特征。不同的精英类型或是不同村民之间，也有相应的认同差异、身份等级和话语叙事的区分。一方面，正所谓"君子以为文，百姓以为神""庙堂以为文，民间以为神"，精英与大众存在文化认知框架的二分或根本差异。儒教大多在庙堂，民间则主要在家族与祖宗崇拜之中。然而，二者之间也能够彼此整合。正所谓表面上二分，却实乃同一个文化崇拜结构，它们之间有一个相似的秩序，即对家族血缘关系及其实践感知的想象与行动。另一方面，作为文化生产者的民间精英，包括行政精英和文化精英，无疑掌握着对文化实践形式与内容的解释权与支配权，这就在无形之中促使文化生产者或是仪式行动者成为文化生产链条中的重要构成部分，也促使文化实践及其仪式展演越来越离不开文化生产者或仪式行动者的中介位置与作用功能，促使这类中介人物亦成为祭孔文化生产与再生产过程中所不能离开的特别中介。

如此，作为文化传统的乡村儒学及其制度化实践，成为一个地方文化生产及其知识体系不断完善的符号和象征，使文化生产链条中的某些精英与重要参与者亦成为此一文化生产链条上的不可或缺者，在延续家族血脉这一特别关系的同时，更延续着乡村"儒绅"们的生命、价值及精神的特别与世俗。

另外，通过对孔子圣人崇拜及一系列民间崇拜的家国心态论述，所勾勒出的村落与家族关系、民间精英、基层权力代言人、地方行政权力等之间的关联，实乃一种文化建设的社会构建逻辑，其既是一种文化生产能力的私人化延续，又是一种村落的公共分享关系，能够呈现文化建设能力的私人性功能，亦能呈现其中的公众参与性与社会空间、关系资源的丰富与拓展。尤其是其中的共享性公共关系，已经超越了孔氏家族文化，成为被资本、商业、情感、权力所构建，被制度政策所选择与吸纳，被民间精英所主导，被传统儒家乡绅在日常生活中所日积月累构建的一种文化身份及行动感召力，一种民众自愿、乐意接近的文化形式与情感道德心理，一种参与式的文化权利与身份归属。

在此，所谓圣人崇拜，其实就是一种对于特别人格的私人化崇拜与尊崇。作为一种圣人崇拜的文化基因，祭孔之乡村儒学能够在溪水村延续且传承，其实质还在于它能够落实为一种"身体化"或"躯体化"[①]的文化实践方式，且在某种程度上能够超越崇拜的内涵与形式，实现"人文性"与"崇拜性"的双重整合与构建，跨越了现实与理想。这种"身体观"[②]具有一种超越私人身体的崇拜性及象征性，实乃传统社会一种能"交通天人""承续族类"[③]的道德实践。这种身体化及道德实践，体现在溪水村孔麟鞠、孔麟山及"孔爷"等民间精英身上。

对于溪水村的孔氏后裔而言，这种身体化的仪式化崇拜实践及其道德传承，出自由血缘关系而来的身份-身体的权力化表达。对于构建孔氏家族文化及孔圣崇拜的民间精英而言，则不仅是身体化的文化传承，而且是对孔子思想的专业化、知识化传承。对于推动孔子文化的地方权力代理人及其官僚系统而言，祭孔典礼则是一种权力、身份所构建的文化知识及道德教化系统。

以上不同身份的文化主体之于孔圣崇拜的身体化及道德实践，实乃儒家、儒学、儒教之整合，是乡村地方民俗、宗族伦理与溪水村独特的历史文化、孔氏家族文化等之间的文化整合与再生产的某种结果。对于非孔氏族人而言，则会因身处这种文化空间及乡村浓厚氛围中耳濡目染，形成一种兼具自我与他者、内与外、乡与城等众多关系影响的文化生产者的认同逻辑，当然这亦不乏媒体与都市艺术的影响。[④] 然而，这种生产逻辑，在大多数时候可能是一种时空性选择的私人化逻辑，亦不排除对于这种文化形式的消费式感知与精神体验。这些不同层面的要素整合与复杂交织，再

---

① 魏乐博（Robert P. Weller）：《全球宗教变迁与华人社会——世俗化、宗教化、理性化与躯体化》，宋寒昱译，《华东师范大学学报》（哲学社会科学版）2017 年第 2 期，第 49—52 页。

② 徐春林：《王艮的身体观与儒学转向》，《学海》2007 年第 4 期，第 84—89 页。

③ 李宪堂：《由成身到成人——论儒家身体观的宗教性》，《人文杂志》2011 年第 3 期。

④ 戴安娜·克兰（Diana Crane）：《文化生产：媒体与都市艺术》，赵国新译，译林出版社 2012 年版。

次证明儒家文化对于乡村大众精神文化生活、文化认知及行动逻辑的价值重塑，对于村落发展能力的重新激活与再生产。

其实，每位仪式行动者参与一种文化崇拜的仪式性实践及其展演过程，可能大多出自个人私己选择，却也在这种实践之中呈现了个人对于这种文化崇拜类型的某种理解与认同、消费与共享、重塑与再生产，更在此仪式化崇拜的社会关系及互动中促成了城乡不同人群、不同价值理念之间的累加及观念重构，这些都是祭孔文化的生产与再生产、秩序的生产与再生产。

当然，此过程并不意味着在集体而共同的仪式认知下就能够形成多元化价值认知。因为，每个参加仪式的人对于仪式本身都会有不同的认知和解读。"这样，仪式的表达性特征使得那些参与其中的、对道德秩序有不同主张的个人或团体，可以清晰地表达他们自己关于道德秩序的立场。所以，仪式为道德讨论提供了共同的参照，为各种不同的价值或亚文化之间的沟通提供了基础。"① 可见，仪式虽然在涂尔干笔下能够增强某种集体或共同的道德认知，却也能够因为参与者丰富多样的认知与情感等，而形成价值系统的多元与行动类型。

祭孔作为圣人崇拜的文化实践活动，在溪水村以各种物质的、符号的形式与象征存在。一系列关于孔氏南宗文化、孔子思想文化的文本叙事，通过雕像、墙画、标语、广场、建筑等得以展现，使非孔氏家族成员也成为消费、认同、借鉴、学习孔子文化的生产者与仪式行动者。孔子思想文化要想成为一种公益性的公共文化，不仅依赖于底层大众、民间精英对于此种文化形式的理解及认知，而且依赖于溪水村不同文化价值理念之间累加的可能性大小或强弱关系，还依赖于社会各界对于这种文化知识系统及其结构的著述及操演。

更重要的是，乡村儒学建设需要主动适应乡村振兴战略，为构建政府主导、多主体参与、多组织或多方协同参与治理的新型叠合秩序提供最为基本的价值信念与情感基础，实现乡村文化建设资源的开拓与乡村儒学建设之间的共建、共治与共享。同时，"重新构建家国关系及其心态连接的良性机制，促使儒家真正生发符合个体化时代的文明心态与价值规则，不

---

① 李向平等：《当代美国宗教社会学理论研究》，中西书局 2015 年版，第 247 页。

仅关系城乡融合、现代文明构建，也同时关系儒学进一步发展等重大议题"。[①] 如此，既能使儒学建设的过程与结果更具有集体性、公正性、开放性和透明性，又能充分发挥村民建设乡村的自愿性、主体性、能动性与积极性，致力于建设一个体现村民生命与财产、权益与尊严，体现社会建设之法治、平等与公正的儒学振兴逻辑，最终构建出以地方政府为主导，同时依靠并兼顾乡村文化组织等多重关系，规范而系统地形成乡村建设的公共文化与叠合型秩序。

总之，通过溪水村圣人崇拜现状特征及其背后的儒学文化振兴机制，本章旨在揭示传统村落及其儒家文化在当代社会建设中的意义和价值。同时，通过民间精英这一身份中介，论述精英参与乡村文化建设等公共事务的家国心态及行动逻辑。这些都有益于梳理和体现文化建设能力之于乡村振兴、个人及家庭的价值与意义，同时也有助于发现促进乡村振兴之普遍的建设逻辑及存在困境，尤其是人群、土地、资本、文化等资源如何配置以及如何最优而公正配置，助力乡村在生产方式、崇拜方式、生活方式、交往方式、建设方式等方面的现代化发展和个体选择之自由意志。

---

① 赵翠翠：《何处是"家"心安何处——儒家文化振兴中的家国心态》，《国际儒学》（中英文）2022年第1期，第44页。

第四章 名人村：名人崇拜
及其家族文化的建设能力

中国孔子与儒家之精神，又一高处，为兼肯定家国天下之重要。西方柏拉图、亚里士多德之理想国，皆为小国寡民。菲希特、黑格尔之人类社会最高组织，亦只为国家。耶稣、斯多葛皆有一切人类平等之观念，而又皆忽家庭与国家。而孔子则能兼肯定家国天下之重要。

——唐君毅《人文精神之重建》

本章着重关注"名人崇拜"背后的文化建设能力及乡村治理秩序。与溪水村之"圣人崇拜"有相通之处，即都在考察中国社会中的"祖宗崇拜"及其背后所呈现的家族血缘关系和具有中华文明特征的"家-国"逻辑。故"圣人崇拜"和"名人崇拜"，其实都是中国人对于"祖宗崇拜"的文化表达与意义表征。

需要指出的是，这种自传统社会以来就特别重视家族血缘关系的资源配置方式，在某种程度上依然是当代中国人处理私人及公共事务的基本行动逻辑。不同之处在于，溪水村"圣人崇拜"背后的文化心态是传统儒家伦理道德及价值秩序，是具有较为普遍意义的儒家文化价值系统及其代际传承，梅山村"名人崇拜"研究则是通过极具地方性的家族文化传承及其建设逻辑，在依附于家族-行政资源中呈现普遍的中国人对于"家-国"的文化心态。

因此，溪水村和梅山村的研究有内在一致性，即考察乡村振兴进程中当代中国家庭变迁中依旧最为核心的血缘认同及其与乡村文化建设之间的理论与实践关系。我更为关心的具体问题在于：其一，基于家族血缘关系的文化崇拜心态与地方村级、镇级、市级不同层级权力秩序之间的关系逻辑，和乡村社会文化建设之间的内在关联；其二，这种基于历史及血缘关系的家族认同逻辑，其内部的各种变迁与复杂关联，能否构建出推动乡村建设的中介机制，实现一种集体力量和价值秩序的重构或多重价值之间的叠合累加，基于何种机制和逻辑，这种家族血缘认同的关系又可能面对被打破、分化乃至消失殆尽的考验。

　　本章的田野调查点是位于福建省的梅山村。之所以称其为"名人村"，是因为该村是东晋时期著名的文学家梅林辉①的故乡，且从中国姓氏文化、百家姓以及当代家族发展现状来看，梅姓都是一个地位、身份、权力极为特别的家族，故梅山村成为很多人较为熟知的地域和村落。

　　近年来，该村更是因梅林辉②这位著名的史学家、文学家的历史地位以及其姓氏、家风家训、祭祖仪式等而备受该区域范围内社会各界人士的关注。梅林辉②定居的梅山村、曾经迁徙隐居的地方、墓地、墓碑、祭祀、展览馆、宗祠等都吸引了不少本地及外地的游客和专程前来寻根问祖的人。不少历史学家、高校研究者、科研机构研究人员也深入这些地方进行田野调查和相关研究。随着关注当地历史名人梅林辉及其家族文化的社会力量及热度不断增加，该村村级干部、民间精英以及镇市级等地方权力系统也产生对于此种文化崇拜类型的重视并深入挖掘。

　　在此过程中，梅姓宗族成员的血缘认同、文化身份与家国心态以及村落发展的产业结构重心、发展方式等也因此而发生潜在变化。梅姓家族成员及非梅姓村民是如何看待梅姓家族文化在乡村社会中的传承与发展的，尤其是其与个人、家庭及村落发展的关系，他们的话语逻辑、行动逻辑中将会呈现怎样的认同逻辑与文化心态，其间是否存在某种认同的差异及利益、身份、权力等资源分配的公私矛盾与冲突，这些差异、变化及可能的关系冲突等与乡村各类价值关系的正向累加及公共型叠合秩序的构成之间存在怎样的内在关联，这些构成本章所要探讨的重要内容及问题主旨。

---

① 根据历史文献资料考证与现实调研，全国范围内的梅姓家族大致分布于湖北、福建、河南、陕西等地。关于梅林辉竟是哪里人，学界目前仍存在争议，但是大都认同梅山村人的说法。另外，本章主要关注和论述位于梅山村的梅姓家族文化建设，涉及与其他省份梅姓家族文化之关联的则较少论述，特此说明。

② 据学界研究考证，目前公认的梅林辉生卒年为328—412年，晚年隐居于梅山村。

第一节 梅山村历史与地方文化变迁

乡村文化研究成果丰硕，很多村落因而被学界乃至社会大众所熟知。梅山村的历史可追溯至东晋时期，甚至更远。该村之所以特别重视村史及家族文化建设，除了地方民间精英对于这种历史文化知识的普及、重构及重视外，主要基于该村在历史学界及当代中国家族史研究中的重要地位与现实意义。该村村史及姓氏文化，目前已有公开编印的村姓氏传略和出版的家族家风研究专著，为我了解与认识该村提供了重要的历史文献资料搜集之方便，也为我在该地进行实地调研提供了很多文本资料上的支撑。最难能可贵的是这一家族姓氏文化，其家谱也因增补而重修多次，且涵盖历史至当下现状，实属珍贵。

据我实地调研和文献整理发现，梅山村是一个具有一千六百多年历史的古老村落，是东晋著名史学家、文学家梅林辉晚年的隐居之地。我在该地调研时，每当提到梅山村的历史，绝大多数人会提及这位著名的史学家和文学家。一方面，这与近年来该村被正式列入第五批中国传统村落名录相关，与村级干部、民间精英对于该村姓氏文化的普及和倡导实践工作相关；另一方面，则主要基于该村梅姓姓氏文化认同度的提升及影响力的扩大等。以上各种原因，吸引和促使我深入该村，沉浸在村级图书馆的诸多古籍、家谱等相关文献中，逐步形成了研究该村的问题意识及核心问题。

梅山村属于行政村，全村下辖 14 个自然村 24 个村小组，共有农户 1125 户、人口 4063 人，以种植业为主，拥有丰富的矿产资源，辖区内就有 11 个煤矿，2 个大型采石场，养殖专业户 7 家。其中，梅山村这一自然村共有 600 户 2278 人，可以说占绝大多数。在这些人口中，梅姓户数为 565 户，人口达 2178 人，其他姓氏 35 户，人口只有 100 人。这一统计数字至少从表面上体现了梅山村梅姓家族文化的深厚及庞大。该行政村现有面积为 16 平方公里，其中水田 3286 亩，旱地 1556 亩，林地 12792 亩。从行业及收入来源来看，该村主要以种植、采矿、养殖、服务业、运输业等为收入渠道。作为自然村的梅山村，耕地面积为 2803 亩，其中旱地

1094 亩，水田则有 1709 亩，林地面积合计有 6929 亩，丛林密布，森林覆盖率达 65%，属于省级森林村庄。梅山村现在 90 岁以上老人有 6 人，80 岁以上有 70 余人，60 岁以上有 434 人。2019 年 6 月 6 日，梅山村被列入第五批中国传统村落名录。

自梅林辉定居于梅山村之后，子孙绵延且家风优良、人才辈出。后代子孙以此为起点，逐渐向外扩展流动。因此，该村被誉为梅林辉的故乡、梅姓家族的发源地。后人为铭记这位德高望重的先祖，将其安葬于就近的枣木山并多次修缮其墓以缅怀先祖、激励后人。追溯历史，梅山村自梅林辉定居后，已有一千六百多年历史，曾经的古树、古桥（江南石桥）、古井、老厅、八厅、半山学社等大部分已不存，但一砖一瓦无不呈现着一种古风古韵。现存梅姓宗祠——和敬堂、中和堂等也已多次修缮。值得一提的是，梅山村风景秀丽、依山傍水，被誉为该地"母亲河"的孔目江更是绕村而过，幽静而秀美。梅林辉开创的良好家教族风，形成该地优良的族氏传统并世代相传。

论及梅山村的历史文化及地位，需要从该村梅姓家族谈起。据史料考证，梅姓家族最早形成于春秋战国时期，其实是诸侯国之一，最初以国为姓。之后到西汉、东汉时期，梅姓家族不断延续，一直到东晋时期的梅林辉。《晋书》有云："少有志气，博学洽闻，以文笔著称。"史上著名高僧释道安更是曾称他"锋辨天逸，笼罩当时"。其代表作、史学巨著《汉晋春秋》（五十四卷），上起东汉光武帝，下至西晋晋愍帝，纵览二百八十余年的历史，述评朝代更替、兴衰成败、功过得失，在中国史学史上产生了极其深远的影响。史称梅林辉为东晋大将、晋州刺史桓温幕僚，任职主簿，且"累迁'别驾'"。之后，任荥阳太守，后以脚疾为由返归故土襄阳谷隐居。公元 379 年，为躲避和拒绝前秦王苻坚，再次以脚疾为由逃至梅山境内。先隐居于万载书堂山，终而隐居于梅山村，后葬于分宜枣木山。故历史记载，襄阳、分宜枣木山等地均有其墓地或祠。据学界研究，梅林辉乃梅山村人，所有该姓氏族人从该村迁徙后，均为梅姓家族后裔，梅山村也成为梅姓发源地。

梅姓在中国范围内已有十万余人。根据我在该村的实地调研，梅山村不仅有供奉纪念梅林辉的祭祀活动空间，还有多个家族祠堂，有不同年代所修的家谱，还有完备的家族源流序、梅姓姓氏字派表、1—28 世世系图、家风家训、箴戒、族谱原序、家族历代名人册等。历史上，梅山村拥有梅田十景，分别是半山学舍①、江南石桥、进贤古寺、老厅、晋祠乔木、惜字塔、来庆堂、嘉言紫阁、梅山亭子、梅氏早梅等。而今，半山学舍成为该村唯一的小学。江南石桥还留存，惜字塔则已重修多次，其他则大多消失，一些则只留有部分遗址。梅山村还流传着诸多传说故事，如板牙天子传说、千古书院话半山、笔架山的来龙去脉、东湖传说等。游走于梅山村，给人印象最为深刻的就是中和堂之梅姓家族全国范围内姓氏分布图和源流考，以及和敬堂梅林辉之雕像与旁边两柱长长的高香、电子红烛、香炉中正在慢慢灼烧着的香及厚厚的烟灰。我在场观察时，正好有一位村民在点香、敬香并合掌作揖，闭眼默念着什么。

值得一提的是村口处的惜字塔、古桥和曾经的楼阁。通过下述一位乡村教师的访谈记录，可以发现梅山村历史变迁及其遗留的历史文化古迹。

问：这个惜字塔，为什么现在没人来烧了呢？

答：这是礼仪啊。第一个是礼仪，对于大教育家孔子的尊敬。第二个是环保，让读书人养成良好的生活习惯和学习习惯。我老祖父建了一个书院，刚好靠着山，叫作枕山书院，还有各大书院，就是办学。他们到了周日的时候，到这里来焚烧纸张，将用过的纸张拿来烧掉。

问：现在怎么没人来烧了呢，都空了呢？

答：前年啊，说是怕火灾，现在准备打造惜字堂这个文化。

问：这个惜字堂有文化传统的意义，现在大家都没有这个习惯了，您还要做香火台啊？

答：去年清明节的时候弄过，可能明年要搞这个，再搞个香炉，敬香啊。

问：但是讲纸张环保，你现在把纸张烧掉岂不是浪费了？因为，中国古代的鬼和神都怕文字的，文人写过的文字不要乱丢，把它烧掉，有这个传统，不要乱丢，是有一种传统文化的，哈哈。

答：哈哈，是哦。

问：这碑文上写着说是1968年开始修的惜字堂，是这样吗？

---

① 半山学舍为旧名，而今学校更名为"半山小学"，该校目前有100多名小学生，年级有一到五年级。一年级和二年级人数仅有十人到十二人。

答：是啊，1968 年修的惜字堂，这边上的古桥是 1867 年修建的，还有从这里到那辆车那个地方，建房子的这个地方有个楼阁，明朝期间修的。①

可见，梅山村不仅历史悠久，还有着特别深厚的文化底蕴。在梅姓家族地位崇高的梅林辉，不仅曾经建立各类书院，而且非常重视基于儒家文化的文字传统，惜字塔的文化内涵就是一个重要符号。虽然惜字塔对于精英人物而言是一种对文化知识的敬畏、尊崇及文人惯习，但是在民间弘扬过程中呈现了对于文人墨客及其文化知识的崇拜祭祀意味。正是惜字塔所具有的"祭神如神在"的仪式性崇拜特征，村主任向我透露说，"惜字塔，就是以前我们村子读书的人去做的事情，清明节的时候，我们想搞这些活动，刚开始说是同意的，但是后来不同意。我们想着叫来老师和学生，把一些书、报纸、纸张，拿到这里焚烧。……后来我们就搞了个'江南有梅山，季节送清风'的纪念性活动"。② 通过上述访谈资料可以得知，地方政府希望淡化惜字塔的祭祀意味。只是，民间社会中的崇拜祭祀活动依然极为丰富与多样，早已融入老百姓的日常生活与情感伦理之中，并在一定程度上发挥着和睦人群关系、构建良好道德风尚等作用。

以下关于祠堂和"挂冬"的访谈资料亦能够说明老百姓的上述崇拜惯习问题。一位村民说，"祠堂确实没有祖宗，没有供像，也没有牌位。但是坟墓墓堆那里要去的，七月半、十月一的时候，我们挂冬，前三年都要挂冬。七月十五、十月一去一次。挂冬就是这个人去世了，前三年都要去看看。但是一般人的话，就七月半和十月一去。我们一般红白喜事都是在祠堂办理的，主要是招待酒席，不是没有用的，村里最起码有个祠堂，在那里做一些事情"③。可见，对于老百姓而言，祠堂是举办红白喜事的公共场所，是同姓家族公认的场所，同时也是一种村落生活的制度或秩序。

尤其是祠堂这方面，传统宗祠一般是办理宗族内部的红白喜事以及执行族规家法，亦是家族成员娱乐之主要场所。④ 然而，改革开放后重构的

---

① MXXZH6 访谈记录，2019 年 9 月 29 日。

② MXXL10 访谈记录，2019 年 9 月 30 日。

③ MXY7 访谈记录，2019 年 9 月 29 日。

④ 陈支平：《近 500 年来福建的家族社会与文化》，上海三联书店 1991 年版，第 39—50 页。

宗祠，已不同于传统宗族所具有的社会地位与财产划分等作用[①]，却在维系乡村血缘社会关系方面发挥着一定作用。这种重构之后的宗祠及宗族组织，可以说是传统宗族之现代转型后的结果与产物，却并非旧宗族形态的翻版。从现实情况看，现在的宗族缺乏一个"首领"，仅是"宗族事务召集人"[②]，或是德高望重的一位或几位老人，大多被称为"宗族理事会会长"等。古今宗祠在成员构成、制度规则、道德约束等方面的意义已发生本质变化，致使当代宗祠似乎只是一种符号与象征。然而，宗祠对于中国人的道德情感与文化意义却没有发生实质性的变化。

因为，祖宗对中国人的道德情感意义依旧深厚。一位村民告诉我："我一个堂叔，在外面做事情，说是今年一家人都不顺利。我们每年清明节的时候拜祖宗，他都没有拜，那时候他的孙子总是感冒不好。这个人在外面做生意，他说他爷爷托梦说为啥清明节不给他扫墓。后来他就去找那个墓堆，但是因为没人扫墓，墓堆基本都平了，他爷爷托梦说要把墓堆堆起来，但是他找不到墓堆了。他又去找很多人问，后来他那个孙子，反正这段时间以来没听说有啥事情了，那时候天天总是感冒好不起来，把那些墓堆堆起来，烧了些纸钱。"[③]

可见，人们对于祖宗的崇拜、期待和需求心理，都有一种"为我所用"的选择性逻辑。尤其是当一个家庭遇到某些突发事件或是不顺心的事情时，人们更容易将自我和祖宗关联起来。民间拜祖宗、去祠堂这类事务，老百姓都有一套自己的选择与判断，有一套自己的需求心理和情感秩序。"拜祖宗"和"拜梅林辉"主要基于血缘关系和宗族伦理，在"敬香""烧纸"等祭祀过程中以求慎终追远、获取祖宗庇护，前往宗祠则主要是办理族内公共事务。但凡能够帮助大众解决相关事务的具体方式，老百姓大都会去尝试，一些所谓的民间方法对稳定人心、和睦家庭关系、构建道德敬畏等具有特别意义，有助于在城镇化进程中缓解民众的身份及生活焦虑，有益于构成秩序与心态的稳定。

① 参见王沪宁《当代中国村落家族文化——对中国社会现代化的一项探索》，上海人民出版社 1991 年版，第 286—287 页。
② 钱杭：《论汉人宗族的内源性根据》，《史林》1995 年第 3 期。
③ MXY7 访谈记录，2019 年 9 月 29 日。

第二节 身份变迁及其地域社会的名气构成

通过上述对梅山村历史文化变迁及其崇拜惯习的概述，我试图发现此历史悠久且梅姓家族文化浓厚的地域背景下，梅林辉作为历史名人与地方名人，其身份变迁对于地域文化、名人文化的现代构建是如何影响梅山村的家族文化建设及其现代传承的，尤其是名人崇拜与乡村振兴之间的理论关联。

更为具体的问题是，基于梅山村之名人崇拜所呈现的祖宗崇拜内涵，不同的崇拜人群和家族成员，他们对于梅姓家族身份的历史变迁及文化权力背景有着怎样的理解认知与心态特征，梅姓家族成员内部是否存在对梅姓这一姓氏文化的社会共识，这些认知、心态及共识，与民众的日常生活、话语逻辑、行动方式、理性选择是否发生着一种特殊的关联。从文化社会学的理论视角来看，这种传统意识与道德情感的生成机制是怎样的，是否真正和民众发生着实际的关联，继而有益于凝聚梅姓家族成员之间的相互认同与团结协作能力，生发一种建设乡村社会的行动能力或组织单位、资源整合的可能，促进城乡文化链的生产与再生产。

当然，其中还存在一种可能，就是前述所论及的时代语境问题，即人们对某种文化崇拜类型或是崇拜对象、血缘关系、宗族认同等，会因不同时期、不同原因、不同利益、不同立场等而改变，或被激活，甚至是一种无意识、策略性及理性化的选择和表达。当然，任何一种文化崇拜自身都无法产生一种群体意识和情感认同，但是基于梅姓宗族的社会集体力量，或基于这种文化类型所产生的资源整合及利益链条，则可能引发和触及此文化形式内部的调整与重构。

换句话说，作为史学家、文学家的梅林辉只是一位历史文化名人，只是家族成员内一个备受尊崇和追思怀念的"老祖宗"①，但是，当这位历

---

① 据村主任介绍，梅林辉被誉为家族的"老祖宗"，老百姓大多这样称呼。该地清明节前两天一般祭祀自己的祖宗，到了清明节的时候则祭拜梅林辉这位"老祖宗"。MXXL10访谈记录，2019年9月30日。

史文化名人成为一种受人关注的、特殊性的文化崇拜类型时，尤其是被赋予了特别的声誉机制与名人效应，能够构建地方文化资本①、社会资本等时，便可能会形成一种具有公开性的崇拜祭祀形式，产生与宗族内、宗族外、乡村与城市、地方权力上下等级之间的特殊关联，形成或增强一种公认的社会事实与潜在能力。这些都有可能将某个家族内部的私人与群体事务，转变为一个村落的公众或公共事务，甚至可能会在乡村就业、医疗、教育、人才、技术等方面带来诸多变化和深层影响，继而在各种社会关系、资源、身份、权力的多重整合—分化—再整合之中，不断重构基于一种血缘家族、姓氏文化的认同逻辑、道德心态与道德实践机制。

作为当代梅山村最受关注的历史名人，梅林辉其人、其事、其家族以及其家风与家训等，都已为学界所研究和熟知，在此不再赘述。需要明确的是，梅林辉在历史学、文学、官场、道德等多个方面的思想和文化，奠定了其在历史和当下的地位和贡献，以至于在民间社会，尤其是他曾经隐居的地方，现如今都成为梅姓家族人心目中的朝圣之地。梅林辉也成为民众，特别是读书人和做官人极为敬仰和朝拜的崇拜对象。作为历史文化名人，梅林辉的名人与儒绅身份，在历史的浪潮及当代城镇化进程中发生着不断的重塑与再塑造，成为梅姓家族"老祖宗"的代表者。这一地位与身份的社会化构建过程与其本人的才气、名气、历史地位相关，与历朝历代梅姓族人持守的家规家训家风传承有紧密关联，更与当代梅姓家族成员对其敬仰相关，这些因素共同塑造和增强着梅姓家族的情感认同与家国心态。

一位在梅山村驻村的非梅姓干部李先生，在我调研期间提供了诸多方便，更在交流中向我道出了中国人对于祖宗最为普遍的文化心态与人格崇拜特征。"有人说沾沾梅林辉的光啊。心里面想沾光，但是又感觉到很矛盾，实际上，他的坟做得极好啊，不得了。二〇〇几年的时候就做的那个墓，有一部分人是沾到了光的，是受到保佑的。有个不是梅姓的人，他那个祖宗就在这边，为我们这边修墓守墓，他得到了好处，他就为梅林辉守墓。他得到了这个好处的。我想我能不能沾梅林辉的光啊，虽然不保佑我发财升官，但是保佑我平安啊。幸福的人家都一样，不幸福的人各有各的原因。我在驻村，能够沾到梅林辉的光，希望能够沾光。为什么我很高兴

---

① 仇立平：《文化资本与社会地位获得——基于上海市的实证研究》，《中国社会科学》2011 年第 6 期。

在这里上班驻村呢，因为这里有这个千年古村古树，1600多年的历史，不知不觉，好像沾了一些喜气，欢欢喜喜，哈哈。"①

这段访谈资料呈现了李先生对于祖宗崇拜的文化心态。由此可以看出民间崇拜其实有一种最为普遍的实用理性和功利主义心态②，但是，这又不仅仅是一种功能主义的实用主义心态，即期待一种来自崇拜对象的特殊庇佑。而是说，如果能够获得这种庇佑，便会去寻求一种理性化解释，一旦求或祈而不得，则会自我默认所谓平安即一种特殊的庇佑，获得最基本和最自在的身心安定。在这一点上，中国老百姓的情感世界或文化崇拜中就有一种特别容易说服自我和依附于外在条件的自我调适心理。人们特别强调将自我与崇拜对象建立关联，以寻求其庇佑。同时，人们又特别强调要通过自我努力而获得或增强这种特别庇护，并给予其完美的道德解释。上述谈话中所描述的通过为梅林辉修墓和守墓而"有了好处"，就是一种特别庇护及其应验的话语叙事。一旦这样的应验事迹出现及增加，就会在各种叙事及话语表达中，传播这份特别的应验，并在自我内心不断寄托和累积、重构着自我与崇拜对象之间的某种关联。

只是上述讨论在某种程度上又呈现了一个固有认知的悖论，即所谓"别人家的祖宗、我家的鬼"。对于这位非梅姓李先生而言，他自己并非梅姓，在民间的说法中，只有祭拜自己的同姓祖先才可能获得特别庇佑。然而，通过李先生的访谈资料可以发现，在他的心目中，祖先与鬼之间并非完全对立的，祖先与鬼之间甚至可以打通和交换，最终为崇拜者自身所用，是否崇拜完全由崇拜者自己决定，此即中国文化特别强调的以人为本的崇拜模式。

可见，普通大众对于那些超验能力强的对象，无论是超自然的，还是超社会的对象，抑或是非血缘关系的崇拜对象，都存有一种自我赋能的文化心态与解释机制。即便是非梅姓成员，也会因为身处这一特殊的村庄空间而不自觉地要和梅林辉这一大人物或名人建立某种特殊关联，或因其特殊地位、道德资质与仕途官运等，而将其看作与自己未来命运息息相关的某种特别的符号依附或意义系统。而且，"在意义建构中总有一个语言之

---

① MLXX5访谈记录，2019年10月2日。
② 翟学伟：《进步的观念与文化认同的危机——对中国人价值变迁机制的探讨》，《开放时代》2008年第1期。

外的所指。语言永远也不能完全捕捉住言说者或写我本想表达的意义。……没有任何东西能够阻止某种在足够具体的语境下对于意义的深描提出普遍性的诉求"。① 因此，对于这种意义系统的寻求、活动及语言表述，已经并不局限于宗族成员内部，而是会因个人身份、地位权力、职业选择而不断重构。即便是临时驻村的李先生，也因工作需要以及梅林辉著名的历史地位、特殊身份等而生发一份敬仰与崇拜，甚至也会因身边的应验之事而在内心想象与寻求着一种官场、职场及日常生活中的顺利平安和诸多期许。

　　因此，经由历史与当代乡村文化建设，作为文学家和史学家的梅林辉已经从梅姓家族的"老祖宗"过渡到兼具普遍意义的崇拜对象，其间无不呈现老百姓喜好"造神论"之民间崇拜特征。这种崇拜心态、价值判断及行动选择等，是中国人所独有的道德情怀与崇拜实践，即中国人对于家族血缘关系之祖宗的重视和尊崇，对于天命、大人物、家族名人的崇拜心态，对于传统官僚制度以及背后权力的崇拜，对于"读书"和"做官"两种"流动性机制"之想象的自我圣化心态。这一圣化过程与崇拜机制，恰恰是研究梅山村家族文化建设能力强弱的关键。而事实证明，梅山村梅姓家族文化有其悠久的历史和代际传承，这种历史文化身份所构建的文化生产脉络早已超越了家族血缘关系，已经融入当代梅山村的整个规划和建设发展的各项公共事务之中，亦是当地镇市级、省级涉及中华优秀传统、非遗村落挖掘等文化工作的重点内容。

　　从近年来梅姓家族祭祖及其文化实践活动的深入开展来看，梅林辉已成为该地一个极为重要的文化建设能力的名人符号与权力资本，是超越梅山村地域文化崇拜的中国大家族社会群体的象征。对于梅姓家族成员而言，更因为这种被地方权力系统所重视的文化建设内容与扶持项目等而增强了对于梅姓血缘宗族文化的认同与再认同。故每年祭祖扫墓之日，除了梅姓宗亲子孙，也有来自全国范围内的一些梅姓家族成员及非梅姓人员。梅姓祭祖扫墓其实和一般大众扫墓没有太大差异，区别仅在于祖先这一崇拜对象本身及其背后所连带的建设能力、人数规模、祭祀规格等不同，这种建设能力背后所呈现的是象征性的权力与文化资本差异，对促进梅山村

① 哈佛燕京学社编《儒家传统与启蒙心态》，凤凰出版传媒集团、江苏教育出版社2005年版，第27页。

的发展和建设意义非凡。

　　梅姓家族祭祖过程大致包括以下内容。其一，族人会在村里的和敬堂举办隆重的祭祖大典仪式。据我调研了解，参加人数最多时达万人以上。宗祠仪式结束后，族人们会前往枣木山祭扫梅林辉墓。其二，祭扫过程中会恭读祭祖训文，还会组织家族成员在枣木山墓地举行较大规模的祭拜仪式，增强梅姓家族成员对于祖宗及其彼此之间的认同与情感。在此，祭拜祖先就是一种延续宗族之大家庭的重要典礼，是在延续中国人极为重视的家文化。如肖瑛所指出的："家"对于中国而言是一种总体性的和"根基性的隐喻"（root metaphor），它曾经"如此强大以致没有给其他隐喻留有空间"，今天依然没有放弃对人们的思维和行为习惯的支配。① 故家庭与家族在中国社会文化中的重要地位可见一斑，即特别强调一种来自儒家传统的文化情感和宗族伦理。

　　传统社会中的家族，尤其是大家族，无疑承载着来自帝国的文化、制度及崇拜祭祀体系，而家族甚至在地方社会承担着一种独立于帝国朝廷的秩序构建功能。"中国传统文化，从秦朝到清朝，实际上有三个支柱，一个是儒家文化，一个是国家官僚制度，第三个就是传统的家庭文化。"② 故家族在中国社会具有相当重要的结构性位置与功能，不乏其制度性构建的特征，更是一种极具身体化、生活化、日常化的崇拜惯习与情感结构。

　　祖先崇拜的实质就是自传统社会以来的"人格崇拜"③。我通过对于圣人崇拜、名人崇拜的田野调研发现，老百姓对于越是久远的祖宗，越是崇拜与敬仰，具有很深刻的民间崇拜与私人性。一方面，源自这位祖先自身的权能大小。例如，"越老的祖先，权能越大"。④ 另一方面，则源自人与祖先之间的关系构建。"崇拜的对象是与自己有血缘关系的亡魂，然而崇拜者则是对祖先有祭祀义务和责任。"⑤ 在此，祖先崇拜不仅是一种中国人的崇拜类型，而且是一种制度化的崇拜类型。这里的"制度"是指

---

① 肖瑛：《"家"作为方法：中国社会理论的一种尝试》，《中国社会科学》2020年第11期，第191页。

② 谢宇：《中国家庭：追求个人自由，还是以子女为中心》，徐蓓整理，《解放日报》2020年8月28日。

③ 杨锃：《从"人格崇拜"到"自主自我"——社会的心理学化与心灵治理》，《社会学研究》2019年第1期。

④ 普鸣（Michael Puett）：《成神：早期中国的宇宙论、祭祀与自我神化》，张常煊、李健芸译，生活·读书·新知三联书店2020年版，第66页。

⑤ 林国平：《闽台民间信仰源流》，台湾幼狮文化出版社1996年版，第49页。

一种镶嵌于日常生活及社会关系中的秩序性。其中，人与祖先关系的构建，其原则奠定在血缘关系之上，因此崇拜者具有相应的祭祀责任和义务，这亦是一种道德秩序与文化心态。正因为这种血缘身份和祭祀的责任与义务，祖宗祭祀所体现的人与祖先、人与家族成员之关系，亦能在祖宗祭祀仪式的互动仪式链中，一次次生产与再生产着基于血缘身份的家族伦理精神与道德情感意识。在此特别的仪式过程中，人因为祖先而存在，人需要祖先庇护，而祖先的存在同样需要后人的祭祀、供奉和祭拜，如此人与祖先之间的关系得到了一种特别的升华，二者之间实乃一种相互需要、相互构建的结果与产物，甚至是融为一体的文化性存在。正如《礼记·郊特牲第十一》曰："万物本乎天，人本乎祖。"[1] 此乃一种最为普遍的人与祖先的关系构建与文化心态，祖先及其血缘象征的文化认知与道德情感，使后人要将祭拜祖先本身转变为一种道德和责任义务。

在这种敬天法祖的崇拜关系、祭祀行动及其仪式展演中，那些越是具有某种特别能力，或是在历史上能力和地位极高，且深受当代人尊崇的圣贤祖宗，越是会被后代子孙们所尊崇、敬仰。当然，普通人对距离自己较远的祖宗和五服之内的祖宗关系之处理，也会有其不同的情感心理及行动、心态的分隔，但是对于普通大众而言，这二者之间又并非绝对的对立和冲突。这一点在第三章所探讨的孔氏后人的文化崇拜心态中也有同样体现。

尤其是当一个家族出现某个"大人物""高人""能人""圣人"等历史名人，且经由历史变迁至当代，依然能够被家族、村落、非家族成员乃至行政权力等不同主体所认同与重视，或是期待给予多重力量的加持时，这一"名人"背后所内含的家族情感与能力效应便会被不断激活，重新凝聚成为家族成员之间的精神团结标识与资源整合机制。梅林辉这样的历史名人，就是梅姓家族历史上的"老祖宗"，亦是当代社会的"名人"。梅姓家族良好的家风家训、箴言、族谱等，都让梅姓家族在当代社会具有十分特殊的地位与身份。传统的家族伦理之同宗同祖与同心同德，恰恰是梅姓家族成员之间形成精神共识的内在机制。

梅林辉身份的家族化、地方化和社会化构建，除了其自身之于历史文化、梅姓家族、梅山村及社会的影响力之外，还与整个梅姓家族代代相传

---

① 胡生平、张萌译《礼记·郊特牲第十一》，中华书局 2017 年版。

的家风家训、家教家规关系密切。这些赋予梅姓家族以独特的家族情结与道德荣誉，是梅山村乡村文化建设能力的重要构成部分，亦是该村地域空间的历史身份与文化标识。作为梅山村久负盛名的历史名人，梅林辉及梅姓家族在地方社会之所以深受民众爱戴和敬仰，是因为其严格的家风家训以及家族成员"守规矩"等，构成梅姓家族成员的身份归属与道德感召。我从村里一位文化工作者（村里的教书先生）梅晓珠那里得知，历史上梅姓家族即便是对待"一只羊"，一旦触犯族规，也会严格加以惩罚，这些都足以体现梅姓家族之特别的行动逻辑，体现出梅姓家族对村庄地方秩序构建的道德权威。

> 问：你们家族或这里有没有很特别的事情呢？我刚才看到一个碑文记录上有村民求雨应验的故事，现在还有这样应验的事情吗？
>
> 答：嘿嘿。我们这的话，举个例子。那些祠堂不仅仅是教化子孙后人的事情。那个年代，很动乱，马把人家庄稼都给吃完了。我祖父当时养了一只羊，人家说你家的羊怎么把我的庄稼吃了啊，祖父说你去把羊牵到和敬堂去。一般祠堂都是处理大事情的，他们就把宗族人都叫来，然后要罚这个羊，流血了，把羊宰掉，通过这个事情，就是告诉村里人都要遵守村规民约，以后牛羊马等以及人都不能犯忌，都要遵守。从那天开始，城里各个集市等秩序都很好。因为我们的先人从惩罚羊这事开始告诫众人，人人都要守家规啊。[①]

以上资料呈现的是梅姓家族发生于清朝时期的一个族内事件。通过这段话的描述以及该教书先生向我吐露族内事件的过程，其话语、表情、口气等，我判断并发现他一直都致力于表达梅姓家族在家风家训、族规族教方面的良好风范及行动秩序。其言下之意在于，即便是对待一只羊，如果触犯乡规民约，或是毁坏村民庄稼，同样也要承受来自宗族家规的惩罚，最后在族人面前"流血"，以儆效尤。这恰恰是传统宗族伦理、家风家训在维护与稳定地方秩序方面所起的积极作用，亦是宗族这一象征性的制度规则在家族事件处理上的特别权威。

更为重要的是，此一访谈内容是我在问及梅姓家族有无发生应验故事

---

① MXXZH6 访谈记录，2019 年 9 月 29 日。

之际，该教书先生脱口而出的回应。虽然是历史事件，与我所期待的应验回应的故事有所不同，但是仔细思考此回应背后的文化心态与情感逻辑，也能够从侧面发现大众对家族"应验"事件的一种理解，即通过"惩罚一只羊"的宗族教化秩序之"应验"与乡间秩序良好的效应来体现，这种"应验"及其秩序效应的不断生产与累加，其形成的道德规则，就是宗族奖惩规矩及权威的维系。一句"从那天开始，城里各个集市等秩序都很好"，便是对这种"应验"事件的最好回答。虽然此应验的故事并没有超验或是奇妙之说，但却是梅姓家族日常生活中的标志性事件，恰恰呈现了梅姓家族权威对乡村良好秩序的重要维护。

以上关于梅林辉身份的变迁与梅山村村史的内在关联，梅山村作为一种地域社会的名人化构建、梅姓家族应验事件的论述等内容，都旨在揭示梅姓家族身份的名人化构成及其道德心态秩序，这些都为概述梅山村家族特色文化及乡村建设能力与机制研究提供了背景与基础，也将有益于更好地考察当代梅姓族人在乡村振兴进程中的文化心态及其与村落建设之间的公私关系。

第三节　家族文化构建乡村秩序的能力与机制

家族对于中国人而言，具有极其复杂的道德伦理及情感意义。读书当官以进仕途，实现"一人得道，鸡犬升天"的命运转换，是个体与家族之关系的最好概括。一旦家族出现某个特别厉害的祖先或人物，便很容易成为老百姓最好的崇拜对象，继而被归因于其祖荫的庇佑。故宗族势力长期以来都与乡村自治有着深刻关联。[①] 宗族所代表的中国家族文化，更是乡村建设过程中不可忽视的组织性力量。改革开放以来，快速城镇化促使中国农村人口向城市流动，致使农村劳动力开始减少，宗族在农村文化建设方面的能力与中介效应开始弱化。互联网所推动的全球化与媒介化进程、消费文化的刺激、高风险高压力社会，致使赚钱求富成为老百姓为之努力的重要生活目标，这也是费孝通先生早年致力于"志在富民"的现

---

① 胡金龙：《宗族势力与村民自治——当激情遭遇历史》，《经济管理文摘》2007 年第 11 期。

实目标。然而，由此也导致家族伦理及道德权威在这种快速的流动与市场变化中变得松散，宗族权威大多仅体现在婚丧嫁娶等事件之中。家族理事会不再具有传统家族所具有的实际功能，人们逐渐从家族伦理与道德传统中走出，试图构建属于自己的人生与世界。

在这场快速而流动的社会化进程中，留守在农村地区的多为老年人和儿童等，青壮年大多在外谋生，或"半耕半工"，或形成了一类庞大的群体，即"城乡两栖人"①，正改变着中国社会中的家庭结构与交往方式。在农村，从事农业生产与种植业逐渐沦为老年人的主业。尤其是随着农业种植成本的增加、农业生产技术的不断更新，年轻人大多外出打工做生意赚钱养家，或是逐步定居于就近或异地城市等，不愿意种地或土地荒芜的现象时有出现。城镇化、现代化、信息化、媒介化进程中的都市生活及其消费文化，致使个体面临越来越多的现实挑战与精神压力，疲惫、焦虑、迷茫等所产生的心灵无处安放成为普遍问题。在此种情况下，农村集体活动或行动单位如何构成，乡村建设如何进行相应的人才、技术、资本和文化整合机制构建，支持乡村文化建设的文化意识与道德自觉如何基于文化建设而得以提升，如何发挥民间精英如文化能人的积极引领作用，成为当前促进乡村建设需要特别注意的问题。

在乡村振兴背景下，国家试图通过宏观政策导向以及具体的制度化供给、资本支持等，致力于促进城乡关系的进一步融合，缩小城乡收入差距，打破城乡二元结构。在此基础上，各地方都在致力于构建地方发展的产业结构与文化品牌。从梅山村的实际情况来看，自 2000 年以来，梅山村就深受地方社会各界关注，致力于挖掘村落历史文化价值。

在社会各方力量的共同推动下，梅山村充分运用梅林辉历史名人的身份与地位得到更好发展。同时，通过打造梅姓家族文化，提升梅山村传统文化底蕴，吸引更多人关注梅山村，推动梅山村的全面振兴，成为一项重要而公开的事务。从文化构建乡村建设的能力机制来看，祭祖文化与村落景观等，共同构成了梅山村得以建设的内生动力与发展机制，具体体现在如下三个方面。

其一，梅山祭祖文化及其传统是最具历史特色的祭祀仪式，既是梅林辉圣化的机制之一，也是村级以上政治权力机构着力发展的文化建设

---

① 朱晓阳：《"城乡两栖人"：中国二元社会新动向》，《北京日报》2018 年 8 月 20 日。

方式。

此一内容在前述关于梅山村村史变迁、梅林辉的身份变迁与地域构建等内容中已有论述。在此，更为具体地考察梅山村祭祖的历史变迁、过程、内容、仪式展演过程等，致力于考察这种祭祖文化的建设能力及其对促进乡村建设的意义和作用。同时，也会观照文化视角下不同价值关系与资源的整合逻辑。以下是《梅姓祭祖训文》。

> 云霓春秋，少习古芳。白梅傲雪，风骨铿锵。枣木吉祥，辉映朝疆。蒙山右峙，孔目江长。龙窝老屋，狮山镇将。老泉涵碧，凝凤徜徉。浩然碧宇，砚山威扬。簪缨迭出，千秋泱泱。经史传承，翰苑世光。文风昌华，金马流芳。汉晋春秋，越位继汉。方道大统，巨篇煌煌。诸葛功名，异代相知。襄阳旧志，博学洽闻。魏晋遗风，隐退守城。道安元化，空为众形。宅心仁厚，本无宗生。半山书院，清风朗朗。子孙修延，益久益昌。修身德业，谨言慎行。戒惧约之，操守不失。静坐心安，碌碌思齐。秉承家训，古风犹存。宽厚恭检，养德明心。威仪肃然，诚敬桑梓。天地正位，万物化育。扬名四海，曾辉同筠。

这一祭文呈现的是"宗亲文化"，其实质就是"寻根文化"，在追忆先祖梅林辉及其德业中构建后代子孙对先祖的尊崇与怀念，更在此铭文念诵中表达了梅姓族人的家族情结与家风家训观念。从家族到祭祖再到宗族，其中所体现的正是家族成员对祖先的共同祭祀与深切缅怀，每个人都在此特别的仪式展演中不断重构着自我与祖先之间的独特关联，加强着一种身份的归属与认同。

自梅林辉葬于枣木山以来，每年清明节都有家族后代子孙前去祭扫祖坟，山下也有村民看守墓地。明朝时期，官方还曾对看守梅林辉墓地村落的村民实行洼田免税政策。至当代，每年清明节，都会由村里长者召集组织村民前往扫墓祭祖。据村里一些长者介绍，梅林辉祭祖仪式越来越隆重，最多时有两千多人同时参加，全国各地很多梅姓后人也会赶来祭拜先祖。

在此，梅林辉是梅姓成员共同的"祖先"，更是一种历史名人资源，连接的不仅仅是个人与祖先，更是个人与村落、家族成员内外沟通与交往的中介，还是人脉、资源、权力等关系在此祭祀空间里的进一步丰富、拓展和整合。而"祖先"及名人被赋予的"能力"①越强、身份地位越高，就越能构建对个人身份、家庭和睦、村落人文环境，乃至地方社会建设的影响力。

对于梅姓家族成员而言，在他们每年的祭祖等仪式性崇拜活动中，除了祈求土地爷爷、去世的父母等庇佑外，最为重视的就是春节去枣木山拜老祖宗这一重大事件。故每逢除夕夜及初一清晨，都有老百姓带上各类祭品、纸钱、蜡烛、香表等，前去枣木山为老祖宗上供磕头，以求家人在新的一年里平安健康、事业顺心等。也有一些村民在村里和敬堂后面的梅林辉塑像前一边作揖磕头上供品，一边念诵着保佑子孙平安发达等祈福的话语。

梅山村祭祖之所以备受关注，能够成为梅山村乡村建设的一个文化符号，不仅因为梅山村乃千年古村落、梅林辉之历史名人的身份地位等，而且因为这一姓氏文化所代表与象征着的文化身份及社会权力。据调研，全国范围内的梅姓家族共有十万余人，分布于各个省份。梅山村现在还有专门在外致力于做宗亲文化的负责人。梅清风在上海开公司做生意②，他坦言自己喜爱儒家文化，更以梅姓家族成员这一身份为文化资本。近年来，由于该村梅姓深受当地社会及全国范围内梅姓家族成员的关注，梅山村正致力于筹划一条文化构建旅游事业的发展道路。因此，当村主任联系并恳请梅清风给予一定资金等相关支持时，梅清风并没有犹豫，还和村委会商讨在自己的公司成立梅姓家族文化研究中心，并担任该中心主任一职。他试图通过成立学术研究团队、开展相关活动，来弘扬梅姓家族文化，提高家族社会声誉。此后，该中心成为全国范围内梅姓族人及促进梅姓家族文化研究的信息分享平台，亦成为他寻求生意合作伙伴的利益交换平台，不断强化着他的家族意识与道德情感。

对于村级干部而言，梅山村梅姓家族祭祖仪式的不断举办和规格的不断提高，不但能够增强梅山村的对外吸引力，而且能够更好地促进招商引资，这些都在某种程度上促成着不同人群、不同自然村、不同小家

① 李向平、陈钰玲：《"神圣能力"及其"身份构成"——以广东某地民间巫师研究为例》，《世界宗教文化》2020年第4期。
② MXSL13访谈记录，2019年9月30日。

庭成员之间关系的融合、资源整合、集体记忆生产及乡村秩序重构。而每次祭祀祖先的组织过程、仪式过程、念诵祭文、祠堂聚餐等，都在无形之中增强着一个地域社会或乡村共同体之独特的家族身份及其认同。梅山村祭祖的文化意义，其实是基于传统的"人格崇拜"① 或对理想人物的崇拜。更好地引导祭祖这一传统文化的深入开展，真正促成其在乡村生产生活、乡风文明、道德提升等方面的作用，构建与祭祖文化相关的文化生产机制，是梅山村正在积极落实并有待进一步挖掘的乡村公共事务。

其二，族谱作为一种延续家族文化情感的特殊文本，是提升梅姓家族成员乃至激活村庄内部集体行动能力的精神中介，是梅姓家族文化建设的第二大机制。

族谱是构建家族文化情感的重要文本资料，是凝聚与联结家族成员的精神纽带。族谱的不断更新与修编，亦是一次次重构家族心态，连接村与民、城与乡、民与民、人与土地-祖先关系的过程。特别是像梅姓家族这样的族谱修编，更是一种具有家国情怀的村庄大事件，对于梅姓成员、梅山村乃至地方社会文化建设而言都具有极为特别的意义。根据现有研究成果及实地调研可以发现，梅姓后代子孙大都有一个共同特征，那就是拥有家国情怀。尽管这份情怀在文化精英和普通大众身上有所不同，但是这种家国情怀通过历代梅姓家族成员修建族谱的过程及其内容构成能够得以体现，可视为梅山村文化建设能力的一大构成部分。

梅姓家族撰写族谱有其基本原则，奠定了梅姓家族良好的家规家训与家教家风。比如，凡在朝为官者的政绩都会载入谱牒、进入宗祠或是立碑等，以鞭策和激励后代子孙；关于梅林辉的崇高品德、从教业绩、各类重大转折事迹等，几乎都会记录于谱牒，有些为本族贤才人士所写，有些则出自当朝名臣大儒等。对于在野为民的后代子孙，凡懿德嘉行者亦多载入谱牒，并将其视为族规，以教育子孙传承家风。比如，梅林辉的第三十三世孙是一个隐士，其所写诚词、箴言等均载入族谱，梅姓"箴戒九则"② 就出自其手；此外，普通梅姓族人所做好人好事也多有载录；每次新修族

① 程潮：《论儒家的人格崇拜》，《安庆师范学院学报》1991 年第 1 期。

② "箴戒九则"，即"父子箴""兄弟箴""夫妇箴""朋友箴""正家箴""守己箴""保身箴""勤俭箴""戒赌箴"。

谱，都必修订与重新强调家规家训。

通过上述梅姓家族修编族谱的过程与各种构成内容可以发现，梅姓族人之族风族训、家风家训，能够呈现梅姓家族成员乃至村庄老百姓最为深厚和基本的宗族伦理与行动特征。人们特别乐于或自觉依附于血缘家族关系中的这种文化结构，使其在走出家族或身处故土之外，也特别注重人际交往中的血缘关系及熟人原则。类似城市里的老乡会、宗亲会等，就是一种家族熟人关系的象征。正因为如此，但凡大家族，人们都特别强调修建族谱及宗祠的重要性。在一些宗族特征极为浓厚的地方，但凡挣了大钱的人，或是在外有身份、有地位、有权力之人，大都会参与其故乡修建族谱、祠堂、庙宇等公共事务，并给予捐款，以求在家乡落个好名声，或以家乡发展为自我荣耀，或因人不忘本而为家乡建设出一份力，或因留恋故土而寻求一份情感寄托。和大多数老百姓的文化心态一样，很多人认为，能够在修族谱之际被登记在册，不仅是一件无比荣耀之事，更如同找寻到一种特别归属与身份标识。根据村民介绍，只有男孩才能登记于族谱之中，"族谱在祠堂。大年初五，刚出生的小孩子，就在祠堂做登记。登记后买点酒和吃的东西，供奉在那里热闹下。登谱嘛，生了女孩，就不写族谱，男孩写上去，在族谱里面"①。

可见，梅山村的家族制度、传统血缘权威依然浓厚。所谓只有男性才能登记在族谱中，就是在不断强调唯有男性才能继承家族财产，强调血脉香火之正统，其实质就是在强调父权和夫权的权威。当然，在我曾经调研的其他村庄中，一些村庄在重修族谱时会添加新出生女孩的名字，以倡导和强调性别平等。然而，之所以增加女性成员，其实也与国家政策此前特别提倡少生优生导致的孩童出生率及男童出生率低的乡村人口现实相关。无论如何，梅山村重修族谱，以及目前保存的最新版本的族谱，已成为梅姓家族极为荣耀的一件事情，其中家族世系表一目了然。目前，村里旧族谱保存于村图书馆，最新版本族谱则收藏于村委会办公室，已成为梅山村现如今最大的文化建设品牌，具有相当高的历史收藏与文化价值。

正因如此，一位村民很自豪地告诉我："为什么说把我们的家族打开都是说梅林辉呢，因为他的名望要比其他人的大，影响力比较大，后来的

———————

① MXXL10 访谈记录，2019 年 9 月 30 日。

就到河南邓州去了，家风家训，我们梅姓家族的，后来还有一支在襄阳做官了，湖北襄阳，但是没有一个姓梅的村庄。我们这里是梅林辉的故乡，拜祖宗的时候，我每年都会来的。和敬堂如果平时有开门，就会有外姓的人来敬香，不是梅姓也来的。"① 这段话特别呈现了这位村民以老祖宗梅林辉名望为自我荣耀的文化心态与道德情感，这也是梅山村村民，尤其是梅姓家族成员较为普遍的一种家族心态。

作为历史文化名人，梅林辉已经被村落大众熟知，而当代梅姓中越是有文化、有身份、有权力地位者，越是对其充满尊崇和认同，越容易将其转换为一种自我的力量与文化资源，且具有以家族荣耀为荣耀，以家族名人之荣耀为己之荣耀的文化崇拜心态。正如一位村民所言："东方有个传统，哪个家族出了这样的人，人家就会比较尊重，大家公认梅林辉及家族文化，这就有点影响后代的作用。"② 可见，老百姓内心世界里有一种极为深厚的家族情结与崇拜心理。越是那些家族里出现了大人物、高人的，越有可能因为其中特殊的血缘关系及权力关系，构建一种超越血缘家族之更为广泛和普遍的文化崇拜心态。

即便是"非我族类，其心必异"，上述崇拜关系及心态也可能会得以重新构建并得以联结。而且，基于这种家族血缘及其背后所象征的权力资本与声誉机制，会生发众多与此家族利益密切关联的重大事件，甚至扭转已经发生和正在发生着的某些事件，重构某一事件发生的过程与结果。而这些又可能会与村里的每个人存在直接或间接的关系，对于村庄建设亦具有同样重要的意义。

其三，梅山村一千六百多年的历史传承，尤其是村里和敬堂、中和堂、古桥、古柏、古井、古屋等历史遗存，以及孔目江绕村而过的自然风景，都使梅山村风景秀丽、古韵犹存，这些兼具历史人文与自然的村容村貌、文化景观等，可被视为梅山村优秀而具有现代价值的第三大文化建设机制，可谓文化器物之表征，是提升村庄文化建设能力的重要标识。

正因为如此，2019 年，梅山村被列入第五批中国传统村落名录。能够入选中国传统村落名录，首先需要符合三个条件，那就是"村落自然景观较好，建筑风貌基本完好，民俗民风传承得好"。据现任村主任介

① 　MXY7 访谈记录，2019 年 9 月 30 日。
② 　MXXL10 访谈记录，2019 年 9 月 30 日。

绍，但凡被列入这一名录的，中央财政会给予相应的资金，主要用于扶持传统建筑和历史遗迹的保护与修缮、环境综合整治以及基础设施的建设等，这些都有益于保护传统村落的历史遗存和改善人居环境。

在自然景观方面，梅山村有一棵 1000 多年的古柏树，生长于半山小学旁边。我前往调研时，它仅有古老粗壮的树干，没有枝繁叶茂，更没有绿叶遮天。尽管如此，它还是像一位老者一般，虽历经沧桑却依旧屹立，庇护着这个古老的村落。据村民介绍，村里为救治这棵老树，专门请过一位医治古树的医师，但是可能由于施肥过多，古柏反而被烧掉了很多，目前村民希望能够保住其根部使古柏继续生长。

梅山村家族文化建设对于乡村振兴的价值还体现在各种民俗文化以及活态文物与历史古迹方面。比如，明代古祠堂来庆堂，以及年代有待考证的祠堂，如东和堂、六家厅、八家厅等。据了解，梅山村还曾有"龙光射斗"老屋，以及百年古桥，如江南桥和孤浦危桥两座古桥遗址，另有四口古井和五棵百年古樟树。这些都是梅山村促进乡村发展、提升乡村人文面貌与建设能力的有效资源。

从远处望去，梅山村有整齐划一的马头墙房屋，这亦是其乡村人文面貌的重要标志与符号。一位村民说："我们这边的房子屋顶两侧是马头墙，好像和安徽的那种房子很像，都是一样的，这是为了统一形象，看起来好看，也是当时上面要求的。"① "马头墙"多见于江南一带。在传统社会中，"马头墙"一般取经商或做了官的人从外面骑马回来的吉祥之意。其中的"马头"，一般都是"金印式"或"朝笏式"，表现了人们对"读书做官"理想境界的追求。而"马"也是一种吉祥的动物，"一马当先""马到成功"等成语就是人们崇拜与喜爱马的体现。其实，"马头墙"是一种徽州建筑风格，因形状酷似马头而得名，又名防火墙或封火墙，墙头一般都高出屋顶，轮廓为阶梯状，最多可至"五叠"，寓意为"五岳朝天"。在外回来的人看到错落有致的马头墙格外亲切，马头墙是在外之人望远盼归的物化象征。

作为全国范围内比较有名的传统村落和名人村落，梅山村自国家倡导新农村建设，尤其是实施乡村振兴战略以来，就特别重视对村庄的投入与建设，不断丰富和拓展乡村文化建设内容，改善村容村貌，对"马头墙"

---

① MXY7 访谈记录，2019 年 9 月 30 日。

的重视与统一修饰，就是一种提高乡村综合开发价值，致力于提升乡村生态宜居、乡风文明、生活富裕的文化软实力的体现。一位村民告诉我，近年来梅山村已经了有很大的发展："我们有新农村建设，更高档些，配套设施更多些，我们村里的路都硬化了，修好了。巷道也都修好了，有些村里都还没修呢。"①

梅山村近十年来发生了巨大的变化，尤其是梅山村作为历史名人梅林辉的老家和梅姓家族发源地之一，受到了很多关注。当我问及村外是否有人关注梅山村，是否有人来村里进行考察时，村里的一位出纳很骄傲地告诉我："领导来了我们陪着去看，我带他们过去。来我们村最大的官是省委书记，市委书记、常务副书记来过，还有一个司令也来过。"② 以上访谈资料道出了两点特别重要的信息：其一，近年来到梅山村实地参访的有地位、有身份、有权力的人越来越多，足见梅山村备受关注；其二，正是出于对梅林辉这类名人的敬仰和崇拜，梅山村才备受关注。在此过程中，梅山村这一独特的地域空间与文化也得到了再生产。

这样的名人名气、身份背景与文化生产机制，为梅山村致富发展带来了诸多契机。调研发现，近年来村里通过多种方式致力于农民致富，并一直在思考和探索如何走出一条发展乡村民俗文化与生态旅游的道路。2015年以来，梅山村每年举办"村晚"、庆国庆文艺表演等节日活动。村委会还积极组织"文明家庭""好家风好家训""好人好事"等评选活动，提高村民的公共素质。为丰富村庄文化活动，每年暑假期间，村委会还会邀请专业的武术教练，为村里及周边愿意报名学习的孩子传授武术，以此提升村级文化建设的软实力，扩大梅山村的社会影响力。

为传承其深厚而独特的历史文化与地方民俗，梅山村还积极开展传统村落的保护工作。比如，在申报中国传统村落之前，梅山村就积极对村庄进行整体设计，对历史遗迹如老厅、八家厅、江南桥以及村内古樟、古柏等进行挂牌、保护，还专门在和敬堂前面修建了长70米、宽3米的梅姓文化长廊，修建了和敬堂、中和堂两个梅姓文化展示厅。另外，梅山村还按照徽派建筑风格改造了进村的道路，以及主干道两旁的房屋，修建了公共卫生间；建立村史馆，陈列村内文物150余件。改造后，村里重要街巷

---

① MXB8 访谈记录，2019 年 9 月 29 日。
② MXP9 访谈记录，2019 年 10 月 2 日。

的两旁或墙壁上，大多有传统孝道伦理及社会主义核心价值观等文字宣传标语。

总体来看，梅山村以乡村振兴为发展契机，改善民众生产生活条件，整治村容村貌，建设公共文化服务空间，提升了村落的文化价值，构建了新时代乡村发展新面貌，拓展了村落文化的内涵。如今，梅山村已是当地市级范围内较为富裕的村落，被评为市级文明村，先后荣获省"十一五"基础残联组织规范化建设先进村、省级森林村庄、市社会治安综合治理安全村等诸多荣誉称号。现在的梅山村主要朝着"民俗文化村"和"生态旅游村"两个目标推进乡村振兴。

第四节　民间精英及乡村价值关系累加的可能

以上三节主要通过梳理梅山村村史概况，梅林辉身份变迁及其相关地域文化、名人文化建构机制，家族文化构建乡村秩序的能力与机制三个方面的内容，说明乡村振兴进程中梅山村文化建设的能力机制与建设逻辑。通过对这些基本情况的梳理与分析，我试图发现乡村社会中不同家族、不同资源、不同关系之间进行价值累加的可能性。通过阐述这一价值累加及其叠合秩序构成的过程，可以发现村落在构建产业结构、挖掘新型职业、提高生产效率、改善生活方式、丰富村民文化内容等方面的建设能力，亦能够窥探传统崇拜之家国心态、地方民俗、家族文化与优秀传统价值观念对于新时代乡村振兴的作用及意义。

在梅姓家族文化的当代构建过程中，村级行政精英和爱好乡村文化建设的家族精英等乡村精英的关键中介作用不容忽视。这类乡村精英，亦被学界称为民间精英，其大多是村落中较有威望、具有专业知识、拥有较强号召力和影响力者，学者一般称其为"三老"——老板、老人和老干部，或是"四老"——老人、老干部、老党员、老劳模。他们有些是专门从事礼仪、祭祀的仪式专家，有些则是专门组织庙会、祭祖的仪式组织者等。他们共同的身份与行动特征在于，比较喜好民间传统文化，大多为宗族修建宗祠及修编家谱的参与者，是修建庙、庵、寺的协助者，或为其出谋划策，或捐资捐物，或直接管理庙宇，或主持祭祖或祭神仪式等，由此获得了村民的广泛认同与支持，是王铭铭笔下影响村庄权力结构的"非正式权威"①。

这些民间精英，亦是乡村能人，他们能够在协调村内外关系、缓和民众利益冲突、调动村民参与公共文化事务、筹措或募集资金修编族谱、编撰与出版村落文化史等方面发挥极为关键的作用。这类民间精英在梅山村就有不少，他们熟知梅姓家族历史文化与传说故事，在学校教育、家庭教育、村落建设、祠堂修建、家族文化传承等方面都发挥着积极的作用。特别是乡村振兴进程中人们对儒家文化的关注，更激活了这些民间精英的家族情结。这些民间精英作为一种中介，在乡村文化建设中发挥着复兴家族文化、构建家国情感的积极作用。这些民间精英大致可以分为行政精英、文化精英、商业精英三类。他们一般是具有深厚的家国情怀，热爱乡村文化与地方历史，热衷于为乡村文化建设付出时间、精力、知识及财力的中老年男性。

梅山村有一位小学教师梅晓珠，他对梅山村村史，尤其是历史上有关梅林辉的记载有过深入研究，熟知梅林辉的著述及其移居至梅山村并定居、繁衍家族的生平事迹，更重要的是，他对当今梅山村如何发展、如何利用梅林辉这一名人及其相关历史文化振兴乡村颇有看法。他告诉我："我上次和村里说过，枣木山那边要是没有建的话，我们就在村里建个梅林辉纪念馆，把那些东西都整理好。村里大礼堂、祠堂都有这些资料。我们村里没有建，在和敬堂我们建了梅林辉纪念馆。另外，为什么平时关门呢，因为和敬堂里面有很多梅林辉的字画，很珍贵的。"② 因此，在整理梅林辉相关文献及撰写资料时，村委会大多会邀请梅晓珠协助校对，他可谓村里众人皆知的"文化人"，或可被称为文化精英。正是因为如此，当我找到该村村主任试图了解村史时，村主任很快便打电话联系并向我介绍了这位教书先生，后来他给予了我很大的帮助。关于村里的景观、建筑、遗迹、民风、习俗、教育、土地流转等，梅晓珠都能告诉我一些有用的信息及自己的想法。尤其是关于梅姓家族中的历史名人，他大多能够阐述相关的一些历史故事，并能够就梅姓宗祠文化建设③的路径与社会价值等提

---

①　王铭铭：《村落视野中的文化与权力：闽台三村五论》，生活·读书·新知三联书店 1997 年版，第 78—85 页。

②　MXXZH6 访谈记录，2019 年 9 月 29 日。

③　甘满堂：《福建宗祠文化的当代社会价值与提升路径》，《东南学术》2019 年第 4 期。

出自己的看法。从他的谈话中，我深深感受到了一种基于血缘关系的家国情怀及地方认同。

> 现在各个地方都做这个墙文化，把各种标语等贴在墙上。"金马流芳"这个牌楼啊，我跟你说，当时别的村人问，我说不是所有村子都打这个的，你们村子出了几个进士呢？他说，没有没有。村口那边原来有个楼阁，修建于明朝年间。因为明朝时我们家族出了个人物，他是永乐年间的进士，后来是翰林院编修，他做官做到主管国家大事，做到什么程度，辅佐了五个皇帝啊。当时皇帝下道谕旨，说是在梅山府建造五个楼阁纪念他，彰显他的功德。但是到了我们这边，祠堂后来没有保住。到了景泰三年他就生病走了。这个楼阁只建了三间，那碑到了我们祠堂里面。到了这里，下马下轿啊，无论你的官位有多大。①

通过梅晓珠对梅姓家族一位历史人物的论述可以发现，作为熟知地方文化的乡村精英，这位教书先生无疑对梅山村有着特殊的文化情感。这不仅基于其自身家族血缘关系的传承延续，而且基于梅姓这一大家族所代表的宗族势力及象征权力。这种象征权力②，无论是在历史上还是在现实中，都为众人所崇拜。"在中国人崇拜祖神的文化心态之下，中国人也极为愿意对世俗政治中的统治者、大人物、所谓的贤君圣主表现出非常虔诚、恭敬、谨慎的崇拜与盲从"③，这实属中国社会尤其是民间最为普遍的文化崇拜心态。

梅晓珠是梅山村半山小学的教师，熟读历史经典并擅长书法绘画，尤其精通梅山村历史名人、东晋大儒梅林辉的官场仕途生涯与家族迁徙史。我因为在调研时与其交流甚多，故有机会到其家中拜访。梅晓珠的书法绘画作品遍布于其书房，这些作品为他获得了诸多奖项。梅晓珠家里的文化氛围十分浓厚，他本人也可称得上是文雅之士。近年来，梅山村因梅林辉深受社会关注，故梅晓珠还帮助村委会筹划了以"梅花节"为主题的乡

---

① MXXZH6 访谈记录，2019 年 9 月 29 日。
② Pierre Bourdieu, *Language and Symbolic Power*. Ed. by John Thompson. MA：Harvard University Press, 1991.
③ 李向平：《祖宗的神灵——缺乏神性的中国人文世界》，广西人民出版社 1989 年版，第 198 页。

村文化旅游项目，成为连接梅姓家族与村级政权等不同权力和文化部门的中介。

作为一个历史悠久的古村落，除了建造祠堂、祭祖、修编族谱、打造自然人文景观等，究竟如何更好地深入挖掘并保护村落历史文化，真正建立生产机制或产业链条，使村民生活富裕、乡村治理有效，尤其是激发村民参与乡村振兴的积极性、主动性和自觉性，提高村民生活水平，形成乡村的可持续发展机制，始终是梅山村村级干部以及一些关注村落公共事务的乡村精英关心的重点，而这也恰是乡村建设的难点。

> 虽然说我们村有1600多年历史，是个古村落，但是怎样发扬梅姓家族文化呢，怎么挖掘出来是个问题。我们上次汇报了这个问题，国庆节还组织外面的有识之士来开会聚聚，大家畅所欲言，怎样把我们村搞好，怎样引领产业发展，各抒己见，我说这活动搞得很好。①

上面的这段文字来自我对梅山村第一驻村书记的访谈整理，他可被视为梅山村的行政精英。虽然他不是本村人，亦非梅姓家族成员，但是我在与他交谈的过程中可以感受到，由于在梅山村驻村挂职，他也深受梅山村历史文化的熏陶和感染。尤其是梅林辉这位历史名人及当代梅姓家族在全国范围内的祭祖以及地方对于打造梅姓家族文化的重视等，都促使他在驻村工作中一直特别注意了解和思考梅山村历史文化价值的现代挖掘。通过走访、调研，尤其是与村委会成员的沟通，他对梅山村、梅林辉及其与自身的关系有了更深入的思考，这也增强了他对于梅姓家族文化的情感认同。

> 我有这个赏梅的想法，但是村里的硬件设施还不够，上面现在也在动用，用高铁，都通这边。再加上我们村里面的宣传力，光靠村里宣传不够，还要通过外面的人来宣传。还要通过区里宣传、旅游局宣传。你给我宣传，我给你费用。可以叫作梅山文化节、赏梅节。在这个工作位置上啊，我就想着各种方法。家族文化，通过习俗文化，我看这个文章，估计蛮难做的呢。但是把我们大家族文化，家族家风家

---

① MLXX5访谈记录，2019年10月2日。

训都藏在这个梅花节里面，再搞个农家乐、赏梅花、钓鱼，人真的会来啊，两分钟钓一条鱼，这些都是内容呢。①

当我与驻村干部李先生谈及梅山村文化建设现状时，李先生向我谈了很多可以体现梅山村文化建设能力的想法。通过访谈资料可以发现，李先生关于"梅花节"的想法，就是一项结合村庄实际情况而提出的乡村文化建设举措，尽管还在筹划之中。"梅花节"借用了梅林辉当年从襄阳迁移至梅山村时的历史情境：据说梅林辉来此地时正值冬天，纷纷扬扬的雪花飘落于盛开的红梅花之上，远远望去，成了一片白梅，格外娇艳动人，这种白中带红的美好场景让梅林辉下定决心在此隐居。梅山村如若能够建立"梅花节"，便可以借助当年梅林辉定居于梅山村的历史故事，吸引周边或省内外游客来村赏梅、旅游休闲、放松身心，同时借助姓氏文化、民俗、土特产等发展多种产业，带动乡村建设。

李先生的这些想法很有建设性。然而，其中也存在一些困难。如李先生所言，首先需要考虑的就是道路畅通、交通便捷。其次，需要请市级旅游和文化部门协助宣传。最后，需要借"梅花节"的赏梅契机，打造具有村落特色文化、兼具历史人文性与现代价值的综合性文化空间。尽管其中无疑存在一种用文化构建经济效应的乡村建设心态，但是如何平衡其中的各种关系，构建乡村发展的文明秩序与心态，形成现代化且极具特色的生产方式及发展理念，正是当前乡村振兴的关键。基于这些思考，李先生还于2019年组织了一场欢迎青年返乡的欢迎晚会，试图通过这种联谊方式为梅山村的建设发展寻找相关人才和思路方法。

当我向李先生询问村里的梅姓家族文化建设有没有做一些具体的事情时，李先生的下述回答足以显示出他对梅山村发展的整体规划和建设思路。

问：村里的梅姓家族文化建设，有没有做一些具体的事情呢？

答：今年啊，为了庆祝中华人民共和国成立70周年，市里有个欢迎晚会，10月2日，欢迎青年返乡回家，我们搞了个欢迎晚会。10月6日，把年纪大的退休干部也邀请过来，我们的活动当时搞了

---

① MLXX5访谈记录，2019年10月2日。

不止一天呢。10 月 6 日，在市里又专门另外请了一顿。这些主意啊，都是我上任以来做的事情。靠这些异乡青年，我们要为家乡建设建言，家里的人眼光太狭隘了，外面的大学生，他们外面的人眼界比较广阔。那时候我们开茶话会，让所有人发言，结果讨论到中午。我们这里的人眼光比较窄，让所有来的人对家乡发展建言献策，让他们发言讨论。最好的建议就是打造梅姓姓氏文化，搞不了实体经济，就把梅姓姓氏文化做好，把文化振兴做好，要把别人没有的东西，好好发展下去、弘扬下去。

问：还有其他方面的具体计划吗？

答：现在是这样的，到明年，先把旧的有纪念意义的东西整理上报给上面认识沟通，必须给上面时间，把我们老家的东西讲给他们听，让他们了解梅山村这个地方，文化氛围、山水、人啊，知道这些，然后再靠有识之士帮我们宣传，建言献策，用三到五年的时间改变。①

李先生通过"晚会"的形式欢迎青年为家乡建言献策并听取他们提出的建议，最终确定了发展思路，那便是打造梅姓姓氏文化，提高梅山村知名度。如果说文化是一套隐性的秩序，人类以此解释自己的经验、指导自己的行动，那么，文化既是内在的隐性存在，也是外在社会构建的产物。基于文化的崇拜心理，不仅是人们在精神世界中对于历史人物、事件、乡村故事的一种认知、印象及传承，而且将成为人类勾勒自身生存环境、构建意义系统与价值观念的重要因素。故乡村的文化精英和行政精英一直都在致力于整合梅林辉其人其事、梅姓家族祭祖文化、村落特色建筑及自然景观、地方习俗等相关要素，思考梅山村发展的价值和意义。

无论是乡村文化精英还是行政精英，他们都因为自身的文化偏好而致力于在自我与村民和村集体建设之间构建秩序规则与价值系统。他们作为人与祖先、村民与村民、村民与村委会之间的中介，发挥着不可估量的、积极的联结及资源聚合作用。通过对这些人物的深度访谈，我们大致可以把握和了解一个村落的整体状况及其文化建设能力的强弱。当然，民间精英也会站在自身利益的立场上，通过自己的技术与知识、身份与地位、关

① MLXX5 访谈记录，2019 年 10 月 2 日。

系与人脉等挖掘村落发展的资源,继而在多重逻辑的整合中重构自己在当地的社会影响。

以上,我们对文化精英和行政精英两类中介人物在梅山村当代文化建设中所发挥的价值累加作用做了详细而深入的论述。在此过程中,文化精英主要发挥普及村落文化知识、传承弘扬家族文化的作用;行政精英则主要致力于更好地挖掘乡村历史文化与名人资源,为乡村建设做总体性统筹与规划。无论何种身份及发挥何种中介作用,他们都共同构建着一个地方社会的文化知识系统与地域崇拜结构,共同推进了新型城镇化、美丽新乡村建设的进程。

第五节　名人文化参与乡村振兴的作用与困境

作为乡村资源、伦理道德、价值观念、社会心态与公共秩序的有机构成部分,民间文化及其崇拜类型,大多与村民日常生活关系密切,是村民生产及生活意义的精神支撑,亦是其内心深处最根深蒂固的崇拜惯习与道德情感。民间社会中的不同文化崇拜及其微观心态在参与和促进乡村振兴中发挥了积极的作用,有助于乡村社会活动的组织和村民间的身心交流。这些崇拜类型及其与文化实践密切相关的历史、艺术、建筑、地方民俗、乡规民约、宗族伦理、制度组织,尤其是其中不同主体、不同价值信念之间的累加,无疑有助于促进乡村人际融合与相关资源的深度整合。

对于梅山村而言,挖掘名人崇拜背后的能力机制十分重要。基于梅林辉这一历史文化名人的各类民间崇拜现象及不同的实践活动,都能够作为梅山村文化建设的能力资源。一些崇拜惯习还能帮助广大民众解决日常生产生活中的现实问题,① 比如,求子、求婚、求官、求财、治病等,或是为了寻求一种活着的意义和拓宽某种交往关系,而在名人崇拜的实践活动中构建对于自我及社会的认知与价值归属。

---

① 袁方明:《民间信仰在乡村振兴战略中的作用——兼论中国人的信仰模式》,《云南社会科学》
2019 年第 2 期。

乡村文化内容庞杂，包括民间社会中的各种地方自然崇拜、超自然崇拜等，这些都会对乡村社会中以及城镇化进程中民众的生活方式、文化心态、精神世界产生深刻影响。比如，沿海地区的妈祖崇拜、闽南地区的王爷崇拜、苏浙沪地区的刘猛将崇拜、太湖流域的金总管崇拜①、客家和潮汕人的三山国王崇拜等，这些都是不同区域、不同民族、不同社会大众所进行的崇拜实践，具有缓解人类精神生活压力、慰藉心灵、规范民众日常行为、丰富农村文化生活、整合公共资源以及促使地方社会"走向善治"②等积极作用。这些极具地方特色的文化崇拜类型及实践活动，不仅有益于农耕文明的传承发展与转型升级③，还能够增强农民种植农作物的信心，培育大众参与文化建设的主体意识，促进基层社会秩序的重构与传统文化更好地复兴。④

在某种程度上，关注乡村社会中的各种崇拜、风俗惯习、祭祀仪式等文化实践活动，其实就是在关注老百姓在生产生活中的精神需求及行动逻辑，更是在关注这些行为方式背后的精神世界以及"中国文化的深层结构"⑤。其所涉及的个体的、家庭的、家族的崇拜情感等，都与构建乡村文化秩序、治理秩序紧密相关。

> **问**：你们村有没有什么祭祀、拜拜之类的活动啊？
>
> **答**：搞煤矿的都要去拜的，我们以前初一、十五都要"打牙祭"。杀猪啊，有个猪头，放在山神、土地那里祭祭，土地、山神等都要拜拜。那时候还没有山神庙，到了那个大房子，猪头啊，弄得红红的，就是红运当头的意思。那个猪头最后吃掉，这样做也是一种心安，当老板的要把最好的肉给吃掉。⑥

① 黄新华：《吴语太湖片区的金总管信仰考》，《苏州科技大学学报》（社会科学版）2017 年第 3 期。

② 陈进国：《中国民间信仰如何走向善治》，《中央社会主义学院学报》2018 年第 3 期。

③ 张祝平：《论乡村振兴中的民间信仰文化自觉——中国茹民区核心地带村落 40 年变迁考察》，《学术界》2019 年第 1 期。

④ 夏当英、宣朝庆：《乡村生活秩序重构中的传统文化复兴——以皖南 H 镇为例》，《河北学刊》2018 年第 4 期。

⑤ 孙隆基：《中国文化的深层结构》，广西师范大学出版社 2011 年版。

⑥ MXXL10 访谈记录，2019 年 9 月 30 日。

正如这段资料所论述的，村里做煤矿的村民会传承"打牙祭"① 这一崇拜惯习。所谓"打牙祭"，其实就是逢月初、月中吃一顿有荤菜的饭菜，即每月两次祭祀财神或土地公的风俗活动。人们杀猪食肉，通过以丰盛的菜肴进行祭祀或拜拜，希望神灵能够保佑其生意兴隆、财源广进。如此做既是一种行事惯习，又能够获得一种心安。上述访谈中提及的山神、土地，红色猪头寓意"红运当头"，"当老板的要把最好的肉给吃掉"等，都是老百姓最为朴素的自然崇拜与文化心理，亦是超越自然与个体的崇拜意识与行为方式。

即便村民经历了城镇化或是城市化，他们依然可能保有这些基于农耕文明的崇拜惯习和生活方式。这一点已被学界诸多研究成果所指出，在此不赘述。我在苏州地区调研时也发现了同样的现象，"上楼"后的农民在搬迁至异地后，虽然身份职业、生活方式、价值观念都有相应转变且深受城市社会文化及消费方式的影响，从而实现了所谓的城镇化转型，然而，经历了居住格局变迁与身份转变的村民依然希望在新社区保持从前的各种生活风俗与崇拜惯习。一些居民自发地联合起来，在小区里集中安置此前村里或是自家信奉和祭拜的神明，形成了一个祭拜的活动空间。而每逢七月十五、十月初一，或是父母忌日等，人们便会在城市的某条道路上或是拐角处为逝者烧纸或"烧钱"②。这些都是老百姓的精神文化需求和崇拜惯习的体现。

这就再次说明，关注和研究中国的乡村振兴、城镇化进程中的村落变迁和乡村文化建设的能力，绝不能忽视其中的各种文化崇拜活动及民众的精神需求，这些恰是实现新型城镇化，尤其是人的城镇化，以及协调城乡关系，最终以回到乡村的现代思维方式深入思考中国社会发展的重大问题。这些植根于农业文明的各类崇拜活动、仪式展演等，是老百姓精神世界与家庭生活中最为生动的内容，亦是梅山村"名人崇拜-祖宗崇拜"之文化结构的生成根源。

当然，最为关键的还是对文化能力本身的发现和挖掘。如何让村落中

---

① 关于"打牙祭"的风俗习惯，学界已有诸多研究成果。所谓"打牙祭"，其实就是一种定期的祭祀活动。每逢牙祭日，人们要对财神或本行业祖师爷进行祭祀。参见余云华《牙祭习俗与尚武文化》，载宁锐、淡懿诚主编《中国民俗趣谈》，三秦出版社 1993 年版，第 581 页。或参见黄尚军《四川话民俗词语举例》，《方言》1998 年第 4 期。

② 柏桦：《烧钱：中国人生活世界中的物质精神》，袁剑、刘玺鸿译，江苏人民出版社 2019 年版。

真正具有历史价值及现代价值的文化崇拜形式，成为促进乡村产业兴旺、生态宜居、乡风文明、治理有效、生活富裕的内生型动力，是研究乡村文化建设能力的重点所在。村级干部和驻村干部一直都在借助梅山村最具标志性的梅姓家族文化、祭祖文化、祠堂文化，以及梅林辉这一历史名人，打造梅山村的乡村面貌与人文环境。

> 我们村里现在就是把我们的梅林辉文化，把梅姓文化做好，做一个全国性的文化。就是我们老祖宗的文化，这是我们一个小家族的事情，到这以后，2016年还是2017年的时候，我们曾做过一个全国性的祭祖，纪念老祖宗的祭拜活动，就在和敬堂。我们家族搞了一个祭祀，要到云南、海南、陕西、河南、湖南、湖北等，涉及省份很多，十多个省份来做全国性的祭祀活动。祭祀的时候大家都来的，我们连续做三天，梅姓宗亲每年都来祭祀，全国各个地方的梅姓家族的人都来。大概清明节中午的时候，就有八十多人，多的时候一千人，最多的时候几万人，每年都是这样。村里的话，我们这边都要搞这个马头墙，不然观赏性不太好。我们想搞个吃住、开会、旅游、休闲一体化的东西，前面做个广告。半山学院那边有棵古树，很大的树，梅林辉种的那棵大树，很可惜快死了一样，干枯了。现在来看，我们村还是没有发展起来，和敬堂平时都是关门的，里面有些书画，后面石像那边也是锁着，现在红白喜事都是在和敬堂办理。①

上述资料来自我对梅山村村主任的访谈。如资料所显示的，梅山村村级干部一直都在思考和深入调研如何打造梅山村的文化符号。梅山村深厚的家族文化、备受尊崇的家风家训、当代梅姓祭祖文化，已成为梅山村显性的象征资本与文化资源。近年来，借助这些文化资源和价值符号，村级干部联合市级、省级、高校、研究所等相关部门走文化振兴的道路，使整个村落的村容村貌、人文素养、生活状况等都有了较大改观。马头墙被重新粉刷后，村容面貌焕然一新，极大地提升了村庄的文化魅力。

当然，从整体来看，梅山村的文化建设能力提升还处于初步阶段。第一，梅姓家族自发形成了有一定规模的家族祭祖活动；第二，和敬堂前后

---

① MXXL10访谈记录，2019年10月30日。

里外均得到了重新修缮，还配套修建了文化长廊，贴有家族重要名人及历史事件的介绍；第三，村里核心街巷的墙壁上大多刻有传统儒家孝道伦理及社会主义核心价值观等标语；第四，对梅林辉种植的千年古树进行了保护。这些都已成为梅山村文化建设能力提升的基础。

然而，存在的各种问题值得注意。比如，村里最具历史价值的千年古树，因为施肥过多而面临干枯死亡的危险。和敬堂被重新修建，但为了保护其中的重要字画，大门时常紧闭，仅用于重要的红白喜事，或用于接待重要来访人士的临时参观。一位早已不居住在村里的梅姓村民说："和敬堂如果开门，就会有外姓的人来敬香，这里香火会更好些。"① 家族文化中最为重要的族谱，重修后在文献研究和文化传承方面意义极大，却被村委会收藏起来，成为如"古董"一样的文物，用鲜红的布包裹着，静静地"躺在"村委会办公室的一角。尽管村委会图书室藏有多本族谱，允许村民公开取阅，却是此前的旧版本，也极少有村民前来翻阅学习。文化长廊修建得极为古朴，为梅山村增加了浓厚的文化氛围，但是，村民忙碌于生计，围坐在那里的大多是留守老人和孩子，他们对长廊文字的内容知之甚少，只是聚集在一起拉家常。

当然，我们不能以此判断梅山村文化建设的能力与效果。目前，梅山村已是一个兼具传统和现代的新型村落。只是当我问及与村集体公共文化建设相关的问题时，人们往往表现出非常个人化的选择，认为那些是"懂历史的人的事情"，或认为"那是村里管的事情"，抑或认为"村里有这方面的资源优势，但是落实起来比较困难"。普通老百姓的回答往往更为简单和直接，从中可以发现文化建设存在某种层级或分隔效应，即精英与大众、村集体与村民、村民与村民之间在文化建设这一公共问题上的共识性分离，这反映了当下乡村建设存在的普遍困境，那就是文化认知与自觉意识不足、参与讨论乡村建设的主动性与积极性不够、人群与资源关系整合困难、公私关系较难处理等。

当代中国农村正面临前所未有的流动与变迁。农业投入成本增加、消费水平提高、生存压力加大、人口快速流出，由此形成的乡村空洞化和人际交往关系的功利化等，都使乡村建设不再是城市反哺农村、资本下乡、公共文化供给、政策扶持等问题，而是在乡村本身已经发生重大结构性变

---

① MXY7 访谈记录，2019 年 9 月 29 日。

迁的情况下，重塑乡村的地位与价值，关注村民自身需求和发展意愿的乡村自治与文化自觉问题。因此，提升乡村文化建设能力，就是要基于村民的文化需求及内生动力，构建与政策、技术、市场、资本等要素互动和整合的文化秩序框架。

　　虽然民间崇拜及其文化实践之于乡村建设的意义，在于能够在一定群体范围内构建相应的人际关系、资源整合方式与秩序构成规则，却很难构建单独而自成一体的乡村建设秩序。这种乡村建设能力的效应发挥受政策制度、人群关系、基层权力代理人的文化偏好、资本支持力度、社会共识、民众认同度、乡村精英中介、经济发展水平等一系列结构性机制的拼贴结果与再整合的制约。

小　结　文化的建设能力与文化需求

　　所谓名人村及其乡村文化建设，即借助历史名人资源振兴乡村。梅山村文化建设能力体现在传统村落的地域崇拜、梅姓家族文化的古今构建、民间精英的家国情怀等方面。在梅山村，兼具传统性与现代性的符号象征具体有梅姓家族族谱、梅姓宗亲联合祭祖、家风家训，以及祠堂、古桥、古树、马头墙、惜字塔、古井等古建筑和历史遗迹。这些都构成了梅山村作为名人村与传统村落的重要资源与建设能力，有助于梅山村提升其乡村文化的现代价值。

　　与圣人崇拜和文化建设能力的逻辑相似，我试图通过名人崇拜这一最为普遍的崇拜类型及其文化心态，去发现中国乡村社会变迁发展的深层次逻辑，在挖掘此类文化建设现状特征及能力构成与不足的同时，考察这种建设能力与民众文化需求之间的理论与实践关联，由此发现文化建设之于个体的作用效果或结果，以及文化需求与文化建设之间的某种分隔倾向，窥探乡村文化生产与文化建设、文化需求之间的一致性与关联性。

　　换句话说，我们不仅需要关注乡村文化建设中大众与精英、村集体与村民、家族与个人之间公私关系的协调及分离现象，而且要关注家族文化的建设能力是否与大众文化需求相协调，文化建设是否在满足民众实际文化需求的基础上实现了乡村发展资源的良性整合与秩序重构。故对文化生产过程、文化建设能力的分析，离不开对文化主体需求维度的观照。对于这些问题的分析与论证，会帮助我们窥探乡村文化建设的过程、方法、效果及其连接社会的心态机制，发现当这种建设能力与需求相互矛盾时，可能产生的各种非预期后果。

对于这一维度的讨论，能够解释为何很多地方的文化制度供给、乡村民俗文化整体效果相当不错，或是在获得相应的资本支持后，却无法显现更广泛的文化建设效果，很难生发基于民间崇拜的社会行动能力，反而沦为节庆式的热闹场面、文化消费及时尚性体验，沦为某一时刻、某一权力系统、某些参与人群所规划与建构的各种仪式性文化展演及文化符号，缺乏稳定的文化生产机制及与社会大众连接的共同体或组织中介。有些乡村文化建设的空间甚至被占用、挪用，仅成为空心化乡村中一个静态的人文景观，或成为农村老年人闲暇时聚集在一起打麻将的娱乐场所。这种闲暇私人化的后果在于，"闲暇交往中的公共责任伦理逐步丧失，在私人生活领域表现为私密化闲暇生活带来个体情感寄托单一，信任关系趋于瓦解"①，虽然是一种大众娱乐方式，却无益于公共资源及其秩序整合。

在文化建设能力与文化需求的关系中，最为重要的是乡村文化生产机制的构建，以及该机制的构建与促进乡村生产增收等相结合而深入实践的过程，它与村民的审美、见识及传承意识等内在驱动力相关联。如果没有这些内在驱动力，文化建设便可能会沦为精英或部分人主导下的文化生产及其利益链条，无法真正实现此种文化基于个人生命自觉、社会意识的生发，而与普通民众脱节。只有文化建设主体站在文化主体需求及能力的角度去进行某种文化建设时，才能真正构建这种文化形式之于个人、家庭、村落及集体秩序的实际意义。

文化需求和文化建设内容互不对应的原因很多，归结起来无外乎两类：其一，长期以来主流文化建设的方式都是自上而下的供给制模式，这导致基层群众早已习惯于此种供给制模式，认为村落文化建设的公共事务与个人关联不大；其二，基于"自我压缩"人格，中国人之"个体"不仅很难生发，而且无法构建出"自我扩张"②的人格特质，这些都导致地

---

① 王会：《乡村社会闲暇私人化及其后果——基于多省份农村的田野调查与讨论》，《广东社会科学》2016年第6期。
② "自我压缩"与"自我扩张"这两个概念，都是孙隆基提出的人格概念，用于解释中国人"个人"之不发展。孙隆基：《中国文化的深层结构》，广西师范大学出版社2011年版，第239—298页。

方文化构建缺乏个体性自觉，自下而上形成独立意识、社群关系及团体主义制度的可能性等问题更是无从谈起。

更为复杂的现实情况是，乡村文化建设的内容和形式与文化需求者之间的关系常常只是一种客观存在的关系，或是一种象征性的关系，两者之间甚至可能实际根本不发生任何关联，这反映了文化建设与文化需求在具体联结层面存在的矛盾、紧张乃至分隔效应。

这种现实情况，在梅山村的梅姓家族文化建设中已有所呈现，这是乡村振兴进程中需要着重关注和研究的普遍问题，即当一种文化政策与制度执行时，对于被动接受的文化主体而言，他们所面临的各种突如其来的变化及心态适应，恰恰是乡村建设所要特别注意的情感治理问题。因此，我们不仅需要思考制度是如何形成的①，还需要思考文化建设与文化需求之间的内在关联，需求是否能够得到满足关系到乡村建设的过程与效果，更关系到乡村社会的全面振兴与秩序稳定。

自古以来，精英与百姓、官方与民间所倡导的崇拜体系及文化建设方式始终存在差异。"君子以为文，百姓以为神"就是很好的描述与概括。精英阶层致力于寻找问题，而老百姓则致力于过好日常生活，两者之间有很大差异。比如，老百姓大多靠着一种文化传统及惯习过日子，并不会去思考乡村文化历史传承的现代价值及其生产机制的意义。对大部分民众而言，"有饭吃有收入""有房有车有票子"就是人生美好。此外，便是希冀后代子孙出人头地、光宗耀祖、为自己争口气、留个好面子和好名声，人生足矣。

当前，中国社会正在经历着快速的城镇化或城市化，乡村发展与建设不仅是促进农民增收、使其生活富裕的过程，还需要从微观个体出发，培育新型职业农民，充分尊重和了解他们的实际需求，在处理与平衡好各种公私利益关系中促进乡村产业兴旺及乡风文明，在挖掘乡村历史文化价值的同时，培育现代个体精神与良好文化心态，促进乡村社会的可持续发展。

从阿马蒂亚·森研究的"发展"与"自由"之内涵来看，"发展可以看作扩展人们享有的真实自由的一个过程"，而"'自由'是在'实质的'（substantive）意义上定义的，即享受人们有理由珍视的那种生活的

① 苏力：《制度是如何形成的》（增订版），北京大学出版社2007年版。

可行能力"。① 因此，就微观个体的文化建设而言，只有乡村文化建设真正体现出村民需求与意愿，或者说，乡村文化主体在文化需求方面能够真正构建其"可行能力"时，文化建设的结果与效果，才是一种真正具有自我发展意义的乡村文化振兴。只有这样，乡村文化建设才能既与促进农村发展、农民富裕、农业增收相融合，也有益于构建职业农民身份、重塑个体独立人格、复兴优秀传统文化。

当然，无论何种崇拜类型，其文化实践的深入开展都会面临平衡私人需求、社会需求以及公共性发展的问题。梅姓家族文化要想走出家族局限，不仅需要构建超越家族文化与血缘关系的外在机制与文化建设中介，还需要资本、制度、法律等多机制的整合，以及文化主体意识的培育。梅姓家族文化要想构建超越家族的广泛的社会影响力与社会认同，必然要走一条尊重和符合民众利益，促进乡村产业发展、农民增收、人才集聚的理性实践之路。

---

① 阿马蒂亚·森：《以自由看待发展》，任赜、于真译，中国人民大学出版社 2002 年版，第 3 页。

第五章　新农村：土地崇拜
及其资源配置的能力机制

大地，你是万物之母。——墨勒阿格《大地啊》

为什么我的眼里常含泪水？因为我对这土地爱得深沉。

——艾青《我爱这土地》

前文对圣人崇拜和名人崇拜的论述，意在讨论大家族及其传统价值的现代变迁与心态秩序，讨论大众对圣人孔子、名人梅林辉道德人格的敬仰与崇拜，如何形成了促进乡村人群与资源整合的精神标识与文化中介，构建了具有地域特色的家族文化与家国情怀。

剖析其所呈现的家族文化情结可以发现，土地是其最为重要的内在机制之一。从传统社会进入现代社会，土地虽然不再是家族财产最为重要的象征，但是土地代表着户籍、地域、血缘、人情、宗族等关系，维持着老百姓的人际交往与道德情感生活。土地所象征的财产关系、人伦关系、权力关系、家族关系，是构成家族、村庄、集体的最为基础和根本的保障①，亦是安顿祖先的特别而重要的空间。圣人崇拜与名人崇拜不仅仅是对血缘家族、祖宗崇拜及其文化心态的强调，更是对土地作为生产资料和道德情感符号的强调。

故本章聚焦于土地崇拜，探讨的主题是乡村振兴进程中的土地崇拜及其文化心态问题。从表面上看，这似乎与前两章关于圣人崇拜、名人崇拜

---

① 卢海元：《土地换保障：扩大推动发展民众基础的政策选择——被征地农民社会保障的理论》，群众出版社 2012 年版；郑雄飞：《中国农村"土地换保障"的实践反思与理性建构》，上海三联书店 2012 年版。

的讨论并无多大关联。然而，如上所述，无论是从土地所衍生的道德情感、意义系统、崇拜情结及文化心态来看，还是从土地所代表的故乡、家族-祖先①、一方水土、故人、故居、祖宗、面朝黄土背朝天、入土为安、"生于斯、长于斯、死于斯"等象征内涵来看，土地崇拜与圣人崇拜、名人崇拜之间又有着极为特殊的关联。从土地构建崇拜关系的社会学本质来看，如果说溪水村代表的是中国人对于孔子崇拜的民间化，是孔氏南宗支脉家族对作为"圣人-祖先"的孔子崇拜的地方化表达，那么，梅山村则不仅是东晋著名文学家、史学家梅林辉的"故乡-故土"，而且是梅姓家族的发源地，其名人崇拜具有极为显著的地域崇拜特征，是血缘-权力关系的家族象征。这些文化崇拜现象及其心态秩序无不与当前乡村振兴进程中的乡村文化建设有着密切关联，能够成为一种积极而有效的内生性资源，促进乡村的发展。

土地这一兼具经济和情感因素的研究视角可以连接第三章、第四章、第五章的研究内容，也可作为考察当代中国城乡社会变迁与乡村振兴的一把钥匙，亦能够弥补、丰富和拓展当前对于乡村振兴的研究内容。如果说，第三章和第四章的核心内容是讨论圣人崇拜、名人崇拜与文化建设能力、乡村振兴的重要关联，论述乡村振兴进程中的文化崇拜心态、家族式人格、传统价值秩序的现代变迁以及乡村叠合秩序如何构成，那么第五章则将从土地这一具有特殊情结和文化崇拜意义的祖宗崇拜的视角出发，讨论土地象征及祖宗崇拜的文化心态与家族文化建设、乡村文化建设、乡村振兴之间的理论与实践关联，特别是兼具配置性和权威性的土地资源如何在新农村建设及乡村振兴中构建一种缓和焦虑、安定人心与融合资源关系的能力机制。

具体来说，第五章以吉原村的新农村建设事件为研究背景，以乡村振兴过程中民众对于土地的道德情感这一微观的文化崇拜心态作为研究对象，通过对一些"关系/事件"的重要相关人物进行深度访谈，讨论乡村文化建设中的土地崇拜及文化心态的变化问题。同时，揭示吉原村新农村建设在产业结构调整、土地流转、宅基地置换、农村公共事务处理等方面的发展现状、成效经验及能力不足。在此基础上，说明如下问题：其一，

① 易劳逸：《家族、土地与祖先：近世中国四百年社会经济的常与变》，苑杰译，重庆出版社 2019年版。

在城镇化及乡村振兴过程中，民众的土地情结及祖宗崇拜如何被激活，又发生了怎样的变化，它如何成为当前乡村文化振兴过程中需要注意的情感治理问题；其二，土地作为村民的基本生产资料和收入来源，如何在乡村建设及其基层生活实践中，从配置性资源转变为兼具权威性和情感性的崇拜机制，这是研究土地崇拜及其文化心态与乡村振兴之关联问题的最大理论意义；其三，在城市化及乡村振兴的过程中，老百姓的土地崇拜情结对个体价值观念重塑、人群交往关系、家族文化建设及基层社会治理现代化具有何种现实意义及启发。

第一节　吉原村概况及乡村建设现状

乡村已成为多学科关注的研究对象，它是考察中国社会的一个重要窗口，更是研究中国传统文化及其心态秩序变迁的重要视角与方法。随着物理边界的日益模糊、异质性的逐渐增强，乡村正发生着一系列深刻的结构性变迁。在此种背景下，推进乡村振兴战略，从文化建设能力的视角来看，就是要充分挖掘乡村文化资源，并使其服务于乡村社会的制度、产业、人才、生态、乡风等各方面的现代化建设及全面振兴。当代中国乡村振兴与文化建设能力研究的实质，就是要在尊重农民主体性与主观意愿的基础上，以文化建设重塑并提高乡村发展的价值内涵与内生能力，挖掘和整合文化建设中有益于促进乡村建设的各种能力要素及其有效机制，提升村民的人文素质，以公共文化和公共型叠合秩序构建农村发展的资本力量与能力机制。

城镇化及乡村振兴进程中的吉原村，因为十多年来种植美人指葡萄而发生了巨大变化，深受社会大众关注。吉原村是吉市下辖行政村，包括 8 个自然村，共分为 13 个队，人口近 4000 人。新建设的新农村区域内有四五家饭店和商铺。遗憾的是，我调研的那段时间，这些饭店和商铺由于各种原因基本处于关门状态。从姓氏来看，当地人大多姓朱，吉原村亦以朱姓为主。据村民介绍，朱姓最近的两位祖先是两兄弟，后来两兄弟分家，形成了吉原村和邻村诸楼村的基本格局。

其实，我最早知晓吉原村，是因为从网上看到吉原村有千亩美人指葡萄示范园区且销售极好，被誉为中原地区的"吐鲁番村庄"①。该村自2009年开始，连续成功举办了五届"美人指葡萄文化节"，这使其人气和影响力大增，在市场上打响了品牌。吉原村种植的美人指葡萄果肉多汁、品质上乘，该村还引进了诸多其他葡萄优良品种，使农民能够通过种植葡萄走上致富之路。据相关新闻报道与田野考察得知，2007年吉原村被评为首批省级新农村建设科技示范村（试点）以后，村里发生了巨大变化，葡萄种植户的收入显著增加。这使吉原村从"三无"（无电、无村史、无学校）状况发展到实现了人居环境的"硬化、绿化、亮化、净化"等，村里还建设了两个年收入60万元的板材加工厂、一个竹木家具厂、一个万头养猪场和86个中小型养殖场，大多数家庭用上了环保节能的沼气。这一切的变化与发展，主要源自近年来的新农村建设及生产结构转型等重要举措。

2019年10月，我在河南嵩山少林寺考察结束后，专程前往吉原村进行了为期半个月的田野调研。当我进入吉原村时，映入眼帘的是村委会高大的三层楼房、宽阔的广场以及村委会旁边七层楼的商业房。据一层的商户老板说，这七层楼是正在出售的商品房。沿着主街道继续前行，村委会后面是一排排整齐划一的两层或两层半楼房，名为"阳光社区"。该社区为吉原村的新农村建设区域，家家户户均为统一户型，墙面色彩也保持一致，道路为水泥硬化路且安有统一设计的路灯。

我本以为这就是吉原村的全貌，然而，当我继续向前才发现，在阳光社区最后一排楼房的后面，才是真正的吉原村。一位老大妈热情地告诉我："这边是新农村，那边是老村子。"放眼望去，两边的村容村貌确实一新一旧，差别甚大。就连从新农村走向老村子的道路，都从水泥硬化路变成了土路。我前往该地调研时，正是连续的阴雨天，故我对老村子里泥泞的道路有非常深刻的印象。

在调研过程中，我主要采用前往村民家里拜访和在村委会进行座谈的方式收集资料。同时，注重随机与村民展开交谈。一些村民认为，吉原村这些年确实发生了很大变化，对外吸引了很多老板进行投资；村里很多年轻人去外地打工做生意，留守的村民则靠种植草莓、葡萄、蔬菜等走上致富之路。然而，一些村民认为，村里的贫富差距依然在拉大，富的富、穷的穷，生活水平不一。这种贫富差距还体现在吉原村"一分为二"的新

---

① 该村美人指葡萄园2010年被农业部确定为"全国标准果园示范基地"。

农村建设现状上。因为进行新农村建设，作为自然村的吉原村被一分为二，作为行政村的吉原村则从下辖七个自然村增加至八个。我在田地里和种植大蒜的村民聊天时，曾远远观望吉原村，从不同角度专门拍摄了吉原村新农村建设区域楼房林立的建筑景观，确实不得不为该村整齐划一的新农村面貌而赞叹，同时亦感慨，这与其背后的吉原村老村子的村容村貌形成了较大的反差。

此外，我还专门调研了村里葡萄种植的现状。大部分村民反映，种植葡萄的收入与前景已经大不如以前，很多人甚至已经挖掉了葡萄藤而种上了麦子、玉米，或是其他果蔬。当问及原因时，一些村民反映说主要是销售问题，以前销售方面有村里和上面的支持，后来葡萄节不再举办，相关销售链条也逐渐中断；一些种植葡萄的果农，起初也并非想要种植葡萄，而是听从了村里某些干部的建议；一些村民因为种植葡萄生产成本高、流程复杂等而放弃种植；还有一些村民则因为家里缺少劳动力，无精力进行葡萄种植。这些都导致村里的葡萄种植户大为减少，美人指葡萄的名气下降。

一位村民说："原来老支书让种草莓，整个村里三千多亩地，13个队，这边一大片都是我村的，现在不怎么种了。平时老百姓主要种玉米小麦，去年的话，麦子达到一千斤，往年都是七百斤，你要是种蔬菜，销路是个问题。总体来说，靠土地发财不容易。"[1] 可见，吉原村虽曾主打葡萄种植，也使一些农民成功致富，但近年来葡萄种植及生产销售遇到了很多问题，收益不佳。

我深入基层群众调研后还发现，吉原村美人指葡萄种植等促进农民增收的事情，之所以在后期出现了很多与预期目标相悖的结果，与前一届村干部的强势作为密切相关。一些村民反映，当时规模化种植葡萄其实是村里向上面申请的项目。

基于此，我专门拜访了该村现任支书，他表示村里正在筹划农业结构调整与乡村文化旅游产业，试图以特色农业推动乡村旅游发展，"现在我想把路边村口那边提升下，做些旅游方面的事情。现在村里主打葡萄和草莓，咋说呢，这个算是收入，种这些比种地那些稍微好些，现在除葡萄外，种植别的很难，销售的时候也很难，没有销路。从育苗、打药、套袋到销售等很复杂，成本的话算下来不合算。草莓包出去四五十亩地，葡萄

---

① MZYY29 访谈记录，2019 年 10 月 4 日。

地原来比较多，现在是少了，都拔掉了。我现在想着把村里环境改善提升下，搞点文化与农业旅游"。① 这段访谈资料表明，吉原村正处于积极的发展过程中。一方面，吉原村试图调整农业产业结构，实现种植多样化的局面，以促进农民增收，突出农业特色；但另一方面，这种产业发展又深受乡村人口流动、市场运作、生产成本等多方面的影响。大体来说，吉原村通过种植葡萄、草莓以及传统的小麦、玉米等实现了部分农民的增收，但其发展似乎进入了一个瓶颈期，面临生产-销售、成本-产值等现实考验。

上述对吉原村基本情况的介绍，既反映了当前乡村振兴进程中很多村庄发展所面临的普遍问题，亦反映了农民增收、村庄建设的核心问题，那就是如何充分地利用土地这一配置性资源进行乡村振兴，建构村庄发展的特色产业。在老百姓看来，土地兼具物质经济和道德情感意义。随着农民权利、权益意识的崛起，当下土地虽已不再是农民唯一的收入来源，却是一个底线和基础性保障。农民对于土地的具体依赖程度，与农民的经济收入、社会阶层、认知水平、家庭结构等密切相关。

可以说，老百姓的土地情结在快速城镇化的进程中发生着微妙的淡化，但与此同时，这种土地情结又在一次又一次的城乡往返、节庆聚会、祭祖仪式中得以增强。尤其是当土地被征收涉及利益关系时，老百姓的土地情结就会被激活，呈现土地利益与土地情结的复杂交织。乡村振兴及城市化进程中，农民是否能够真正摆脱土地而走向城市就业或就近职业化，都依赖于宏观的农民就业市场、农民工福利待遇及外部的经济发展环境，还依赖于微观个体的自我认知、能力以及勇于放弃土地从事非农工作的决心与具体行动。

第二节　城镇化进程中的土地崇拜心态

改革开放以来，村庄乃至地方大多依赖于土地开发和"土地财政"②的重要收入而"生财有道"③。只是对于百姓而言，无论如何，土地都是

---

① MZLZ26访谈记录，2019年10月6日。
② 孙秀林、周飞舟：《土地财政与分税制：一个实证解释》，《中国社会科学》2013年第4期。
③ 周飞舟：《生财有道：土地开发和转让中的政府和农民》，《社会学研究》2007年第1期。

他们的命根子，是农民权益的保障和象征。土地问题的实质就是人地关系问题，是利益保障问题。党的二十大报告指出，"深化农村土地制度改革，赋予农民更加充分的财产权益。保障进城落户农民合法土地权益，鼓励依法自愿有偿转让。完善农业支持保护制度，健全农村金融服务体系"。这就在政策层面为促进城乡要素流动，具体包括土地流转、劳动力转移、生产资料和宅基地转让等提供了依据，能够有效地盘活农村闲置用地，缩小乡村与城市之间的发展距离，提高留守乡村民众的基本收入。在以城镇化和工业化为特征的经济发展过程中，土地是非常关键的以及波及效应十分强烈的问题，不仅涉及单纯的农业用地向非农业用地的转化，还涉及对农业用地进行高效利用和保护的问题，涉及生存安全和可持续发展。[①]

在此过程中，中国人的土地情结正处于从传统向现代变迁的过程之中。中国人的土地情结几乎凝结了人对土地所有的经济和情感依赖，是透视人地关系演变的一个重要窗口。[②] 当前，对于中国农民土地情结的研究主要持两种观点。其一，从人类学和心态史角度出发，认为农民土地情结变迁的整体特征是由浓变淡。[③] 其二，从经济学和社会学视角分析，认为绝大多数农民依然有浓厚的土地情结，不会因为收入、居住、职业等结构性因素变化而放弃农地经营权。[④] 与此同时，人们对于土地的情感依赖程度并不是固定不变的，人们对土地的看法与家庭结构和家庭关系、村庄发展水平、个人受教育程度和职业规划等具体情况息息相关，尤其是与利益直接相关。此外，不同年龄、不同阶层的人群，比如，中老年人和青年人对于土地的看法、态度以及对乡村振兴进程中土地资源利用、土地城镇化及土地发展潜力的看法也存在较大差异。

因此，老百姓的土地情结并非简单的放弃土地、土地情结淡化或依然对土地十分眷恋和依赖的绝对性问题，而是一个人地关系是否发生变化及

① 王昉：《工业化、城镇化进程中的农村土地问题——对上海近郊农村的调查分析》，《上海经济研究》2003年第3期，第24页。
② 陈胜祥：《分化视角下转型期农民土地情结变迁分析》，《中国土地科学》2013年第6期，第36页。
③ 周晓虹：《传统与变迁——江浙农民的社会心理及其近代以来的嬗变》，生活·读书·新知三联书店1998年版，第309—320页。
④ 钱文荣：《浙北传统粮区农户土地流转意愿与行为的实证研究》，《中国农村经济》2002年第7期，第64—68页；米华：《中国共产党与当代农民土地情感迁变——以湖南省溆浦县桐木坨村农民为例》，《北京行政学院学报》2007年第2期，第16—20页。

如何发生变化的情感纠葛及利益问题，涉及对人口流动、利益关系、子女教育、人与祖先的关系等多个方面的考量。一些人流转土地外出打工做生意，在城乡往返中仍保留着对于土地的依附性情感；一些离土创业或外出打工的人真正定居于城市后，其土地情结大多淡化了；一些在村庄附近就近就业的人在土地之外获得了另一份收入，其依附土地的心态则是极为复杂或是无奈的。

城镇化背景下的乡村百姓对于土地的情感还具有浓厚的道德文化意义，土地可谓天地之间连接人与祖先的空间。中原大地上的老百姓祖先崇拜观念浓厚。站在田野里远远望去，田地里的墓碑就是他们"土地-祖先"情结的体现。田地里的祖坟意味着"敬"和"孝"，意味着祖宗的灵魂能够在后代子孙的供奉和祭拜下得以安定，如此，死者与生者得以联结。故土地及祖坟安置的空间，在民间叙事与道德情感中，关系到"祖宗的神灵"[①] 能否安定，关系到老百姓的安身立命与伦理底线。对于中国人而言，土葬是传统的埋葬方式，人们尊崇"死者为大"的文化心态。之所以土葬，是因为人们相信人死之后依然有灵魂存在，需要后代子孙前往祖坟加以祭祀供奉，以慎终追远并祈求祖先庇佑子孙，这就是土地及祖坟空间之所以重要的道德与情感意义。

历史文化深厚的中原地带的祖宗崇拜的一个重要体现就是田地里的祖坟。每逢清明节、七月半、十月初一、春节等重要岁时节日，或是逝者的诞辰和忌日等，人们都要前往祖坟烧纸、放鞭炮、磕头、许愿、追思和祭拜，这已经成为乡村百姓最为重视的礼仪。一位当地的"滴滴出行"司机告诉我："我们一般都是去地里的坟头烧纸，添添坟头、拜拜、上上供品，供品烧完纸钱之后就带走，觉得是祖先吃了的好啊。也是穷的缘故，让祖宗保佑下一代子孙平平安安、祈福的意思。下雨的时候，一般都错过去了。你看我们这边大部分是清明节早几天就可以去扫墓的，一部分人当天才去扫墓，我们是当天 12 点前去。"[②] 由此可见，当地百姓特别看重祭拜祖宗这一礼仪，对于祖坟位置的选择，人们也会特别讲究，这一特别的土地空间是祖宗灵魂的象征空间，也是不可侵犯的道德象征与情感追思之地。

---

① 李向平：《祖宗的神灵——缺乏神性的中国人文世界》，广西人民出版社 1989 年版。

② MWSJ20 访谈记录，2019 年 10 月 5 日。

由此，土地与祖先之间形成了某种复杂的勾连，坟头所在的那块土地也成为百姓慎终追远的心灵寄托之地。一些村民在情感与心理上虽然大体能够理解火葬，但是千百年来的传统文化心态，使一些人在内心深处依然很难真正接受火葬的整个过程。因此，虽然我在和诸多村民聊天时发现他们对于火葬的话语描述与表情态度都显得较为温和，但是，从访谈的整个过程及我的感受体会来看，其中的纠结矛盾与心理不适依然存在。比如，一位村民就说："农村人还是土葬，一般都是。城里人是没办法，没有土地埋葬才火葬呢。"[1] 这种说法在我对其他村民的访谈中亦有出现。其实，农民之所以习惯于土葬这种方式，主要基于如下两个原因。其一，文化惯习与心态适应。人们习惯于土葬，习惯在自己的土地上祭拜自己的祖先。其二，农民或农村有土葬的空间，火葬还要产生额外的火葬费用。一位村民说："我们这里是埋葬在土地里，这是老习惯，我们这里没有集中安葬，都是密密麻麻地在地里埋葬。农村人的习惯就是埋葬在地里。"[2]

在城市化、工业化、信息化与个体化进程中，一些年轻人已经在道德与情感方面逐渐适应并理解了火葬的埋葬方式，然而，对于年龄较大或是传统观念较为浓厚的村民而言，他们还需要一个认知、接受和适应的过程。人们之所以坚持土葬这种埋葬方式与惯习，除了传统心态与经济利益的考量，就是出于对土地的崇拜与热爱。

乡村百姓的土地情结在变化，这也体现在各种风俗习惯与崇拜方式的变迁方面。为此，我专程前往吉原村的土地庙进行调研。吉原村的土地庙坐落在老村子里，是村里人春节、清明节、七月半、每月初一十五、神明诞辰等岁时节日以及求神之时必去之地。我前往观察时发现，土地庙门是一个铁栅栏门，且当时处于紧锁状态。村民说主要是怕小孩子过来"捣乱"。而吉原村的老村主任则笑着说："把庙门关着，土地爷爷如何体察民情呀，哈哈。"[3] 足见土地爷爷在人们心目中的独特地位。

吉原村土地庙是村民自发集资修建的。土地庙的屋顶上铺着红色石棉瓦，其设计和平常百姓建造房屋的设计基本一致，属于两面排水格局，且屋顶放置有双龙戏珠、飞鸟等红色雕塑。此庙是一间占地约 3 平方米、高

---

① MWSJ20 访谈记录，2019 年 10 月 5 日。
② MZYY29 访谈记录，2019 年 10 月 4 日。
③ MZRJ23 访谈记录，2019 年 10 月 8 日。

约 2 米的小房子，周围长满高草，却也是一片清净之地。土地庙里供奉着主神土地公，两边是土地婆，神像前摆有橘子、苹果等供果，还有香炉、蜡烛等。庙门前有用红色石棉瓦搭建的遮雨檐。土地庙门上贴有红色楹联，我调研时仅剩横批"迎春接福"和上联"家庭和睦年年好"。根据楹联旁边的图形印记，我猜测庙门上还曾贴有民间传说中的两位"门神"①。庙前有一块约 3 平方米的水泥空地，有用水泥砖头建造的约 40 公分的大香炉，里面都是焚烧过的香火灰烬，以及一些未燃烧完全的半截子香头。土地庙的自发建造与民间供奉等情况，都体现着大众对于土地的崇拜实践。

至此，我们不难发现土地对于乡村百姓的重要性。土地既是农民最为基本的生存保障，又是研究中国人的祖宗崇拜、民间文化逻辑及心态秩序问题的重要窗口。费孝通先生在《江村经济》中指出，"占有土地的动机与这种安全感有直接关系。那个农民说：'传给儿子最好的东西就是地，地是活的家产，钱是会用光的，可地是用不完的'"，"土地的占有通常被看作习惯上和法律上承认的土地所有权"②。因此，"传统乡村中土地是农民赖以维持生计的最重要的生产要素，农民对土地产权天然存在着尊重和敬畏"，"对村民来说，加盖上县、区、乡政府红印的地契相当神圣"。③在它们被妥为收藏之前，很多人将它们放置在家神（通常是观音菩萨、财神、灶王爷或者土地爷）前面，点放爆竹、烧香供奉。④民间更是流传着"黄金万两不如买田几方"的说法。吉原村的一位村民更是坦诚地告诉我："土地被征掉的话，和土地补偿款相比而言，我肯定想要我失去的土地啊。因为钱的话，很快就用完了，土地的话，我可以租出去，让别人种地，我可以一直租下去啊。"⑤这些都是村民重视土地的文化情感原因。

正因如此，中原地带的人们尤为讲究土葬这种方式。一位老百姓表示："火化了之后，还是要土葬埋棺材，不是多花钱吗，不起一点作用。

---

① 门神是守卫之神，是中国人春节时贴于门上的画像，被认为可以驱邪避鬼、保卫家宅等，民间有很多传说。全国各地的门神各有不同，陕西供奉的门神一般是秦琼和尉迟敬德，或是孙膑和庞涓等。河南一带供奉的门神是赵云和伍子胥。

② 费孝通：《江村经济——中国农民的生活》，商务印书馆 2001 年版，第 160、154 页。

③ 张静：《20 世纪中期中国地权变迁与农家经济研究（1946—1956）》，人民出版社 2017 年版，第 208—209 页。

④ 李怀印：《乡村中国纪事：集体化和改革的微观历程》，法律出版社 2010 年版，第 18 页。

⑤ MWZX25 访谈记录，2019 年 10 月 6 日。

城市里面没有土地都是火化。他们城市里的人也有不想火化的，也到我们村这里，想把老人埋葬在我们村里，因为中国人的习惯还是土葬啊。"① 还有一些村民认为，将逝者埋葬于自家田地，心里更为踏实，日后扫墓也更为方便。吉原村周边的城镇或城市里的有些居民也会找熟人帮忙，出资想方设法在周边郊区或是在吉原村获得一块土地，用于家里老人死后的安葬及日后祭拜事宜。

第三节　土地资源构建乡村情感关系

乡村百姓对于土地的复杂情感及道德心态，体现了中国人的祖宗崇拜，也反映了中国人极为深厚的家族主义情结。这种基于"土地-祖先-家族"的结构性情感，体现了中国人基于家、家庭、宗族的，"为家族而活"的道德文化心理及行动逻辑。

因此，土地在本章的论述中，不仅是一种促进增收的配置性资源，还是一种能够构建乡村情感关系的权威性资源。故穿行于历史与现实、传统与现代、理论与经验、城市与乡村之间，我更加明确了土地资源与土地情结、家族文化、祖先崇拜、乡村振兴之间的关联，明白了城镇化与个人命运、家庭关系、村庄发展、家国心态等之间的关系。

作为对国家和民众都极为重要的生产资料，土地自古至今都具有非同一般的价值和情感意义。对于古代王朝而言，土地是"溥天之下，莫非王土；率土之滨，莫非王臣"的财产关系及资源配置结构。对于民众而言，土地则是生存、活下去的唯一希望，是"孕育万物"的自然神明，还是主管人间百事的人格神。在传统社会，土地制度、赋税制度不断更替，垦荒受到各种自然客观条件的约束，致使民众通过土地获得财富积累的渠道基本被阻隔，更多地表现为小农对于宗法性权力权威、儒家道德伦理、婚姻家庭的实践性依附。对于国家而言，土地之所以重要，是因为土地关系是支配社会结构运行的配置规则、运行逻辑与社会权力的象征。

美国人类学家 R. 雷德菲尔德（Robert Redfield）认为，"赋予土地一

① MZRJ23 访谈记录，2019 年 10 月 5 日。

种情感和神秘的价值是全世界农民特有的态度"。① "传统的中国农民是靠土地生存的，生作耕、死作葬，在地里刨食成了他们的基本生活方式；土地是农民财富的标志和社会身份的象征；对农业生产的依靠、对土地的眷恋和执着，是中国农民的一个重要象征。"② 农民对土地的感情其实是爱恨交织的，土地是他们最基本的生存保障和安全感来源，故农民不愿意抛弃土地，即便离开故土也会流转土地让同村村民耕种。在农民的内心深处，土地是一种"进可攻、退可守"的最后保障与情感寄托。即便身处他乡，人们依然认为土地荒芜不种会被村民们耻笑。

一位村民告诉我，"我们家的土地，当时承包给我邻居种地，一年给我多少钱，只要有人种地就行，就是不能让土地长草啊"③，足见人们对土地的深刻文化情感。至于祖坟长草之说，一些村民表示，坟头长草是一件很正常的事情，草长得越多，越能代表祖先的庇佑。可见，当前中国农民的土地情结虽然已经发生了一些变化，但是基于土地空间的"坟头-祖先"崇拜心态依然存在。"与传统社会农民异常依恋土地相比，当前农民土地情结向现代维度发生了一些转变，主要表现为农民的传统土地信仰依然浓厚"，"土地对于农民来说依然具有相当重要的价值，多数农民并不愿意选择与土地脱离的生活方式（喜欢兼业），但更多的是一种（预防打工失败的）心理安全需要，表明当前农民土地情结正处于由单纯的传统维度向现代维度转型的过程中，只是传统的色彩更为浓厚"。④ 一位在外打工的村民说："我不种土地，可以让别人去种，租完了你再还给我，我自己还可以继续种，这就是个保障。"⑤ 可见，土地给予了农民一种安全感。

这一"保障"在中国被农民称为"最后的保障"，这就是自土地制度改革以来农民特别重视土地的权利和权益问题的原因。近年来，"不少学者对农民土地情结作过调查研究，其结论大致近似：农民土地依赖感仍然存在，土地信仰依然浓厚；土地收入功能日渐弱化，但心理安全功能不断

---

① Robert Redfield, *Peasant Society and Culture*. Chicago University Press, 1956, p. 112.
② 王欢：《土地、政策与农民心态》，《北京邮电大学学报》（社会科学版）2000年第2期，第5页。
③ MWZX25访谈记录，2019年10月6日。
④ 陈胜祥：《分化视角下转型期农民土地情结变迁分析》，《中国土地科学》2013年第6期，第38页。
⑤ MWZX25访谈记录，2019年10月6日。

强化，大多数农民把土地当作一种保障和退路"。① 在此情境下，无论是城镇化进程中的主动城镇化还是被动城镇化，对于无土地的农民而言，他们都会面临各种各样的"无根心态"②，失去土地意味着在农村失去最后的保障。一些人离土离乡后在城镇或城市生活，一旦遭遇市民化困境，就会加剧这种无根心态的生成及身份焦虑。

中国人的土地情结依然深厚，以至于即使生活在城市，也会对土地保有一份深情的呼唤。但凡有块土地，人们就会种上花儿与蔬菜，而这一举动也常常会被邻居旁人所羡慕。中国人对土地的深情，来自千百年来中国农耕文明日渐形成的对于土地的想象、敬畏、崇拜及祭祀等文化实践的传承。

土地资源所构建的乡村情感关系，除了土地本身作为基础性生产资料以及超越土地之外的文化情感意义，主要源自人们对于埋葬于土地之中的逝者的追思和祭拜。坟头是一个因祖先而被特别化的想象空间，是土地关系所呈现的人与祖先、人与人、人与家族关系的再造。和大部分中国人对于祖先的祭拜相同，吉原村村民一般都会于特殊的节日时间前往坟头烧纸祭拜，慎终追远。一位村民说："烧纸的话，就是七月半、十月一去，去坟头烧纸钱。过年前把祖先请回来，过了年再送走。丧葬的话，五七、三周年都去坟头。请的过程，烧纸钱，叫两声，放点炮，大年三十去请。过了年，有些人过了初五送走，有些人过了十五去送。去坟头主要是请爷爷奶奶、父母，其他不去，基本上是各走各的。你要组织能力强，你三代几代人都去坟头拜拜，我大侄儿他们组织，带着十几个人过去给爷爷奶奶烧纸。女的在家里不去，大多是男的去。"③

由此可见，吉原村村民每年清明节、七月半、十月初一及春节，都会前往坟头祭拜以表达对逝者的哀悼和追思，同时在焚烧纸钱、点亮蜡烛、跪拜念诵中祈求祖先保佑，子孙平安健康，这些都是乡村百姓最为普遍的文化崇拜的体现，亦是与百姓日常生活关系密切的道德与情感伦理实践。

综上所述，以土地资源构建乡村情感关系，既基于一种很自然的人地关系，又基于人与人、人与家庭之间的家族伦理，还基于中国文化及中国

---

① 吴运凯、李首成：《尊重农民土地情结　稳妥推进土地流转》，《人民日报》2014年12月11日，第7版。

② 潘明：《城镇化进程中失地农民"无根"心态表现及调整对策》，《上海党史与党建》2009年第6期。

③ MZRJ23访谈记录，2019年10月5日。

人精神世界中最为重要的人与祖先的关系，是人对于自我与"祖先"① 关系的思考、想象和不断重构。在此过程中，土地从人地关系、人人关系、人祖关系等多个层面构建了中国百姓所独有的情感维度，构成了百姓的土地情结及行动逻辑。

第四节　稀缺性资源与乡村振兴机制

　　土地作为一种资源类型，在快速的城镇化进程中可以说越来越稀缺，但是对于农民而言，祖坟所占的土地空间并不会影响什么，在自家的土地中埋葬祖先是一种传统的道德伦理和习惯性做法，是无法用利益关系来衡量的精神需要与道德心态。在乡村振兴的进程中，很多地方试图通过节省集体土地资源，建构乡村振兴的配置规则、权力运作机制与制度化实践模式，促进乡村集体经济的发展，然而与此同时，这种土地财政发展模式又会因为土地资源处置所连带的"祖坟-祖宗"的象征符号与道德情感问题，造成基层社会实施过程中的各种非预期后果。

　　千百年来，老百姓对于土地始终充满想象和期待，人们对待土地的情感与心态也极为复杂。在传统社会，人们完全依赖土地生存，农耕文明生产方式下土地的稀缺，构成了乡土社会人伦关系及家族共同体秩序，亦构建了中国社会独有的土地情结，它们在历史变迁及快速城市化、工业化、商业化等现代化进程中得以延续和传承，成为了解和理解中国社会文化、人地关系、文化崇拜、权力机制、资源分配的密码。随着土地资源的日渐稀缺，人与土地关系的变化引发了一系列财产关系、人际关系、利益关系的变迁，这些都让人们越来越感受到土地的基础保障性价值。

　　正因为如此，吉原村的老百姓依然希望坚持传统的土葬方式。一位村民说："我们这里都是分散地埋葬，不是集中埋。新农村建设的时候建设了公墓，让买墓地，以前有人去买，现在谁买呢。有些人还从墓地迁回来

---

① 武雅士：《神、鬼和祖先》，张细香译，转引自《中国社会中的宗教与仪式》，彭泽安、邵铁峰译，江苏人民出版社 2014 年版，第 137—185 页。

埋在地里。方圆几百里，几百户都迁回，当然公墓那里的地方也不够用了。"①

有资料表明，吉原村建造公墓时申请的土地为 60 亩，但是实际执行仅有十多亩，这就造成了两种结果。其一，公墓数量有限，不够村民使用。其二，申报数量与实际执行数目不符，村民认为其中利益为村委会干部所获。另外，地方政府在修建公益性公墓方面，给予了吉原村相应的经济补贴，但在落实过程中发生了诸多规则实践的变异，造成了村与民、村干部与民众关系的紧张，继而造成了乡村社会人群与资源整合过程中的各种集体化困境。

这种村与民关系的紧张与矛盾，还体现在吉原村的新农村建设中，这同样是一件与土地利益密切相关的村庄大事。据现任村支书介绍，前一届村级领导班子当时试图通过建设新农村置换老宅基地，预计建设完工后吉原村可以节省一百多亩土地。同时，他们试图通过建设新农村改善村容村貌，更好地吸引外资、促进乡村振兴。然而，此新农村建设的发展规划最终造成了"一村分为二"的尴尬局面，以及村集体土地资源被占 200 多亩的非预期后果，土地耕种面积反而大大减少。最后，仅有 200 多户即20%—30% 比例的村民在新农村购置了房产并迁居于此②，其余村民则依旧居住于老宅基地，形成了现在居住隔离的现象。

> 新农村不建设还好，建设了反而浪费了土地，不建设新农村，起码这（新农村这块地方）是老百姓的土地。你现在建设了之后，新的地方也占着，旧的宅基地那边也占着，这样相当于浪费土地了，200 多亩地呢。你要是不建设，起码 200 多亩地是百姓一家一家的，就用来种地。现在建设了，老的不拆除，新的不住。新农村建设是好事，你让老庄的人都搬过来住，老的庄子拆掉，这样才省地。省出来土地可以用，但是现在有的人住在新农村，有的人住在老宅子，两边占地。大队先把老事弄清楚，然后才能重新开始。③

---

① MZSJ31 访谈记录，2019 年 10 月 5 日。
② 据村干部介绍，全村共有 800 多户，搬迁至新农村的仅有 200 多户。
③ MZLZ26 访谈记录，2019 年 10 月 6 日。

以上访谈资料显示，吉原村新农村建设区面积为 200 多亩。新农村建设后，一些住在老宅的村民因为在新农村建设区购买了新宅，故拥有两套或三套宅基地房产；有些村民由于资金短缺和不愿意购买等原因依然居住在老村；有人在新农村建设区购置了新宅，又转手卖给愿意来村里购置房产的周边城镇或城市的居民；有些村民在新农村建设区拥有多套房产，同时在老村拥有耕种的土地；有些村民则因土地被新农村建设占用，成了住在老村的失地农民。

一位村民还指出了新农村建设中存在的一些问题。比如，"新庄子的人，他们住得不太开心，下水道不行，因为路面积水严重，水出不去，下水道没有做好。抽水马桶、洗脸池、洗澡的水都是自己挖的坑。农村不是城市，没有下水道。而且下水道小了还不行，下雨了就麻烦了"。[①] 对于吉原村目前"老宅不拆除，新宅有的住、有的不住"的"烂摊子"，现任村支书表示自己也很无奈。一方面，他上任后希望能为村里多做些实事，得到老百姓的认同与理解；另一方面，老一届领导班子时期的新农村建设造成了很多历史遗留问题，至今都未得到彻底解决，这些都给他开展乡村建设工作带来很多困难。此外，新农村建设时期的楼房建筑本身及相关基础设施并不齐全，且面临墙面掉皮、下水道缺失、路面积水严重等问题，这些都是吉原村发展面临的基础性难题。

吉原村的新农村建设事件及其导致的发展难题说明，土地利益及文化崇拜心态，恰恰是乡村振兴和基层社会治理需要特别关注的情感治理维度。乡村振兴不仅需要人群、资源、技术、价值等方面的有效整合，而且需要基层社会在落实相关政策过程中的各种规则化实践与制度透明，需要一种道德及文化层面的自治及自觉。在个体化与城镇化进程中，人口流动使人与土地、祖先的关系出现了各种疏离、断裂及错位[②]的情况，土地情结也会随之淡化。但需要注意的是，土地情结也可能因为一些公共利益问题或事件而被激活。尤其是脱离农业生产而实现了"主动城镇化"[③] 的身份转变及文化认同的人，可能会暂时弱化这种土地情结。然而，随着一些利益问题的发生，土地情结会重新出现甚至有所增强。

---

① MWZX25 访谈记录，2019 年 10 月 6 日。
② 李向平、杨杨：《从空间定位到空间错位——城镇化过程中民间信仰方式的转型》，《东南学术》2019 年第 3 期。
③ 李强：《主动城镇化与被动城镇化》，《西北师大学报》（社会科学版）2013 年第 6 期，第 1—8 页。

第五节　中国人的土地情结与城乡关系

通过一系列与土地相关的"关系/事件"（relation/event）[1] 论述可以发现，中国人的土地情结在城镇化进程中虽然有所变化，但是依然深厚。土地之于农民，正如"土地是农民工作和生活的重要场所和生存基础，拥有土地是农民与社会其他人群相区别的一个重要特征，也是农民家庭的核心秉性，由于农民拥有稳定的土地使用权，来自土地的收入成为农民最基本最可靠的收入来源，是家庭保障最基本的经济基础，也是农民最后的一道生活安全保障"[2] 的论述，兼具根本保障和情感依附等多重意义。问题在于，在城镇化进程中，是什么不断增强着农民的土地情结，致使土地尽管不再是农民唯一的生产资料，却被视为一种更加特殊而稀缺的资源。"土地-土葬-祖坟-祖宗"这一系列相互关联的问题，已成为乡村百姓安身立命的根本情怀，成为乡村振兴过程中必须面对的文化及情感治理问题。对于这些问题的探讨，我们还需要回溯历史与传统，才能一探究竟。

历史文献关于土地的论述极为丰富，而土地在不同文献中也有不同内涵。如《左传·昭公二十九年》记载："五行之官，是为五官……水正曰玄冥，土正曰后土。"在此，"后土"是掌管土地事务之官。《礼记·祭法》中亦曰："共工氏之霸九州也，其子曰后土，能平九州，故祀以为社。"此处"后土"为共工氏的儿子，因为有功而成为社神。《说文解字》对"社"的解释是："社，地主也，从示土。"所以"社神"也是土地之神。同时，"社"与"稷"经常连用，而"稷"是五谷之神，也是主管田地的长官，与土地关系紧密。早期文献所呈现的土地内涵及文化崇拜，明显存在一种"'国家'在场"的解释意涵。

其实，人类社会对于土地的崇拜情结，经过了漫长的历史文化变迁。《管子·水地》："地者，万物之本原，诸生之根苑也。"《尚书大传》：

---

[1] 赵晓力：《关系/事件、行动策略和法律的叙事》，转引自王铭铭等主编《乡土社会的秩序、公正与权威》，中国政法大学出版社 1997 年版，第 522 页。

[2] 鲍海君、吴次芳：《论失地农民社会保障体系建设》，《管理世界》2002 年第 10 期，第 37 页。

"土者，万物之所资生也。"东汉刘熙在《释名·释地》中指出了"土地"的内涵，"土，吐也，吐生万物也"，"地，底也，言其底下载万物也"，从中可以体会到人们对于土地化万物即其化育能力的表达与崇拜。《说文解字》："土，地之吐生物者也。""地，元气初分，轻清阳为天，浊重阴为地，万物所陈列也。"此外，《礼记·郊特牲》："地载万物，天垂象，取财于地，取法于天，是以尊天而亲地也。"《白虎通义》释："地者，元气所生，万物之祖也。地载万物者，释地所以得神之由也。"这些都是从情感与生活的诸多方面认识土地承载万物、生生不息之重要性的体现，表达了人对土地以及人与土地关系和谐性的认识。土地被人类社会赋予了生命，成为一种有情感的生命主体。只有人与土地和谐相生，才能实现天人合一。

世界上的很多民族将土地视为生命之源。按照《圣经》的记载，始祖亚当就是上帝用泥土所造。史学家丁山认为："原始农业社会，认为人本乎天，万物本乎地，没有不尊祀'地母'的，有时尊称之曰'大地大祖母'。"① 在华夏文明的发展进程中，女娲抟黄土造人是家喻户晓的上古神话故事。唐代以后，随着女性后土形象的出现，由崇拜土地演变而来的"后土崇拜"② 及其祭祀地位有所下降。与此同时，随着后土夫人道法的流传等，民间出现了不同于正统后土崇拜的崇拜形式。到宋代以后，人们对后土的崇拜与祭祀仪式已变得极为普遍。

从以上文献论述可知，对于民众而言，从古代中国社会开始，土地就不仅是被用于生产的基本物质资料，而是孕育万物、被民众所崇拜的人格神与超自然神，是被不同社会构建出来并加以祭祀的崇拜对象。

在社会学家的眼里，土地是生产资料，更是社会关系及其支配结构产生的权力象征与符号资源。在吉登斯那里，两种不同类型资源的调集，构成一种"支配依赖"及权力关系，"一种是配置性资源，指对物体、商品或物质现象产生控制的能力，或者更为准确地说，指各种形式的转换能力；二是权威性资源，指对人或者说行动者产生控制的各类转换能力"。其中，有些如土地一样的配置性资源，可能看起来像是具有某种真实存在

---

① 丁山：《中国古代宗教与神话考》，上海书店出版社2011年版，第9页。
② 姚春敏：《从方志看清代后土信仰分布的地域特征——以山西地方志为中心》，《兰州学刊》2011年第1期。

的物质，而结构性特征整体上并不具备这一转换特点，"只有当诸如此类的现象融入结构化过程时，它们才成为上述意义上的资源。从逻辑上说，资源的转换性特征相当于符码和规范性约束的转换性特征，并与后两者的具体实现有着本质上的密切联系"。①

在此，吉登斯特别强调一种资源所具有的融入结构化过程的转换性特征及能力。因为资源本身并不直接具备一种转换能力，必须依赖于行动者与关系，且在时空中不断地被行动者生产出来，才可能形成一种上述意义上的资源类型及其权力支配结构。所以，在论述资源和权力的关系时，吉登斯认为，"权力本身并不是一种资源。资源是权力得以实施的媒介，是社会再生产通过具体行为得以实现的常规要素"②。可见，资源其实才是权力形成的中介，所有在时空连续性中所形成的、理性化了的自主和依附形式，都提供了吉登斯笔下的资源转换能力，继而形成某种行动主体的权力支配地位。

以上通过对土地崇拜的历史追溯、土地作为配置性资源和兼具权威性资源可能的转换性特征及能力做了深入分析，呈现了土地对于生产者、行动者、价值主体等所具有的能力转换机制。吉登斯在论述两种不同的资源类型时，试图阐述权威性资源和配置性资源的同等重要性，且强调二者都是"基础结构性的"，"权威性资源同样是社会变迁的杠杆，其重要性丝毫不亚于配置性资源"，且"对权力的产生同样具有不可或缺的重要意义"，最终能够通过信息储存等形成一个"新型权力容器"。③ 换句话说，以土地资源为例，吉登斯既强调土地本身作为一种配置性资源的真实存在性，又强调土地资源在现实实践中所具有的转换能力，由此构成土地作为权威性资源的支配结构，最终在权力扩展过程中不断生产和再生产一种结构性规则，并实现从配置性资源向权威性资源的转换。

吉登斯结构化理论中关于两种资源类型及其关系的阐述，无疑有助于更好地分析土地作为一种资源所具有的物质性、权威性及二者之间的转换

---

① 安东尼·吉登斯：《社会的构成：结构化理论大纲》，李康、李猛译，生活·读书·新知三联书店1998年版，第98—99页。

② 安东尼·吉登斯：《社会的构成：结构化理论大纲》，李康、李猛译，生活·读书·新知三联书店1998年版，第78—79页。

③ 安东尼·吉登斯：《社会的构成：结构化理论大纲》，李康、李猛译，生活·读书·新知三联书店1998年版，第379—381、383页。

能力等问题。然而，吉登斯忽略了土地作为一种特殊资源的维度。由于中西方社会结构及文化传统不同，土地在中国社会文化系统中具有不同于西方社会的道德崇拜和文化情感价值。在中国文化语境中，对于"面朝黄土背朝天"的百姓而言，土地不仅是真实可见的生产资料，而且孕育了百姓精神世界中一种独特的"土地情结"①和文化崇拜心态，亦是基于自然神明体系和农业文明的崇拜对象。自古以来官方的春秋大祭和民间社会的春秋庙会等，就是基于农耕生产、权力资源配置的一种制度化崇拜及道德象征。

因此，对于中国人而言，无论走到哪里，人们都会心念故土、心系故乡。乡村百姓即便是搬至城市生活，也会尽可能收拾一块空地并种上自己喜欢的瓜果蔬菜等，以寻求对故土的心灵寄托。许多人出门在外时，会带上一把故乡的泥土；背井离乡后，也总期待在晚年能够落叶归根，死后魂归故里。中国人的死亡观中有一种浓厚的"入土为安"的丧葬观念，这就是"许多人不惜辛苦和钱财，想方设法把去世的父母的灵柩或遗骨运回老家安葬"②的缘故。

总体来说，在城市化进程中，土地资源之所以变得重要且特别，除了其作为配置性资源的稀缺性、稀缺构建价值的实践逻辑外，主要包括以下几个因素。其一，土地是农民生存的基本保障。其二，农民的土地情结依然深厚。其三，落叶归根、入土为安的观念和祖宗崇拜。其四，老百姓对土地、土地神的崇拜惯习。其五，土地的象征权力及利益关系。其六，城乡户籍制度形成的人与土地关系的相对固定。其七，土地连带的宗族伦理及社会交往网络。

这些因素使城镇化的"尺度"③无论大小，城与乡、村与民始终都是根本连接，尽管它们处于不断分化与融合、分隔与重新连接的动态变化之中。这种城乡关系流动促使微观层面的人口城镇化、中观层面的家庭流动人口和宏观层面的城乡分离、城乡统筹、城乡一体化、城乡融

---

① 张军、郑循刚：《劳动力老龄化对农村土地流转的影响——土地情结与劳动能力限制谁占主导?》，《长江流域资源与环境》2020年第4期。

② 杨存田：《土地情结：中国文化的一个重要原点》，《北京大学学报》（哲学社会科学版）2001年第5期，第5页。

③ 杨传开：《中国多尺度城镇化的人口集聚与动力机制》，经济科学出版社2019年版。

合，乃至如何处理好"地域性治理"和"流动性治理"①的关系等成为学界讨论的热点，亦是窥探土地关系及文化崇拜情结的重要面向。

> **问**：你家还有土地吗？土地对您还重要吗？祖坟的存在就是孝敬父母祖先吗？
>
> **答**：我家没有土地了，只能打工呀，五六年前我就开始开车打工。土地都是珍贵的，你想啊，土地咋会不珍贵呢，土地的话，现在越占越少了，越少越珍贵。土地咋不重要呢，祖坟、坟头都在的，都要去扫墓祭拜先祖的。不过火化政策的事情，这些都是国家的事情，老百姓只能走到哪个地步就是哪个地步，咱们到时候人都死了，还管这个火化不火化干吗呢。没有坟头，也没啥办法。对我来说，就是好好干活挣钱。你不挣钱，啥事情都无法解决。虽然钱不是万能的，但是也不能离开钱啊，都要消费的。②

上述资料来自我对一位出租车司机的深度访谈。这段资料表明，虽然土地对于农民而言具有独特的重要性，农民也逐渐意识到了土地作为稀缺资源的重要性，但是，城镇化速度的加快、中国乡村社会及其结构的深刻变迁等，都使老百姓的土地情结及文化崇拜心态在城乡流动中发生了某种转变，这让农民意识到唯有挣钱才能活得真实。故城镇化带来的不仅是物质经济层面的转变，还是生产方式、生活方式、文明素质、社会权益的转变③，更是土地情结、文化心态、崇拜观念及行动的转变。

一个悖论在于，即便人们脱离了土地而就地城镇化，或居住于附近的城镇、异地城市，但其土地情结依然存在甚至可能会增强。受此影响，除了土地和人口城镇化，生活方式和崇拜方式的现代化，也会成为满足和实现"人的城镇化"的重要构成。尤其是因为征地而失去土地的农民，一旦政府安置不当或不善，他们便会产生心态焦虑。此即费孝通先生晚年所重点强调的，社会学要从关注"社会"到兼顾关注"人"，以及从"生态"到"心态"④秩序转变的重要性。这对于我们思考与理

---

① 吴越菲：《迈向流动性治理：新地域空间的理论重构及其行动策略》，《学术月刊》2019年第2期。
② MLSJ16访谈记录，2019年10月6日。
③ 李强：《人的城镇化的本意》，《山东经济战略研究》2018年第5期，第39—45页。
④ 张冠生记录整理《费孝通晚年谈话录（1981—2000）》，生活·读书·新知三联书店2019年版。

解什么才是"美好生活"以及基层社会之"善治"具有重要的启发意义。

在城市化进程中，一些农村的集体土地被地方社会所征用，失地农民人数不断增加。同时，由于征地安置标准过低且方式单一，一些失地农民无法获得相应的生活保障，或成为居住于农村的无业游民，或转化为城镇或城市贫民。这些失地农民，尤其是其中的年青一代，他们一方面为实现城市梦想而继续努力打拼，需要兼顾子女教育、父母养老和就近谋生；另一方面，由于失地农民往往属于被动城镇化或就地城镇化，很多农民处于进退两难的生存困境，即"待不下的城市，回不去的农村，迷失在城乡之间，打工者的'过客心态'"。① 对老一辈中国农民而言，土地是活着的需要和希望，而对其子代年轻人而言，他们与土地的关系日益淡化，不再像父辈那样具有浓厚的土地情结，农村日后"由谁来种地"的问题依然存在。

上述这些问题既影响当前的乡村建设及乡村振兴进程，也影响村民对于地域社会文化的认同逻辑。一位村民感慨地说："现在这个社会，农村社会只能靠土地，再就是打工，没有企业公司，到外面打工的人多，只有一部分人，还有去县里镇里做生意的人。主要是靠土地发展，发展不可能了，很难。一亩地就八百元，你除去成本，根本没有钱了。一家也就二三亩土地，一年也就是个两三千、四五千元。你还不如出去打工呢，现在谁还种地呢。"② 尽管如此，人们依然认为拥有土地是一份最为基本的保障③。

反观吉原村村民的土地崇拜及文化心态问题、新农村建设的非预期后果等乡村建设现状及能力不足可以发现，尊重与考虑农民的主观意愿和微观的道德文化心态，同时在协调与平衡公私利益关系中首要维护与保障农民权益，才能真正赢得农民对于村级政权及村级干部的认同与肯定，并提高农民参与公共事务的积极性、主动性和能动性。如此，才能促使乡村不同主体与不同资源有效整合并促进乡村集体价值层面的正向累加，继而推动相关事务的顺利开展，建构以村级政权为主导，同时兼顾不同人群、不

① 吕途：《迷失的新工人：待不下的城市，回不去的农村》，《社会科学报》2015年7月30日。
② MZRJ23访谈记录，2019年10月5日。
③ 郑雄飞：《破解"土地换保障"的困境——基于"资源"视角的社会伦理学分析》，《社会学研究》2010年第6期，第1—24页。

同价值的公共文化与公共型叠合秩序，巩固脱贫攻坚成果，并使之与促进乡村振兴有效衔接。

小　结　乡村建设与文化实践逻辑

在吉原村的乡村文化崇拜心态及新农村建设的个案研究中，我花费了大量的笔墨，从土地所连带的"土葬-祖坟-祖宗"的文化心态视角及土地作为构建乡村集体行动能力、促进村庄经济发展的资源转换角度，论述了吉原村乡村建设现状及发展逻辑，旨在论述土地背后的文化情感与道德心态问题。对于其中相关事件的追溯与土地崇拜心态的资料探讨，恰恰反映了当前促进乡村振兴需要特别重视的情感治理、乡村社会关系及心态秩序平衡及重构的重要问题。

因此，实现乡村振兴，需要与实现新型城镇化、人的城镇化、城乡融合发展等目标相结合，不能忽视民众最为基本的文化需求及民间崇拜情感。同时，如何在促进乡村建设中始终以人的情感与迫切需求为中心，确保和"坚持农民主体地位。充分尊重农民意愿……把维护农民群众根本利益、促进农民共同富裕作为出发点和落脚点"[1]，始终是一个需要真正落实的具体问题。而这一点，在吉原村的个案研究中已经有充分体现。

这些研究说明，村级干部在落实公共事务的过程中需要考虑和尊重村民的土地情结及其背后的文化崇拜心态，这有助于实现相关政策落实与村民个人之间的理性关联，践行公共政策与公共事务之公正、平等、透明，增强基层公民的社会权利与法律意识，构建良性而持续的"个人与公共的关联通道"[2]。

在此，一方面，我深感"国家-社会"框架背景下地方社会实践过程中存在诸多复杂的现实问题；另一方面，我也呼吁学者们关注基层"生

---

[1]　2018 年中央一号文件。

[2]　张静：《个体与公共的关联通道》，转引自张静《社会治理：组织、观念与方法》，商务印书馆 2019 年版，第 76—98 页。

活政治"①、文化制度如何构建以及农民文化自主性如何培育与建构等问题。无论是自下而上的自主性构建，还是自上而下的制度与政策供给和基层社会治理的有效实践等，都需要真正站在农民主体性与农民利益的立场上，构建农民生活的幸福感与获得感。因为真正的文化建设不仅要构建适应和满足民众切实需要的活态文化形式，而且要结合居住格局、产业结构、传统风俗、特色文化、崇拜惯习等，同时借助农村老年协会、社会自组织、民间精英等的力量，共同推动乡村家族文化、公共文化、大众文化的深入构建，发挥文化建设对于个体、家庭、村落发展能力的增强作用，强化民众对于农村社区的认同感与归属感，激发相应的群体资源及建设性行动单位的活力。

关注与研究不同区域背景下的乡村建设及文化崇拜问题，尤其是考察这些微观的文化崇拜心态与乡村建设、乡村建设能力之间的内在关联，就是研究村民的各种精神生活及其价值观念的现代变迁，就是从农民的精神文化需求、利益立场、主观意愿、情感心理等出发呈现乡村振兴与建设的思路，能够丰富与拓展乡村振兴的研究议题与研究内容，亦能够通过崇拜类型及文化心态深度考察城乡关系快速变迁过程中的乡村社会及其文化建设的普遍逻辑与行动方式。不同区域、不同社会结构、不同文化背景下的村庄，其乡村振兴道路的选择与实践并不是全盘统一的，而是要因地制宜地走出一条满足人民日益增长的美好生活需要，同时符合地方民众利益及公共利益的特色发展道路，只有这样，才可能真正实现农业农村现代化及基层治理现代化。

---

① 汪建华、孟泉：《新生代农民工的集体抗争模式——从生产政治到生活政治》，《开放时代》2013年第1期。

第六章　民间精英参与古今传统变迁的中介能力

人的意志在很多方面都处于相互关系之中；……任何关系都是多数中的统一，或者统一中的多数。它们是由促进、方便和成效组成的，它们相互间有来有往，被视为意志及其力量的表现。通过这种积极的关系而形成的群体，只要被理解为统一地对内和对外发挥作用的人和物，它就叫作是一种结合。关系本身即结合，或者被理解为现实的和有机的生命——这就是共同体的本质，或者被理解为思想的和机械的形态——这就是社会的概念。

——滕尼斯《共同体与社会》

通过对浙闽豫三村的个案研究，尤其是对三种崇拜类型的深入考察，旨在揭示不同乡村社会的文化建设能力与促进乡村振兴之间的理论与实践关联。

因此，以"文化建设能力"为核心概念，能够把握作为文化软实力、文化象征资本以及文化的制度性与秩序构建等意义价值。同时，亦能发现乡村建设的普遍逻辑与能力机制。从研究的方法论来看，恰恰是这些个案的深度分析、个案的扩展及其比较，能更好地帮助我认识中国城乡变迁中的基层社会心态、文化崇拜的现实表达及其在乡村振兴中的特殊关联。

在其中，我亦不断发现和体会到民间精英在基层社会资源整合、秩序构成、道德价值引领以及促进农村集体价值整合方面的号召、带头和组织等中介意义。这类精英已经在浙闽豫三类个案中均有体现。比如，溪水村的孔麟鞠先生与"孔爷"，梅山村的民间教师梅晓珠先生、驻村干部李先生、热爱民间文化的梅清风先生，吉原村现任村支书朱书记等。虽然他们的身份构成特征、具体表现有所差异，却都可以被称为民间精英。如果说，溪水村的民间精英偏向于儒家精英，具体包括行政精英与地方家族精英，梅山村的民间精英包括行政精英、文化精英和商业精英，那么，吉原村的民间精英则主要偏向于行政精英的维度。

从民间精英视角出发，恰恰能够将三类个案连接并进行深度比较，同时能够发现民间精英对于促进乡村振兴的价值与意义。无论是何种类型的民间精英，他们在古今文化传统弘扬与传承、现代乡村建设、基层社会治理、城乡关系连接等方面的文化地位与中介作用都是值得关注的，且具有诸多类似的普遍特征。因此，本章一方面致力于揭示这些民间精英在传承与弘扬文化传统、组织与动员乡村文化资源、协调与缓和人际关系、连接国家与地方关系、促成基层社会秩序重构等方面的中介地位；另一方面则致力于通过民间精英这一维度，发现乡村文化建设的普遍逻辑以及其在促进当前乡村振兴过程中的各种问题及能力不足。

第一节　民间精英的文化地位与建设能力

自古至今，作为中国文化传承与社会建设的两大叙事主体之一，民间精英的社会地位、身份与视角不可忽视、举足轻重。关注与论述民间精英的文化地位与建设能力，主要致力于讨论民间精英在连接村与民、民与民、村民与家族、城市与乡村、农民与国家、中央与地方等关系方面的中介作用。

从其定义来看，在社会学研究领域，"精英一般是指那些出类拔萃、精明强干的人。农村精英是农村中有威望、有影响和有号召力的人"。[1]至于"现代型精英，大致是指在市场经济中脱颖而出的经济能人"。[2] "村庄精英，即在农村社会中影响比较大的人物"，在"小群体的交往实践中，那些比其他成员能调动更多社会资源，获得更多权威性价值分配如安全、尊重、影响力的人"。[3] "农村社区精英分为政治精英、经济精英和社

① 吕世晨：《农村社会学》，社会科学文献出版社 2006 年版，第 269 页。
② 贺雪峰：《村庄精英与社区记忆：理解村庄性质的二维框架》，《社会科学辑刊》2000 年第 4 期。
③ 仝志辉：《农民选举参与中的精英动员》，《社会学研究》2002 年第 1 期。

会精英"①，也可分为"体制精英和非体制精英"②，或"村庄体制内精英与村庄体制外精英"③ 两类。

至于民间精英所发挥的积极作用，费孝通笔下的中国绅士研究，就是在说明中国基层社会治理的"双轨政治"特性，即皇权与绅权（或族权）之间的相互作用。④ 梁漱溟先生的乡村建设理论，以及在山东邹平发起的"山东乡村建设研究院"就是引导知识分子建设乡村的基层治理实践。⑤学界很多研究也表明，民间精英对于乡村社会治理，健全党组织领导的自治、法治与德治建设，重建基层道德教化机制，增强治理主体间协调，培育乡村内源治理能力等⑥具有重要意义。有些被称为"新乡贤"，自身有包括资财、知识、道德和情怀等能力⑦，是热心乡村公益事业的复合型精英⑧，能够影响农村社会建设，并为乡村振兴做出贡献。当然，随着乡村人口的流动、精英的流失，当前乡村治理主体亦呈现一种"去精英化"的现象，基层社会治理出现村干部职业化的现象。⑨ 因此，以村干部为主导，同时吸引乡村精英、"五老"群体等积极参与乡村振兴，加强基层治理的队伍建设，都将有助于突破村干部职业化带来的治理限度，有益于乡村不同精英主体之间的相互合作，促进乡村良性治理。

在民间崇拜的社会学研究领域，民间精英是沟通特殊关系的中介人物。这方面，莫里斯·弗里德曼（Maurice Freedman）关于中国研究中所重点论述的专家、实践者和精英群体及其关系论述就是代表性论著。⑩ 还

---

① 李婵：《农村社区精英研究综述》，《中共济南市委党校学报》2004 年第 3 期。

② 仝志辉、贺雪峰：《村庄权力结构的三层分析——兼论选举后村级权力的合法性》，《中国社会科学》2002 年第 1 期。

③ 刘祖云、黄博：《村庄精英权力再生产：动力、策略及其效应》，《理论探索》2013 年第 1 期。

④ 费孝通：《中国绅士》，中国社会科学出版社 2006 年版，第 46—56 页。

⑤ 梁漱溟：《乡村建设理论》，商务印书馆 2015 年版，第 28—52 页。

⑥ 张陈一轩、任宗哲：《精英回乡、体系重构与乡村振兴》，《人文杂志》2021 年第 7 期。

⑦ 胡鹏辉、高继波：《新乡贤：内涵、作用与偏误规避》，《南京农业大学学报》（社会科学版）2017 年第 1 期。

⑧ 姜方炳：《"乡贤回归"：城乡循环修复与精英结构再造——以改革开放 40 年的城乡关系变迁为分析背景》，《浙江社会科学》2018 年第 10 期。

⑨ 杜姣：《乡村振兴背景下乡村治理主体的去精英化与村干部职业化》，《经济社会体制比较》2022 年第 2 期。

⑩ 莫里斯·弗里德曼：《论中国宗教的社会学研究》，李华伟译，转引自武雅士《中国社会中的宗教与仪式》，彭泽安、邵铁峰译，江苏人民出版社 2014 年版，第 20—46 页。

有波特（Jack M. Potter）① 对于广东屏山三位女萨满的研究。这类民间精英的地位与能力，主要来自对特殊知识的掌握与生产，或是源自一种特殊禀赋。作为承包和主导上述特殊关系的精英人物，民间精英还是作为被某一崇拜类型有意拣选的人，"在这些人中间，有那么一些人，他们承担向公众说明和解释学说与礼仪的事务。如果没有高级祭司，那么毋庸置疑的是，他们即被任命为神圣文本（the sacred texts）的护持者"。② 类似于民间社会的仪式承包者③，在某种情况下即民间仪式及其文本的护持者与代表人，是构建文化崇拜符号的解释性权威和权力象征。

除了上述这些具有治理能力、特殊能力的民间精英外，还有一种在地方社会具有较高权威，或是具有某种道德人格的精英。这类精英的文化地位与建设能力，主要通过对一种社会关系及资源人脉的把握与整合得以呈现，离不开"国家在场"的象征力量与能力机制构建，其实质是一种实践性精英的类型。杜赞奇笔下关于 20 世纪华北乡村社会变迁的研究，尤其是对"权力的文化网络"和"国家的政权建设"这两大重要内容的论述，可谓从关注帝国秩序之强大转向乡村权威生成，即乡村宗派、各集团、乡村精英及国家力量之间相互作用等研究，从而将中国社会研究从帝国权威转向民间权威。④ 王斯福、王铭铭笔下的"草根权威"⑤ 也是一种非制度性的民间精英或权威类型。

上述民间精英的不同定义、类型及特别资质，有助于我们从整体上认识与理解民间精英在中国社会文化建设、中国社会变迁与转型中的地位与能力。一般来说，民间精英是不同于官方精英的精英类型，如政治精英或行政精英的身份构成与特征。同时，这些民间精英的身份构成，又与其所拥有的社会关系与资本类型密切相关，其中一种就是和地方权力之间的关系及资源整合。而且，这类民间精英还有一个共同点，那就是在一定区域

---

① 杰克·波特（Jack M. Potter）:《广东的萨满信仰》，彭泽安译，转引自武雅士《中国社会中的宗教与仪式》，彭泽安、邵铁峰译，江苏人民出版社 2014 年版，第 212—236 页。

② 戴维·E. 阿普特（David E. Apter）:《现代化的政治》，陈尧译，上海世纪出版集团、上海人民出版社 2011 年版，第 199 页。

③ 赵翠翠等:《"仪式承包者"与民间信仰类型的建构——以陕西炎帝信仰及其精英关系为例》，《世界宗教研究》2014 年第 3 期。

④ 杜赞奇:《文化、权力与国家：1900—1942 年的华北农村》，王福明译，江苏人民出版社 2010 年版。

⑤ Stephan Feuchtwang and Mingming Wang, *Grassroots Charisma: Four Local Leaders in China*. London and New York: Routledge, 2001.

范围内，具有相应号召力、影响力和组织力的"卡里斯玛"类人物。尤其是在文化构建方面，他们大多是热爱和执着于传承和弘扬地方文化，或是在民间社会具有某种道德权威的"三老"或"四老"人物，或是在地方社会具有非常突出的文化身份、权力地位，或是拥有较为雄厚的经济资本等。这些民间精英经历不凡、阅历丰富，具有引领文化建设的象征与中介意义，能在民间社会发挥其可能的资源整合与人群聚合作用，是能对乡村文化建设、乡村秩序变迁产生诸多影响的治理型中介人物。

当然，民间精英的作用发挥与建设能力体现，绝非当下的、即时的，而极可能是隐性的、复杂的、动态的、长时段的过程，这与精英自身的事务认知程度、受教育水平、家庭关系、经济水平、身份地位、资源掌握程度、与地方权力代理人的交往关系、政策制度等要素密切相关。在此，如果能力可以通过资源占有量体现的话，那么，越是那些资源占有量较大的民间精英，越可能在这方面发挥的作用较大。当然，前提条件是这类精英热心于乡村文化建设，并具有较为现代的价值理念和发展思维，愿意为之付出一定的时间、精力和实际行动等。

因此，在一些传统性民族聚居村落，这类民间精英大多还是地方或村落、村寨里德高望重的人，他们往往会被邀请参与协调乡村社会矛盾，在民间社会或所属群体中具有相当大的社会权威与信任资本。有些在民间活动、请神仪式及非物质文化遗产申请、现代仪式展演中扮演权威角色①，有的则在促进乡村传统文化传承、资金筹集、修建寺庙和祠堂、申请文化名村②及促进乡村旅游中发挥积极作用，这些民间精英的文化身份与建设能力，非常值得在乡村振兴研究中给予重视，并积极引导其发挥振兴乡村的身份中介效应。

第二节　民间精英与基层文化秩序的生成逻辑

民间精英在协调与整合乡村文化资源、构建基层秩序、建构文化实践

---

① 刘超：《非物质文化遗产与乡村文化振兴：松潘小姓乡"毕曼"歌节的人类学研究》，《阿坝师范学院学报》2018 年第 4 期。

② 萧放：《民俗传统与乡村振兴》，《西南民族大学学报》（人文社会科学版）2019 年第 5 期。

方式等方面的身份地位与中介能力,不仅呈现中国农村社会变迁的逻辑,而且体现出乡村文化实践及其秩序构成的基本特征,亦表达出传统儒释道对于民间各类崇拜的内在渗透性及其深层影响。

诸多研究表明,民间精英就是民间社会中的精英群体,大多是一种非体制内精英,是连接民众与文化空间、村与民、村民与乡村秩序,乃至地方与国家关系的中介人物,发挥着构建乡村道德心态、整合社会资源、化解社会矛盾、建构社会良好互动机制、平衡与协调不同利益主体和民族关系的积极作用,可谓乡村振兴进程中不可忽视的一股社会力量。一些民间精英往往被视为乡村振兴的“新乡贤”,能够通过自己独特的方式恢复与丰富乡村文化,改进与完善乡村治理方式,这些新乡贤参与乡村文化建设,还能够优化农村社会治理结构①,推动乡村治理成为可继承的传统②,以至于成为乡村柔性治理的代表性人物。

民间精英在乡村文化建设及各类仪式性崇拜活动中发挥着积极作用,这类精英还大多被称为文化精英。这类精英在中国城乡社会普遍存在,尤其是在农村,基本每个村庄都有,他们中的一些人还会帮村民看日子,常常做与婚丧嫁娶相关的一些礼仪性事务,或是主持相关典礼仪式,或是能帮助解决一些疑难杂症;一些还是主持或组织某种特别仪式的香头。民间文化精英这类人群,他们有些是专职性的仪式专家,有些则是非专职性质,有些是民间散居一类的人,懂得相关仪式文本,是某种民间知识的解释权威。有些民间精英是民众遇到生活困境,或是有重大遭遇时会去找的一类人,或向其寻求一种解释和安慰,了却心事,或通过某种特殊的仪式,寄托某种愿望,或祈求转运与平安健康等,他们和村民之间有着极为特殊的关系。

民间精英在基层社会中发挥的秩序构建作用和积极意义不可小觑,他们是考察中国乡村文化、乡村建设现状的重要人物中介。这类人群还会被学界称为当代乡贤、民间权威、地方精英③等,他们在地方、乡村、社区中往往拥有一定的政治资源、经济资源、文化资源,或是掌握着对特殊知

---

① 白现军、张长立:《乡贤群体参与现代乡村治理的政治逻辑与机制构建》,《南京社会科学》2016年第11期,第82—87页。

② 颜德如:《以新乡贤推进当代中国乡村治理》,《理论探讨》2016年第1期,第17—21页。

③ 李晓斐:《当代乡贤:地方精英抑或民间权威》,《华南农业大学学报》(社会科学版)2016年第4期。

识或资源的某种支配权力，展示着他们在乡村文化空间重构、村庄资源整合、地方秩序和谐及人群关系构建方面的权威与身份。

可以说，80 年代以来，中国民间社会中的各种文化类型及仪式性崇拜方式的展演活动之所以得以恢复或重构，和这类文化精英有着非常密切的关系。乡村社会中的一些民间精英，他们的身份、地位及伦理功能，大多能够定义乡村崇拜仪式及行动逻辑，特别是其所能够呈现的叠合秩序及其形成机制。他们会在乡村崇拜仪式私人化过程中发挥举足轻重的作用。他们能够运作某种特殊的资源并组织香火、庙会、法会，或是乡间老人会、老人俱乐部一类组织的负责人或组织者，有的还是某种非物质文化遗产的传承人，甚至是某个民间社会组织的代表人或某些社团的法人代表。

民间精英在某种程度上就是乡村文明与道德风尚的代表人物，是乡村文化生产与秩序生成链条中的关键中介。可以说，有什么样的民间精英类型，就会有什么样的文化建构类型及实践方式。对于这类精英人群的研究与考察，尤其是其中一些关键人物及其中介身份的构成、权力地位、价值心态等特征，基本就能够把握中国社会及其大众行动的基本价值观念、文化崇拜心态及普遍行动逻辑；大致就能够把握中国文化、崇拜关系、国家与地方、基层社会治理等研究的理论与方法、实践逻辑等；更能在现实层面把握中国文化建设现状，发挥其在乡村振兴中促进乡村人际交往、资源整合及参与公共事务建设等中介作用。

换言之，这些民间精英能够促成乡村文化实践的仪式私人化及行动逻辑的转变，他们也能够成为振兴乡村需要的组织化、制度化之必要基础。乡村振兴中急需的文化、人群、资源就可以借助于这些民间精英，通过乡村社会价值累加与公私结构中的独特地位与功能，发挥其连接个体的中介效应，促成乡村文化、乡规民约、家族观念与农村建设所需要的公共秩序之间的彼此互动与共同体建构。尽管在城镇化进程中，这类民间精英或权威亦面临诸多生存困境与挑战①，也存在脱嵌于乡村或村民，或只顾及私人利益等情况，但是这类人群确实是与民众日常生活及家庭命运安危关系极为密切的一类群体，很值得在乡村振兴过程中促成更多的理性关联与秩序累加。当然，同时也要防止这类人群在分化或分隔人群方面的负向或消极意义，促进乡村集体内外各类资源与人群关系的有效整合与秩序叠合。

---

① 赵翠翠：《仪式专家的身份特征及其困境》，《河北学刊》2018 年第 1 期。

第三节　乡村文化共同体与民间
精英的身份与特征

从民间文化崇拜及其社会活动的诸多实践来看，民间精英的身份与特征构成，其实是杂糅而混合的。其身份与权威也会在实践中具有一种生产与再生产性。因此，民间精英的身份特征，其实亦是一种不断维系的动态构成过程。这种维系能力依赖于一种文化崇拜类型的权威构成及其在国家-社会框架中的互动关系。

总体来说，民间精英的身份及特征大体分为三种类型：其一，是国家-地方框架中的民间权威类型；其二，是在仪式与活动中扮演中介的权威类型，如香头、儒生、礼生等；其三，是在实践过程中不断维持与生产、再生产的权威类型及其实践身份，大体能够整合与超越第一种权威在地方社会之"权力关系"和第二种权威之"仪式技能"权威，这种权威构成在实践过程中具有"经济的、信仰的逻辑和非经济的、非信仰的双层逻辑"①，其实质是以经济利益为基础的象征交换逻辑，亦可以称之为"实践精英"。这类精英人物的作用与能力，还类似于人类学界所指出的"竞争的民间权威类型"，即仪式性竞争与超越韦伯研究的第四种权威类型。② 无论是上述何种情况，这三类民间精英都是促进乡村文化建设能力提高与乡村振兴资源整合的可能性中介。

尤其是其中的民间文化精英，他们在中国社会文化、民间社会当中的身份地位与作用机制更需要特别观照。对此，华东师范大学社会学系李向平教授关于中国民间信仰研究的国家社科基金重大课题已有深入研究。该研究表明，民间精英这类群体在全国范围内广泛存在，他们对乡村民众生产生活、崇拜活动、道德建设、基层秩序的影响不可忽视。在总计206位民间精英的统计资料中，具体如，传承礼生型仅有58人，庙会法会型、

---

① 彭尚青、李向平：《民间信仰精英的权威建构与实践逻辑——以陕北黑龙庙王氏父子为例》，《世界宗教文化》2015年第5期，第100—101页。

② 赵旭东：《仪式性竞争与第四种权威——政治人类学视角的民间权威与公共性支配的社会逻辑》，《西北民族研究》2017年第2期。

旅游朝圣型、香火经营型等三类具有仪式专家与仪式承包者重叠身份者有71 人，其余皆为明显的、拥有仪式承包者身份与功能者，共 77 人。这说明，仪式承包者已是民间香头的主体。这类精英在受教育水平层面：206名仪式专家或仪式承包者中，文盲 34 人，占比为 16.5%；小学 67 人，占比为 32.5%；初中 32 人，占比为 15.5%；高中 40 人，占比为 19.4%；大专 8 人，占比为 3.9%；本科 14 人，占比为 6.8%；研究生 1 人，占比为0.5%；仅有识字能力的 10 人，占比为 4.9%。[①] 该研究表明，民间精英大体就是那些从事农业生产、年龄在五十岁以上、受教育水平较低的男性。虽然其中一些身处乡村边缘地位，但是他们的身份特征也各不相同，在乡村社会发挥的作用和意义也有所差异。可以说，有什么样的民间文化精英，就会有什么样的实践方式。其身份建构的社会学本质在于，他们担当了人与人的特别中介，能够在相关文化实践及仪式展演等过程中整合人与人、人与崇拜空间、人与祖先的关系。他们能够联结这些特别的人群和人地关系，同时也能够促使这类关系发生某些变化。

特别要说明的是，在乡村文化建设的各类仪式性私人化语境中，这些民间精英基本掌握着乡村文化崇拜仪式的运作规则和组织资源，大多能够超越乡村文化建设的行动与仪式展演结构，并能左右、影响和构建这些行动与结构，构成一种以仪式展演结构为中心的叠合型乡村秩序。然而，与此同时，乡村文化建设及其仪式展演者的活动开展与行动逻辑，又受到乡村社会公共价值观念及其规则、资源，或其他文化崇拜类型的诸多挤压甚至竞争，故他们大多只能在私人仪式范围内尽可能寻求一种私人性表达，并以自我为中心，最大化地构建有利于自身发展的规则与资源。如此，便形成一种在公私关系之间的结构性私人化状态，或公或私，完全在于这种联结关系与发展状态的时空性特征或结构性特征。他们的身份或行动方式或公或私，他们对于公私关系的偏重与否，关键在于这些乡村文化建设的中介人物及其掌握的各种资源与规则的反复使用能否形成其本身内涵的价值累加结构及叠合秩序，这亦决定着一种文化崇拜方式的私人性与公共性程度。

其实，民间精英之所以具有上述文化地位与建设能力，亦基于国家与

---

① 以上资料均出自华东师范大学李向平教授主持的国家社科基金重大项目"中国民间信仰研究"资料库，特此说明并感谢。

地方社会治理模式及农耕文明生产方式。正是因为乡村社会之"乡土性",才可能构建出乡土社会之独特的文化实践方式及精英类型。关于这种"乡土性",费孝通先生在《乡土中国》中有经典论述:"从基层上看去,中国社会是乡土性的","我们的民族确是和泥土分不开的了","靠种地谋生的人才明白泥土的可贵。在乡下,'土'是他们的命根。在数量上占着最高地位的神,无疑是'土地'。'土地'这位最近于人性的神,老夫老妻白首偕老的一对,管着乡间一切的闲事。他们象征着可贵的泥土"。① 正是这种扎根于泥土之中的生产、生活方式及文化惯习、地方风俗,造就了民间文化崇拜之所以能够定位在一个整体性空间的基本内涵,促使乡村社会共同体之中的人与土地、祖先共处一地。这种在地化和空间化的崇拜格局及文化崇拜惯习,恰恰就是民间精英这一中介身份之所以存在的生活制度与文化根源。

民间精英在乡村基层社会秩序与文化共同体构成中的地位与中介能力,已经通过浙闽豫三村个案研究中的家族文化精英、行政精英、商业精英这些重要中介人物的社会影响力及其"卡里斯玛"的民间权威得以阐述。这些民间精英促进了农村文化建设、土地资源整合及相关配置规则的形成,对于促成乡村已分化和正在失衡的社会关系及共同体生活重构具有重要意义。

当然,民间精英是否愿意参与乡村建设、他们如何参与乡村建设以及他们如何发挥参与城乡文化建设的中介作用,也并非单一作用的发挥过程,需要政策、制度、资金、人群、权力等诸多关系的构建与平衡。尤其是在快速城镇化进程中,随着民间精英自身身份、地位、权威及其与村庄社会结构及人群关系的变化,个人、家庭、土地、村庄城镇化等都发生着相应转变。那些身处异地城镇化、就近城镇化的乡村精英,大都会因其自身与村庄关系的分离或断裂,从而促使其在构建人人关系、村庄秩序、文化建设等方面的能力变得弱化或退出。

针对这类城镇化、城市化进程中的民间精英身份变迁,不得不去反思民间精英在促进和参与乡村振兴进程中的作用大小与能力发挥。当较为稳固的村庄人群关系及秩序因为人口流动、土地流转被打破后,人与人、人与土地的关系也会逐渐发生分离或断裂,民间精英作为人人关系之中介的

---

① 费孝通:《乡土中国》,北京大学出版社 2012 年版,第 9—10 页。

作用与能力发挥也将失去固有的社会文化条件，其权威就会受到深层影响，或弱化或消失，或重构了新的身份特征。当然，即便城镇化程度较高的村庄、城镇或城市，民众对于文化崇拜及活动空间的需求，反而可能存在有所增强的趋势。这恰恰是现代化进程中的城市与乡村、传统与现代之关系的一种共存与多元。

需要思考的是，在乡村振兴视域中，民间精英在构建城乡关系资源整合、促进崇拜方式转变、崇拜空间重构等方面的建设作用，必然需要找到合适的抓手或制度支持机制才能有效发挥，尤其是其中各种不同主体之间的公私利益关系。而且，在实施与贯彻乡村振兴战略、推进巩固脱贫攻坚成果中，如何协调与整合文化建设与乡村建设之间的关系，发挥文化建设这一软实力的价值，即如何处理好"经济脱贫"和"文化脱贫"①等之间的关系，并借助乡村能人、新乡贤②、民间精英等人物中介，构建有益于促进农民生活与生产、精神面貌改善、价值观念与福利保障现代化的文化建设方式，也是促进新型城镇化和实现"人的城镇化"③、打破城乡二元关系、促进城乡关系融合发展的一条具体路径。

其实，无论是民间精英的文化地位与中介能力发挥，还是试图去发现中国社会文化崇拜及其实践活动所具有的建设能力，都是在挖掘和构建乡村建设的"内生发展"④或动力机制。这种从民间文化崇拜角度探讨乡村建设的理论与实践考察，就是对固有乡村研究内容及理论的丰富和拓展。

基于此，在促进乡村振兴过程中，村级干部可以密切联系这类民间精英，借助他们在民间大众中的道德人格及其独特的知识结构、身份权威等，发挥其在参与和建设乡村文化、提高文化认知水平、缓和人际关系、协调资源整合等方面的积极作用，尤其是可以充分发挥那些文化精英、行政精英在重塑无公德的个人、树立公共道德及价值理念中的作用，最终促成乡村文化、乡规民约、家族观念与农村建设所需要的公共秩序之间的彼

---

① 韩雪文、武鹏：《经济脱贫与文化脱贫如何协同推进》，《人民论坛》2017年第28期，第82—83页。

② 甘满堂、余炳勇：《吸引乡贤参与乡村振兴的可行性路径探索——基于传统公共文化空间与乡村公益事业发展的视角》，《治理现代化研究》2021年第2期。

③ 李强、王昊：《什么是人的城镇化？》，《南京农业大学学报》（社会科学版）2017年第2期，第1—7页。

④ 张文明：《内生发展：自主性对农村家庭收入的影响——基于上海市郊9个村的实证研究》，《人民论坛·学术前沿》2019年第10期，第48—60页；张文明、章志敏：《资源·参与·认同：乡村振兴的内生发展逻辑与路径选择》，《社会科学》2018年第11期，第75—85页。

此互动与理性化机制建设。

尽管在城镇化进程中，这类民间精英的身份权威亦面临诸多生存困境与挑战，也存在脱嵌于乡村或村民或只顾及自我利益的情况。同时，从主流文化价值观及其认同逻辑来看，尤其是一些仪式性精英，他们在乡村社会中的地位其实并不高，但是他们也会受到部分村民的尊敬。这类精英人群具有独特的知识与解释体系，是与民众日常生活关系极为密切的一类群体，很值得在乡村振兴过程中构建更多的良性联结机制并给予积极引导，帮助促进乡村不同价值之间的正向累加与公共文化生活的现代构建。

第四节 精英参与城乡文化建设的
具体路径与家国心态

改革开放以来，中国社会在政治、经济、文化等方面所取得的巨大进步，促使中国人在社会生活与价值观层面发生深层变化，传统儒家文化秩序遭遇现代性不断挑战，建构了"为自己而活"抑或"自己的活法"[1] 之生活图景。然而，也时常在"离家回乡"与"返乡回家"之地域流动中，抒写着中国人内心世界最为深厚而矛盾的家族主义情结。

特别是乡村振兴进程中的文化建设，更促使这种家族主义情结得以激活。其中，民间精英作为一种身份中介，在乡村文化建设中发挥着复兴儒家之"家"的积极作用。这些精英在溪水村、梅山村和吉原村均有具体呈现，他们大致可以分为行政精英、文化精英、商业精英三类。[2] 他们都是具有深厚的家国情怀、热爱传统文化和地方历史文化，并热衷于为乡村文化建设付出时间、精力、知识及财力的中老年男性。特别是其中的一些家族精英，他们身体力行践行儒家修身道统，大多通过帮助修建祠堂、修编家谱、恢复祭祖或重构祭祖仪式等方式，为乡村振兴之文化建设、为重构儒家现代之"家"及乡村整体发展做着相应努力。同时，他们在连接

---

① 阎云翔：《"为自己而活"抑或"自己的活法"——中国个体化命题本土化再思考》，《探索与争鸣》2021 年第 10 期，第 46 页。

② 赵翠翠：《何处是"家"心安何处——儒家文化振兴中的家国心态》，《国际儒学》2022 年第 1 期。

个人与家族、乡村与城市、地方与中央、家与国等关系中的行动逻辑与心态构成也存在较大差异。

其一，行政精英："身份构建正统权力"的家国心态。

"身份"一般是指人的出身与社会地位，亦指个人在社会中的位置与名分。在等级制度严格的社会秩序中，身份无疑就是正统权力的重要象征。行政精英就是拥有行政级别身份，且热衷于地方家族文化建设的精英类型。此类精英在乡村文化建设中的行动逻辑，大多是一种身份构建正统权力的家国心态。其中，由身份所指向的正统资质与行政资源，实乃连接地方社会与国家权力之"家-国"关系的重要中介。

这种兼具正统身份与行政特点的精英代表在溪水村便是指"孔爷"。就当前乡村振兴中的儒家文化建设而言，在某种程度上其实就是对嫡系身份与正统权力的构建。作为两大孔庙之孔氏"南宗"与"北宗"，自古以来就因嫡系身份与相关资源而关系复杂，以至于形成当代儒家之南北孔庙格局。无论是北宗还是南宗，嫡系身份都是其构建正统名分及权力资源的特别机制。作为孔氏南宗嫡长子的"孔爷"，他是孔氏南宗第七十五代嫡系子孙，承袭"大成至圣先师南宗奉祀官"，并于 1992 年重掌孔氏南宗家庙管委会主任，在孔氏南宗家庙管理、修缮扩建、祭孔典礼、孔氏后裔支派家谱修编等文化建设中发挥着极为关键的中介作用，是孔氏南宗家族的"主脑人"。而在此之前，他已官至市政协副主席。之所以接受地方政府重托，复兴孔氏南宗家庙等事务，一是基于嫡系血缘关系的家族身份及责任担当；二是身份建构正统家族与正统权力的家国心态。

因此，"孔爷"兼具伦理身份和威权身份，掌握着南孔家族文化重建的话语权威。二十多年来，在"孔爷"主导下，孔氏南宗家庙等盛大庆典活动颇受社会关注，南孔嫡传"圣人之后"的形象为世人所熟知。另外，为传承孔氏南宗之正统身份，"孔爷"专门聘请知名儒者指导五十多岁的儿子学习儒家经典，以继承"奉祀官"；他还特别注重儒家教育问题，每年联合高校、中小学举办儒家经典背诵活动，足见其内心深处浓厚的身份意识与家国情怀。

梅山村驻村干部李先生，作为一种嵌入型乡村治理精英[1]，他虽然并

---

① 郭苏建、王鹏翔：《中国乡村治理精英与乡村振兴》，《南开学报》（哲学社会科学版）2019 年第 4 期。

非梅姓家族成员，但是因为在梅山村驻村，也在工作与日常生活中产生了自身与梅姓家族、历史名人梅林辉之间的独特关联与身份想象。正是因为深受梅姓大家族文化熏陶，李先生在工作中一直思考如何借助历史与名人资源，促进梅山村的乡村振兴。当前，他正与村委会主任、村民代表、文化精英梅晓珠先生等人一起，着手筹备与打造以"梅花节"为主题的乡村旅游道路。具体则以赏梅为契机，辅以古桥、千年古树、梅姓姓氏文化、钓鱼、山水自然风光、农家乐、特色餐饮等提升梅山村人文气息，提高村庄知名度，带动乡村"产业兴旺、乡风文明与生态宜居"等，这些都基于李先生对于历史名人文化资源的深入思考，亦是一种深厚的家国情怀与道德情感。

其二，文化精英："知识构建道德声望"的家国心态。

知识作为一种话语结构，能够构建一定的文化、道德与权力关系。可以说，谁掌握广博的知识谱系，谁就掌握相应的解释权力，获得较高的道德声望。文化精英就是那些熟知地方知识，在民间社会具有较高道德威望的"文化人"。故文化精英在乡村儒学与家族文化建设中呈现"知识构建道德声望"的家国心态。

在此，"知识"作为一种中介，能够连接自我与家族、村落集体、国家权力等。文化精英通过其熟知的知识谱系与家国情怀，在民间修建宗族祠堂、修编家谱、祭祖及祭孔仪式等活动中发挥一定的积极作用，并在此过程中不断重构其深厚的儒绅意识与家族情感。孔麟鞠和梅晓珠分别代表孔氏家族和梅姓家族，他们的言谈举止和精神气质无不具有一种儒雅之风。他们在祭祖仪式、家谱修编、祠堂修缮、文化长廊修建等乡村文化建设中的作用深受村委会重视。其中，孔麟鞠还在村委会主导下帮助溪水村申请了孔子文化村，修缮孔氏总厅，规划修建孔子文化广场和孔子行礼雕像等，给该村增加了很多传统的元素。

从"个人与家-村落-国家"的关系来看，孔麟鞠老人在溪水村是村民公认的大孝子，他践行儒家孝道，长期照顾生病的父母，还特别重视子孙后代在礼仪、书法、孝道等方面的传承与教育。他的家国情怀不仅得益于父亲曾创办私塾和孔氏后裔身份，更因为早年在外归来的上辈族人对孔氏溪派修编家谱的深情厚望。梅晓珠是梅山村的小学教师，他熟读历史经典并擅长书法字画，尤其精通梅山村历史名人梅林辉（东晋大儒）之官场仕途与家族迁徙史。近年来，梅山村因为历史名人梅林辉、梅姓姓氏文化等而深受社会关注，故梅晓珠还在村委会主导下，与村级行政精英李先生等人，一起帮助筹划以"梅花节"为题材的乡村文化旅游项目，深受地方民众尊敬，成为连接梅姓家族与地方权力的文化中介人。

至于吉原村的乡村文化建设，村级干部朱书记作为村级行政精英代表，虽然殡葬制度改革与新农村建设等，致使吉原村深陷各种复杂的发展困境之中，但是朱书记依然从多个方面理性思考，正联合村级代表人士，试图筹划与重构吉原村的特色产业与文化项目，致力于走一条特色产业推动乡村建设的致富道路。这些都是他站在农民立场与利益角度、站在村级发展的总体格局层面，所思考和致力于振兴乡村的具体想法，也是基于行政资源与文化情怀的基层实践。

其三，商业精英："经济构建利益链条"的家国心态。

当前乡村文化振兴过程中，很多大型庄重的祭祀仪式之所以能够举办，背后的资金支持很是关键，故学界曾围绕祭祀经济展开热议。从文化生产的过程与机制来看，虽然经济要素并非一种文化类型得以传承与展演的决定性因素，却是一种文化能够产生更广泛社会影响力与构建符号象征的重要构成部分。

作为拥有雄厚经济基础的商业精英，他们是常年在村外做生意且定居外省多年的经济能人。当他们事业有成之际，尤其是受到故乡德高望重之前辈族人组织的文化建设活动之邀请，并希望获其资金支持时，他们大都会乐意捐款。一方面，基于血缘地缘、熟人关系及家族意识，他们希望通过捐款这一功德，获得家乡族人的肯定与接纳，并在家乡或家族集体活动中构建一种良好声望，光宗耀祖并期望得到祖宗及地方神明的庇佑；另一方面，他们也希望借此拓宽人脉与提升道德人格，为其从事商业与社会活动，构建无形的文化资本与精神气质，实现自我价值与经济利益的双重目标。故商业精英参与乡村文化建设，更为注重此参与所带来的经济利益与象征资本。

故但凡遇到村里的庙会、修建牌坊与宗祠、举办仪式性崇拜等集体文化活动，大都离不开村里商业精英的经济支持。梅清风就是被梅山村村民及村干部誉为在沪做生意的"大老板"，他喜爱儒家传统文化，更以梅姓家族成员这一身份为文化资本。近年来，由于历史名人梅林辉、梅姓姓氏文化深受当地政府及全国范围内梅姓家族关注，梅山村正致力于筹划一条文化旅游发展道路。因此，当村委会主任恳请梅清风给予一定资金支持时，他并没有犹豫，还和村委会干部商讨在自己的公司成立梅姓家族文化研究中心，并担任主任一职。此后，他还以该研究中心为渠道，通过与不同文化公司或企业、一些高校教师、学界研究者等主体之间的合作，重塑和强化着自己的家族情感、家国心态及文化权力网络。

第五节　乡村精英新传统主义的局限与困境

自古以来，民间精英在构建乡村文化崇拜、地方性知识生产、村庄秩序构成等方面发挥着举足轻重的中介作用，民间精英的文化地位与各类能力也为诸多研究所强调。通过类型学研究方法，前述讨论了三类民间精英中介在促进乡村文化振兴中的家国心态及行动逻辑，展现了一种家国互建的深层逻辑。

如果说行政精英主要借助嫡系身份与行政权力，构建孔氏南宗家庙的正统名分，实现了自身与家族之间的双重荣耀，那么，文化精英则主要借助知识谱系，通过村落文化建设与促进乡村旅游，构建其在家族与地方社会中的道德与声望，而商业精英则主要借助经济能力，通过家族名人与姓氏文化建设的象征权力，实现自身在家族集团与商业经营中的双重利益及自我价值。

上述三类民间精英，他们其实都是很有独立判断能力的民间权威代表。他们希望通过自身工作，促进乡村文化建设与经济的共同振兴，呈现一种较为普遍的家国情感及文化关怀。虽然这些民间精英的身份特征、行动逻辑、身处环境与家国心态有所不同，却都呈现了自我价值与复兴家族文化、促进乡村振兴的整体效应。民间精英的中介身份及家国心态，可谓当前乡村文化振兴过程中的基本文化心态。民间精英借助其不同的身份与资源类型，实现了自我与他者、家族、村级政权、国家权力等之间的连接，已融入当代乡村文化复兴的实践思潮之中，促进了乡村振兴之文化自觉与家国情怀的深入构建。

然而，精英视角下的乡村文化振兴，既不免深陷家国情感及对权力关系的依附，亦不免构建了文化建设中的人格崇拜及其资源配置的私人化逻辑。这种乡村文化实践，带有浓厚的人文性与家族性，甚至也深藏着某些私人性与功利性，使儒家之"家"及其文化振兴，大多被整合在"家国同构"式的权力统摄与文化利益的生产链条之中，甚至沦为一些地方政府提高政绩和进行招商引资的文化品牌符号，成为某些精英所热衷和把握的大事件，这些都似与民众生活之间存在某种不可言说的文化区隔。

乡村文化振兴大大提升了乡村社会的人文气息与乡风文明，丰富了民众的精神文化生活，有益于提升民众参与文化建设的主体性、主动性和积极性，促进文化社会性与公共性的构建，获得更广泛的村落认同、地方认同及价值认同。然而，民众参与文化振兴的功利性与相关仪式之表面的热闹与庄重，却大多属于一种仪式与空间的暂时性展演，亦不乏一次性的娱乐与消费意味，祠堂与家谱等成为一种乡村社会的道德符号与表意象征，却已失去了教化民众的实质性功能。

特别是在人口外流、土地流转之农村空心化背景下，采用传统方式所建构的文化仪式及家国观念，其作用发挥大多也局限于个人的、景观的、娱乐的和流于形式的，生发与构建民间社会组织乃至集体化行动的能力大多比较弱。市场化与互联网推动的信息化发展浪潮中，特别是媒介化社会①技术的普遍化，能够带动乡村农业信息传播与知识科普，促进乡村文化生产，但是也致使一些地方的乡村文化建设不免局限于工具理性之经济效益的主导思维，或是一味致力于文化产业化及商业化开发，民众对于一种文化价值及其使命的认知高度与人文关怀极为不足，亦缺乏一种要"活出来"的价值激活机制和长远的文化发展规划。

乡村文化振兴过程中存在的各种问题，无益于促进文化价值的现代挖掘，对于重构民众自我意识、协调乡村社会关系、构建村落共同体、促进城乡关系融合等乡村振兴的发展实质更是意义甚微。在新发展阶段背景下，坚守地方文化特色及其特质，在文化建设中实现精英与大众之二元化家国心态的普遍连接，促进文化价值与现代文明之间的相互适应及创造性转换，以现代制度、法治框架及乡规民约等保障文化振兴的制度性与可持续性，走一条社会化与公共化的文化振兴道路，促进中华优秀文化价值不断深入社会与人心，对于乡村文化现代转型与满足人民日益增长的美好生活需要极为关键。

---

①　张淑华、何秋瑶：《媒介化社会与乡村振兴中的新媒体赋权》，《新闻爱好者》2020年第12期。

需要指出的是，精英视角下的崇拜关系看似与社会大众层面存在某种区隔，却深受后者的深层次影响，且二者之间存在相互形塑的过程与机制。精英与大众对社会和宇宙的解释、对文化及权威的理解有所差别，但是这种理解方式和理论认知框架，却并不影响我们对二者在崇拜认知、观念行动与实践构建等方面的差异性认识。

我在诸多田野的调查表明，崇拜类型的建构者身份不同，其所构建的崇拜类型、实践方式及大众认同也会存在差异。比如，官方精英主导下的文化崇拜活动，一般来说举办得隆重而盛大，拥有较为雄厚的资金支持、人群参与结构和权力支持系统，在其举办活动之正式的仪式展演层面，即只有在官方盛大仪式展演结束之后，普通大众才能进入这一被构建的、氛围浓厚的活动空间进行祭拜、焚香燃纸等私人性活动表达。虽然其影响力借助于行政权力系统、媒体宣传粉饰、大众广泛参与等大大提高，但是在社会大众那里则可能只是一场盛大的"热闹"罢了，无法产生一种真正的精神共鸣和情感联结。反而是一些由地方民间精英所主持和组织的民间庙会或仪式展演活动，同时也因为其中的民俗、戏剧、问神、念诵、物资交流、休闲娱乐等性质而可能深受民间老百姓喜爱，故民间精英与社会大众之间的距离也就相对较近。

与此同时，我们还会发现另外一种事实，即越是能够为民间社会大众所认同的崇拜类型及实践方式，往往越面临相关资源掌握方面的匮乏和不足。这就与地方权力所主导的崇拜类型及其所掌握的充足的资源量刚好形成鲜明对比。正是这样的根本差异，导致不同精英之间因为对关系资源把握不同，而呈现同一种文化崇拜类型在一个地方却出现多种不同表达方式及认同逻辑。其中也会出现很多悖论式的结果。比如，很多民间社会中的崇拜类型局限于一地一隅，反而深受民间大众喜爱。一旦出离了这种"地域崇拜"①及其空间关系，或是其性质发生某种转变，比如，某种民间文化虽然成功申请了地方非遗，或是被纳入文物、旅游等系统而获得了相关的行政与社会合法性，却因这种被纳入而在管理制度方面面临诸多规约，继而遭遇实践范围与活动事务开展的一些表达困境。

因此，民间精英与社会大众之间的关系，不仅是认知观念与行动逻辑存在区隔或是差异的问题，而且是一个地方社会某种崇拜类型实践所呈现

---

① 赵翠翠：《空间分割与地域崇拜——以陕西 A 地炎帝信仰为例》，《东南学术》2018 年第 2 期。

的结构性问题。乡村文化建设是一个系统性工程，民间精英与构建一种地方文化传统或崇拜类型之间的关系并非正向累加，亦非单一角色的完成与整合。故在实际参与过程中也会遭遇各种现实难题，尤其是资源整合难题。此外，中国乡村社会是最具凝聚性的社会，却也是极为分散的"沙"一般的私人性网络社会。这些都可能是民间精英参与城乡关系链、振兴乡村建设存在的最大局限和联结困境。

正因为如此，我们在诸多田野调查中也会发现这样的事实，即精英身份构成内容不同，其中介能力的发挥程度也会有所不同。一些兼具政治和经济资本的文化精英能够基于他们退休前的行政权威和经济资本等参与乡村某些文化建设及公共事务，也能够为村级政权所吸纳整合，但是，缺乏这类权威与资本的文化精英则很难真正参与到乡村建设的各项具体事务之讨论开展中。

具体来说，这种局限性和困境主要基于三个方面的原因。其一，个人层面，主要基于民间精英的文化认知与参与程度。民间精英如何看待文化建设与乡村社会建设之间的关系，将决定这种民间精英所偏好的崇拜类型参与地方社会建设的程度。其二，制度层面，主要基于政策及制度给予文化建设在构建乡村人才、组织人群、整合资源等方面的制度与社会空间，或具体实践空间的可能性大小及相应的支持系统。其三，村级组织层面，具体来说，就是村级干部在整合乡村文化、组织、社会等资源时的认知及开放程度，能否将民间各类组织资源及其现代价值理念吸纳到其中。比如宗族组织、仪式性崇拜活动、文化组织、妇女会、老人会、乡村精英等，构建乡村发展的人才与组织之动力机制。

当然，快速城镇化进程所导致的人口与信息快速流动等，都可能促使民间精英面临身份权威挑战、人群较难组织与交流、文化空间如何重构所导致的大众与香头、崇拜空间等关系的流动或断裂，这些都是民间精英在城镇化进程中所可能面临的现实问题。在基层政府及相关文化政策的积极引导下，更好地激发包括新乡贤等在内的民间精英参与乡村建设、发挥其在促进城乡文化链机制生成中的中介作用，提高乡村文化建设能力与资源动员能力，对构建以基层政府为主导的公共文化及现代治理秩序具有重要意义。

当代乡村文化建设现状及存在困境，恰恰是新时代中国特色社会主义建设过程中亟须注意的一种家国心态及文化行动逻辑。特别是随着快速城镇化及媒介化时代的到来，如何在乡与城、家与国、村与民之间保持更好的平衡与实现制度及规则性联结，构建既满足大众对于美好生活需求的现代文化体系与普遍共识，又推动个体人格、家庭关系及社会的个体化与道德敬畏、乡村全面振兴乃至城乡关系融合发展，促进文化建设与乡村振兴战略、社会主义核心价值观等现代制度与文明体系之间的不断整合与彼此推动，推进基层党组织领导下的德治、法治与自治等相结合的国家治理体系和治理能力现代化，都关系到当下如何实现共同富裕以及中国人的安身立命、构建美丽家园的现代中国发展进程、中华文明信仰与当代心态秩序的重建。

小　结　精英的兴衰与乡村振兴

　　维尔弗雷多·帕累托（Vilfredo Pareto）曾经在《精英的兴衰》中指出："精英是指最强有力、最生气勃勃和最精明能干的人，而无论好人还是坏人。然而，根据一条重要的生理学定律，精英不可能持久不变。因此，人类的历史乃是某些精英不断更替的历史：某些人上升了，另一些人衰落了。真相便是如此，虽然它常常可能表现为另一种形式。新的精英力图取代旧的精英，或仅仅想分享后者的权力和荣耀。"① 很明显，帕累托不仅指出了精英的定义及内涵，还强调精英兴衰更替的循环论，并且具有浓厚的阶层论特点。

　　虽然帕累托的精英循环理论看似与本书所强调的民间精英之人物中介与身份能力无关，却存在某种一致性，那便是精英的"兴"与"衰"，以及与人类社会历史演变之间的内在关联，恰恰是探讨民间精英参与乡村建设的一个重要维度。而且，精英的兴与衰虽是个人之事，却与民间社会中的各类文化建设、崇拜类型、文化空间重构、人人关系联结、乡村价值信念、地方性知识生产等有着千丝万缕的关系。

　　在中国社会的道德情感及文化崇拜体系中，所谓"君子以为文，百

---

① 　维尔弗雷多·帕累托：《精英的兴衰》，刘北成、许虹编译，台北桂冠图书股份有限公司1993年版，第94页。

姓以为神"之典型的精英–大众之二元认识论，致使中国文化崇拜心态大致呈现两种最为基本的认知与实践状态。但是，这种表象实体以及两者之间又并非完全二元或分隔，他们在认知和行动层面依然存在某种一致性的行动逻辑与文化心态，背后似有一个总体性秩序，那便是权力或象征权力的秩序逻辑。只是迄今为止，中国社会依然是一个精英占据主导地位的社会发展与文化实践逻辑。作为人的基本存在与精神需求，大众主流的文化资本构建亦大多是有闲阶级①之精英主导的生活方式与文化秩序，故对精英视角下的文化崇拜及价值心态的深入考察，亦大致能够反映民众对于这些文化崇拜的基本心态与行动逻辑。

至于民间精英的文化地位、身份构成与道德能力，通过本章论证可以发现，精英大多是乡间社会的地方权威，或道德权威，或有文化的人，或是占据经济资本的经济能人，有些甚至是充满家族情结和家国情怀的家族式精英，他们在家族主义事务处理方面，或是在村落中往往具有某种重要的号召力和权威性，能够为村落的公共文化建设做出一定贡献。"他们大多长久生活于特定的乡村社会并通过心口相传的传承方式习得了乡土文化的技艺，基于一定的使命感和价值感，凭借在乡村社会的人情关系网络和社会资本来组织乡土文化活动。"② 在某种程度上可以说，乡村文化崇拜类型的形成与实践方式，就深受这些构建文化类型与实践模式的精英身份、地位、权力的影响。而一种文化崇拜类型的构建、实践及其转型，也会促使此类精英身份、地位、权力关系等发生某种动态变化，呈现权威构成过程中的生产性与如何维系的社会建构论特征。

特别是当前中国农村文化主体已经发生质的变化，农民认同单位与社会关联度降低，乡村熟人社会逐步走向半熟人社会③，工具性价值所导致的经济精英的崛起等，使文化精英的权威性日渐衰落，或无法在乡村场域进行更好的文化再生产。那些通过经济资本富裕起来的经济精英逐渐

---

① 托斯丹·邦德·凡勃伦：《有闲阶级论：关于制度的经济研究》，蔡受百译，商务印书馆 1964 年版。

② 高晓琴：《乡村文化的双重逻辑与振兴路径》，《南京农业大学学报》（社会科学版）2020 年第 6 期，第 90 页。

③ 夏支平：《熟人社会还是半熟人社会？——乡村人际关系变迁的思考》，《西北农林科技大学学报》（社会科学版）2010 年第 6 期，第 86—89 页。

替代传统主导型的文化精英，而那些在经济和文化方面都占据重要资源的文化精英变得更为稀缺，乡土文化、地方民俗、崇拜祭祀、节庆礼仪等公众活动面临代际传承危机。互联网、都市文化、传媒文化、快餐式消费等社会氛围，使长期在外的青壮年群体对乡土文化的认同与共情感知度发生着某种微妙的变化。城镇化进程中大部分农村地区所形成的"半工半耕"①格局，即中青年常年在外务工、老年人留守乡村耕种的格局，导致民间文化活动在组织层面往往面临一种人群难以聚合的困境。特别是大众最为喜爱的庙会式传统、民俗文化活动，也时常面临活动举办所需要的经济成本增加、农民参与文化活动的积极性与主动性不够、文化传承的人才缺乏、参与公共性事务讨论的制度空间与资金支持不足等问题，这些同样使民间精英的权威在当下正遭遇一些衰落、退出及弱化的情况，乡村传统文化在社会性与公共性作用的发挥方面依然颇受局限。

作为能够组织和联结乡村人群关系的一股重要的社会力量，宗族或家族在快速城镇化、工业化、信息化等过程中亦面临权威弱化的现实挑战。现代社会，即便是同一宗族、同一姓氏、血缘关系很近的家族成员之间，也不免因为利益纠葛、交往关系的功利化、原子化自我而出现某些交往区隔及潜在矛盾。而无论是怎样的宗族关系，中国社会中人际交往关系的功利性与时空性，往往形成一种工具性交往的差序格局，会因时、因地、因人而发生变化或随时发生翻转的一种文化交往心态，这些都将无益于乡村集体价值累加与组织化单位的行动构成。

上述精英及宗族权威所发生的这些变化，导致乡村文化建设的内生动力与内生治理系统的生成机制失衡或崩解，乡村公共文化建设亦面临诸多亚文化、非主流文化思想的影响。"一些边缘群体势力开始崛起，一些文化价值层面的'越轨'现象涌现"，"当前乡村文化建设呈现双重逻辑：乡村公共文化服务供给一直受到强化，在取得成效的同时也遭遇了'内卷化'；乡土文化作为内生型的文化样态却面临着'无主体'的现状和不断衰弱的趋势"。②在此，与其说乡村内生型文化建设缺乏主体性，不如说作为乡村文化建设主体的广大人民群众缺乏参与公共文化建设的制度化

① 夏柱智、贺雪峰：《半工半耕与中国渐进城镇化模式》，《中国社会科学》2017年第12期，第117—137页。

② 高晓琴：《乡村文化的双重逻辑与振兴路径》，《南京农业大学学报》（社会科学版）2020年第6期，第95、91页。

机制，或是因为"面包"问题而忙于生计，缺乏参与乡村文化建设、乡村公共建设的时间和精力。当下中国社会正处于重要的转型时期，经济发展深受全球化时代的影响，这些都使挣钱养家、赚更多钱似乎成为老百姓最为关心的事情，文化自觉意识很难生发，更无从谈及独立的文化活动建设及组织性构建，乃至文化人才的培育与乡村公共文化组织作用的发挥。

面对乡村建设存在的这些问题，吉原村现任村支书告诉我："现在村里办事情最难的就是群众思想很难统一。我们也有网格化的管理，村民代表是有的，很多事情是可以做的，每个干部都想为村里干点事情，但是最终有几个能干成的呢。真正能干成的事情也是虚的，不是实的，基层事情很难做。扶贫这几年，干了好多事情，土地确权，信息采集，扶贫，环境整治，违建，这些都是很麻烦的事情。土地确权都是动土地的，哪家多少土地，村民纠纷，三资清查，把地界收回来。我想干好但是又很难。我想做的事情，现在还有人专门捣乱的呢，你说难吧。"① 在此，如果说基层行政精英所面临的最大难题是人心凝聚问题，是如何凝聚基层群众向心力的思想问题，那么，乡村文化建设其实可以作为一种精神纽带与中介机制，把不同人群、不同家庭、不同价值信念的人群予以整合，激活乡村大众建设乡村的主体性，增强对于乡村本身的地方认同与文化认同，促进乡村文化资源与公共资源的有效融合，实现不同价值秩序之间的正向累加。

回到精英的兴与衰这一问题，可以说，不同身份构成的精英类型，其在振兴乡村过程中发挥的作用会不同，或偏重对公共文化资源的挖掘，或局限于家族文化等私人性需求，或公或私，完全由精英本身的文化偏好及行动逻辑决定。村庄行政精英如何与上述文化精英、商业精英等进行更好的互动合作，如何在基层村级政权主导下，构建城乡文化生产链条，促进大众增收、生活富裕、乡风文明，成为乡村振兴及乡村治理需要加以重点关注的问题。

当前乡村城镇化进程中所引发的人群、土地、思想、资源等方面的整合性困境与能力不足，需要村级政权在乡村建设过程中促成各类事务之间，尤其是利益关系的相互平衡与协调，更需要乡村大众支持村级干部，在构建良好的干群关系与社会风尚中促成乡风文明、生活富裕及治理有

---

① MZLZ26 访谈记录，2019 年 10 月 6 日。

效。至于乡村各种文化崇拜活动及仪式展演与乡村振兴之间的关系，则因为具体管理过程中，很多村级、县级文化执法者"不敢管、不好管、不能管、管不了"等而搁置，乡村文化实践活动基本处于私人活动范围，缺乏大众共享和资源整合的公共性机制的有效构建，需要构建一些相关的联结机制与制度支持，促成乡村文化振兴与乡村社会全面振兴之间的有效整合。

第七章　城镇化进程中农村 多重价值关系累加的能力

> 中国人从前对于国家的关系，本不甚密切，社会虽互相联结，然自分配变为交易，明明互相倚赖之事，必以互相剥削之道行之，于是除财产共同的团体以内的人，大率处于半敌对的地位。个人所恃以为保障的，只有家族，普通人的精力，自然聚集于此了。因此，家族自私之情，亦特别发达。
>
> ——吕思勉《吕思勉国史通论》

乡村振兴是一个现代化问题，也是一个因地制宜、在促进城乡关系融合发展过程中解决乡村各种问题的结构性调整与能力提升问题。在此过程中，个体城镇化与乡村城镇化都将是一种必然趋势，是促进乡村振兴的最大动力与机制。

无论是从溪水村、梅山村和吉原村的乡村文化建设，还是从民间精英在参与乡村文化建设中的中介作用与能力体现等，都能看到城镇化进程对于乡村结构变迁及民间精英权威的深层次影响。乡村社会在人口流动、土地流转、宗族伦理、人群结构、心态秩序、交往方式等方面的变迁，使乡村内生发展①及其动力稍显不足，乡村日益成为一个既充满田园风光与情感寄托，又能暂时躲避消遣，却又留不住人的地方。"何处是家，心安何

---

① "内生发展"的概念是日本社会学家鹤见和子最早提出的，并指出现代化理论与内生发展理论不同之处在于，前者是以国家为研究对象，以经济增长为单一指标，而后者以地方为研究对象，追求人与自然共生，注重传统文化再创造和地方主体性。内生发展理论对我国实施乡村振兴战略具有较大的启发意义。张文明、章志敏：《资源·参与·认同：乡村振兴的内生发展逻辑与路径选择》，《社会科学》2018年第11期。

处?"成为城镇化进程中社会大众最为普遍的心态秩序特征。乡村社会正在发生和所呈现的一系列文化价值与能力不足,恰恰是实施乡村振兴战略、促进城乡关系深度融合的重大问题。

在前述三类个案讨论及其对民间精英参与乡村文化建设的分析基础上,本章将从个案深度比较与相关现实出发,致力于从乡村价值关系视角,以农民作为行动及价值认同主体,进一步揭示城镇化进程中当代中国农村多重价值关系累加层面的能力建设状况,说明当前乡村文化建设的现状特征及面临困境。

第一节　农村集体行动的私人化困境

当前中国农村发展面临的最大问题就是各种私人化困境导致的集体行动困境。通过溪水村、梅山村和吉原村的乡村文化建设,已经能够窥探这种私人化程度及其与乡村发展困境之间的内在关联。

从中国文化传统及其公私关系来看,在一种"公"的定义和前提下,中国人向来偏向于私人行动逻辑。中国人对待文化建设,尤其是乡村崇拜祭拜类活动,也持一种非常实用主义的态度,可以崇拜且深信,也可以崇拜却不认同或归属,亦可以兼而有之,随时根据语境发生转变。相信或不相信、喜爱或不喜爱、祭拜或不祭拜、圣或不圣,这些都可能随时整合、分化、再整合及再分化。这些都是中国社会历史文化传统中最大的私人化根源。

在此背景下,研究乡村文化建设能力及其与乡村振兴之间的理论与实践关系,就是要集中挖掘农村文化崇拜之建设能力的构成内容,与宗族伦理、行政权力、乡规民约、祭祀传统、地方民俗等多种价值关系之间所可能的累加机制及其资源配置方式,实现基层治理方式的不断创新,构建多主体、多要素、多组织、多人群协同参与和建设的公共文化及叠合秩序,既满足民众对个人利益、美好生活的向往,又推动乡村善治及现代转型,使乡村真正成为优良传统、先进思想、现代文明的集合体,为乡村振兴战略实施构建多重资源及价值信念基础。

改革开放以来,中国社会的城镇化、新农村建设、新型城镇化、工业化、信息化，乃至当前乡村振兴战略等一系列国家战略与发展目标的提出，导致乡村社会在土地、文化、职业、阶层、宗族等方面发生深刻变迁。反映在精神文化层面，村民或居民的崇拜方式对社会变迁表现出极强的适应性，其崇拜需求更呈现较为明显的临时性或时空性表达，其实质是一种崇拜方式的仪式私人化特征。即便是一些乡村庙会或巡街仪式性活动依然举办，也表现为个人与庙会、个人与个人、个人与祖先、个人与崇拜对象之间极为私密的互动或私人化连接，"把民间信仰当作私人事务来对待的信徒越来越多"[1]，人们参与庙会或仪式展演的利益诉求及期待都有所不同，"私人性是民间信仰的显著特征"[2]。

总体来说，始于包产到户的农村土地改革及市场化、工业化进程中人与村落、人与土地、崇拜关系的疏离及城镇化、都市化所促成的人口快速流动与阶层分化，早已形成乡村社会"去农业化""去乡村化"，乃至"去集体化"或"后集体主义"特征。这些结构性变迁使乡村文化及其实践日益呈现较为明显的仪式性私人化特征。同时，乡村文化建设亦发生着空间上的消亡、重构或搬迁，以及实践方式上的变化或调整。

我在浙江某村的调研就表明，乡村社会中的庙会型非遗，一般来说都是具有较高历史价值与文化传承意义的，但是，这类乡村非遗项目传承面临很多表达困境，最终沦为一种符号和文字上的非遗。这种表达困境主要体现在缺乏相应的资金支持系统、乡村精英或组织者的后继乏人、传承人身份不明确等。虽然该村曾于2013年恢复了时隔五六十年都不曾举办的"清明会和十月醮会"行庙会传统，且在当地和所在县市都产生了较大影响，然而，后期则因资金、人群等局限，在连续举办了两次小型庙会后不再举办。

更为关键的是，从行庙会的组织过程及实践来看，行庙会仪式展演虽然很热闹，却大多是一种仪式性恢复的民众娱乐与集体消遣，很多人对村落行庙会传统的理解和认知依然停留于乡村文化的私人性习俗方面。至于这种习俗所内含的历史文化价值与社会变迁，其自身的发展特色乃至与乡村大众、乡村建设的关系，则并非普通大众所在意和思考的问题。虽然近

① 范正义：《社会转型与民间信仰变迁——泉州个案研究》，《世界宗教研究》2010年第1期。
② 姜裕富：《私人性与公共性：民间信仰管理法治化的一个分析框架》，《世界宗教文化》2016年第1期。

两年，曾经负责行庙会的核心乡村精英，他们尽其所能编撰完成并出版了该村村志及《村落记忆》两本书，给后人留下了珍贵的历史与图文资料，丰富了地方文化建设，实属不易，但是，这两本书的出版仅是一种文字传承，且因数量有限而无法发放给全村百姓。对于该地村民及乡村公共生活而言，缺乏现实层面的仪式展演及组织参与过程等节庆时期的符号与仪式，乡村文化传统只能沦为一种历史记忆或民众脑海中的地方性知识。庙会的集体欢腾一过，留下的仅仅是私人祈福愿望的诸多期待。换句话说，一旦缺乏涂尔干笔下维系群体意识的"符号"或"标记体系"①，这种所谓的仪式与欢腾所要表达的群体意识与道德情感就会大打折扣，无助于乡村秩序的重构或文化资源的有效整合。

以上个案所呈现的乡村文化实践及仪式传承，经过多方建设并得以延续，然而，却因现实社会条件不足，或缺乏一种长效化、制度化的资源动员机制，只能沦为一种文字的、形式的、历史的、精英视角下的乡村文化传承，且这种传承仅仅是一种仪式性恢复，至于仪式背后所要呈现的历史文化价值及其对民众的文化认知与自觉等方面则难以理性呈现。这种传承困境一方面源自仪式性恢复之时空性的热闹延续，另一方面则出自乡村文化实践对现实条件的强依附性与私人性，如缺乏一批精通与弘扬文化的固定成员及资源支持系统等，则很难基于仪式本身构建自发性的、促进乡村建设的行动单位与基层社会组织，构建制度化的实践机制与理性价值，民间文化实践的组织性与制度性较弱。

乡土社会的"热闹"依然在延续，或会以新的形式继续得以展演。尤其是每逢周边村落庙会，或是春节期间，一些村庄会举办各种各样的游街或游神等文化活动，然而，乡村社会的这种"热闹"及其所呈现的集体欢腾，却大多是一个个的私人与这场"热闹"与"集体欢腾"之间的特别化联结，更多的是一种特定的时间与地点的表达，展现的是个人在仪式场域中与崇拜对象之间的私人联结关系，且具有相应的时空性。对一些人而言，甚至就是一种凑热闹或娱乐休闲活动，是一种和世俗利益紧密结合的仪式化热闹和欢腾。一旦仪式展演完成，也就意味着这种场域及其道德情感的消失或悬置，一切回归世俗社会与现实利益，实质是难以将一个个崇拜或拜神明的私人进行理性联结，

---

① 埃米尔·涂尔干：《宗教生活的基本形式》，渠东、汲喆译，商务印书馆2011年版，第314页。

呈现民间崇拜及其文化传承过程中的结构性私人化和诸多实践之不稳定性，很难形成促成农村建设乃至乡村振兴的可持续价值规范及理性交往关系。

这样的文化实践模式，表面上一片香火旺盛，根本上却是由一个个的私人构成，是崇拜者自身注重或选择的一些崇拜关系的自我实现。乡村行庙会传统或是祭祀典礼所呈现的这些"热闹"或"集体欢腾"，表面上类似于涂尔干笔下的"集体欢腾"①，是集体成员对于集体共同崇拜的信奉与延续，但是这种"集体欢腾"只能构建一种私人祈福拜神、祭祀祖先的私性情感，参与集体欢腾仪式的乡村居民之间则缺乏联系沟通，甚至是陌生并无交集的关系，无益于乡村共同体秩序建设，故很难促成乡村文化建设能力及其价值层面的正向累加。

在此，一方面，人们对待超自然或超社会事务的态度很仪式化；另一方面，这些超自然或超社会事务自身也需要人的仪式展演。人与人之间的互动关系，最终共同构成乡村生动的民俗文化与仪式性崇拜活动。诸多田野调查及研究已经表明，人与崇拜对象之间大多是一种相互依赖、相互构建的依附性关系。离开了特定的时间、地点及其空间中的人与仪式等制度化条件，这种由集体欢腾而来的道德情感也将不复存在。在这种崇拜方式的实践中，人与人的关系很难通过一次或几次仪式就固定下来，成为例行化的行动规范，难以形成某种稳定的道德心态与实践机制，构建乡村共同体社会。一旦仪式化过程无法进入乡村资源与秩序构成过程，其仪式展演的地位与功能也就会束之高阁。

乡村文化崇拜的主要实践方式是通过一定仪式呈现一定的社会性和秩序构建特征。问题是当下不少村庄的年轻人外出打工，造成乡村人口结构的某些空洞化现象，进而强化了乡村文化建设仪式的私人化和娱乐性，满足于私人的祈福拜神等目的即可。即便是乡村制度性的文化实践活动，也会发现其中所深藏的仪式化实践态度。

乡村文化建设及其实践所体现的这些依附性关系及仪式私人化崇拜方式，在很大程度上是个一体两面的过程，它们都在某种程度上强化了乡村居民的私人行动逻辑。这种逻辑能够在某些特定时刻展现其特定的意义与秩序，能够与崇拜对象之间构建私人性的连接关系，却是一种暂时的、时

---

① 埃米尔·涂尔干：《宗教生活的基本形式》，渠东、汲喆译，商务印书馆2011年版。

空性的，甚至是一种功利性、习惯性的自我需求与行动模式。乡村民众的文化实践活动大多只求一己满足，他们更为重视的是自己与崇拜对象之间的私人关系及其所期待的各种结果，很难促成人与人、人与村庄、人与乡村秩序、共同体之间的有效联结。

即便是组织性、制度性较强的文化崇拜及实践活动，一旦局限于熟人家族关系网络，同时其内部缺乏统一的崇拜制度或规则，那么也会因此而分裂成为一个个的私人或小群体。这种私人性仪式关系乃至行动秩序逻辑，正是乡村文化建设及其价值累加关系在构建乡村公共生活和群体行动中能力不足的重要原因。

这种私人化的仪式崇拜心理与情境性行动逻辑，呈现了一个客观的事实，那就是乡村文化建设与乡村振兴目标之间不但很难构成一个值得累加并能累加的价值关系或行动组织，与此相反，还可能存在一些矛盾或分割的面向。这种仪式性私人化崇拜的实质性特征，可能表现为村民在共同体价值关怀层面的某种缺乏或疏离，使乡村文化建设及其实践关系，可能不但无助于乡村价值信念及资源关系的整合与正向累加，而且会形成乡村居民以自我为中心的行动逻辑，形成一种乡村交往方式及生活方式的"区隔"（distinction）①。

中国社会中的私人化困境，在潘光旦笔下关于儒家社会思想研究中已经做了深入论述。潘光旦在论述"推仁"问题时指出："故亲亲不杀之结果，卒使家庭意识之发展有余，而社会意识之发展不足；中国除家庭而外，殆别无团体生活可言，即'社会'、'社群'之概念亦无由发生，大可概已。……中国人至今犹持'各人自扫门前雪，莫管他人瓦上霜'之心理不变，宜其不足与言竞争而瞠乎其后人也。"② 因此，乡村文化建设能力研究及其与乡村振兴之间的关系研究，就是要致力于梳理那些导致农村建设各种价值观念如何构建一种乡村文化共同体，或是如何区隔乡村居民、无法整合不同文化实践的各种行动逻辑，最终促成乡村振兴中多种社会、文化资源及人群关系的正向累加与秩序叠合。

---

① 皮埃尔·布尔迪厄：《区分：判断力的社会批判》，刘晖译，商务印书馆2017年版。
② 潘光旦：《儒家的社会思想》，北京大学出版社2010年版，第177页。

第二节　新型职业农民身份的整合与构建

乡村文化实践所面临的各种私人化问题促使我反思，文化实践的弱组织性和仪式性表达，一方面致使其与主流文化建设之间缺乏某种整合与交流的合作机制，说明文化建设与社会关系互动进程中的某种"社会缺席"① 和政策制度在具体实践中的各类制约；另一方面则说明文化建设表达的私人性或私密性，致使文化实践活动大多局限于地方私人社会，其所具有的公众性乃至公共性构建则大多被悬置或搁置，难以构建不同价值关系的整合与协调，更无从生发与构建更具广泛影响的表达方式创新及相关资源的整合。

反观浙闽豫三类个案研究，其在文化建设现状方面所取得的经验成就与能力不足，同样能够发现上述这一普遍性的私人化特征。中国乡村民间崇拜方式及文化建设现状，恰恰是从对于民众而言最为密切的文化崇拜及精神生活维度，说明乡村社会自组织建设缺乏、制度供给不足、文化传承后继乏人、结构要素失衡、民众参与和构建大众文化及组织方式的文化自觉意识不够等现实状况。

从建设乡村的行动主体来看，作为对农村、农业发展最为重要的农民而言，首要任务就是促进农业增收与生活富裕，这也是实现乡村振兴战略最为基本和根本的目标。可以说，只有农业生产率提高，农民真正得到增收，农民生活幸福指数才可能提高，乡村才可能在"有资金、有人才、有时间、有精力、有技术、有审美"的情境下，去构建新型化的乡村人文生态与宜居生活，发掘和建设精神文化生活及民间各类文化活动，继而为建构现代化的农业生产方式、生活方式、文化实践方式及基层社会组织运作的制度化与现代化提供精神基础。而所有这些前提，即如何解决当前"由谁来种地"以及"为了谁"、"依靠谁来发展振兴"的重大难题。同时，也是一个如何理解乡村文化建设对于促进农民增收、产业兴旺、生活

---

① 李向平：《"信仰缺失"，还是"社会缺席"？——兼论社会治理与信仰方式私人化的关系》，《华东师范大学学报》（哲学社会科学版）2015 年第 5 期。

富裕等方面作用的社会认知与现代实践问题。

在兼顾乡村文化建设与经济建设的背景下，如果说产业发展是振兴乡村的根本基础，那么，大力培育新型职业农民，构建人的现代化、现代化乡村及其发展模式，则是促进乡村振兴的重要前提。这些不仅引发中共中央高度重视，而且在近十五年来的农村实践基础上卓有成效。从政策来看，2005 年，农业部在《关于实施农村实用人才培育"百万中专生计划"的意见》中首次提出"培育职业农民"。2006 年中央一号文件首次提出要培育"有文化、懂技术、会经营"的新型农民，其中职业农民是主体。2007 年，新型职业农民培养问题写进了党的十七大报告。2012 年中央一号文件提出要大力培育新型职业农民，将推进农民职业化提上日程。2017 年 1 月，农业部出台的《"十三五"全国新型职业农民培育发展规划》提出，"坚持把科教兴农、人才强农、新型职业农民固农作为重大战略，以提高农民、扶持农民、富裕农民为方向，以吸引年轻人务农、培养职业农民为重点，……通过培训提高一批、吸引发展一批、培养储备一批，加快构建一支有文化、懂技术、善经营、会管理的新型职业农民队伍"。①

这些都从政策层面为提升农民地位、增强农民主体性和建设积极性提供了重要的制度支持。从其定义来看，新型职业农民是以农业为职业，具有相应的专业技能，收入主要来自农业生产经营并达到相当水平的现代农业经营者。就此，农民如何成为一种现代职业，如何和其他职业类型一样，构建在农业生产与增值方面的社会价值与文化归属，进一步促进农民市民化、实现乡村现代化成为近年来学界关注热点之一。

问题在于，如何才能让乡村留得住人及人才，且使其真正愿意、乐意在农业生产中实现经济增收，安其居、乐其业，这不仅需要政策制度以及乡村财政资金配套等，而且需要构建一种基于职业农民的职业伦理与道德精神，这样的"职业共同体"② 才可能实现与乡村社会组织、宗族共同体、文化共同体等资源与人群的理性互动及有效整合，才能真正作为一种乡村自组织或社会单位，促进农业农村现代化，促使乡村规划体系真正成为服务大都市发展建设的重要基础。

---

① 《农业部关于印发〈"十三五"全国新型职业农民培育发展规划〉的通知》，http://www.moa. gov.cn/nybgb/2017/derq/201712/t20171227_ 6131209.htm，2017 年 2 月 20 日。

② 李强：《职业共同体：今日中国社会整合之基础——论"杜尔克姆主义"的相关理论》，《学术界》2006 年第 3 期。

　　针对当前农村发展出现的各种结构性困境，学界指出其根本原因之一在于农业劳动生产率，故培育新型职业农民成为各地方实践的重点内容。有学者根据 2018 年山东省经济社会综合调查数据，利用倾向值匹配方法，实证检验了新型职业农民身份对农民农业经营收入的影响效应，结果显示，新型职业农民身份对农民的农业经营收入具有正向影响。故提出进一步加强新型职业农民培育工作，能够有效解决新型职业农民以及各类农民新型经营主体和组织方式之间的衔接问题。① 李宝值等人对浙江 8000 余份新型职业农民的样本进行研究后发现了同样的正向收入效应，具体是生产经营型农民培育收入高于专业技能型和社会服务型农民。② 可见，不同类型的职业培育，其与农民收入效应之间也存在一些差异。

　　在新型职业农民培育和村庄所需要的特定载体中，最理想的载体就是家庭农场，其劳动者就是职业农民。③ 在此过程中，农民身份能够实现从传统到现代的一系列转变。比如，从"身份群体"走向"职业群体"，从"单纯耕种者"转变为"农业经营者"，当然，他们在社会与市场上也可能会面临一系列不可预估的境遇和就业难题。比如，市场嵌入难度大、选择性培育的淘汰效应、土地依附观念的持续、长期的社会身份认知等问题。④ 这就要进一步提高农民适应市场竞争环境的各种认知与能力水平，具体可以通过"两种路径"进行：一种是大力培育新型职业农民；另一种是加快城乡融合发展进程，有序推进农业转移人口的市民化，促进部分传统农民向现代市民转型。⑤

　　基于此，从文化视角来看，当我们探讨民间崇拜者的文化心态及身份构成与乡村振兴之间的关系时，不能不去关注和讨论行动者或文化主体，即农民作为一种新型职业身份、作为文化建设主体身份和作为行政归属的村民——公民身份，这几种身份之间如何整合和构建，对于农民自身以及农村建设具有怎样的发展意义。城乡差距、贫富差距日益拉大的今天，如

---

① 陈建伟：《新型职业农民身份对农业经营收入的影响：基于倾向值匹配方法的分析》，《东岳论丛》2019 年第 11 期。

② 李宝值、杨良山、黄河啸、朱奇彪：《新型职业农民培训的收入效应及其差异分析》，《农业技术经济》2019 年第 2 期。

③ 朱启臻：《新型职业农民与家庭农场》，《中国农业大学学报》（社会科学版）2013 年第 2 期，第 158 页。

④ 刘宏玉：《从"身份群体"到"职业群体"——新型职业农民身份转变的预估性难题及其破解研究》，《北京农业职业学院学报》2019 年第 5 期。

⑤ 文军：《大力培育新型职业农民，提升市场竞争能力》，《农村工作通讯》2019 年第 3 期。

何真正实现农民身份的现代转变，让乡村农民在各种技术培训中逐渐转变成为一种新型职业，进行规模化生产与销售，且为更多的社会人群所广泛接纳认同，平等参与社会建设才是关键。当然，还需要如户籍制度改革、医疗保障、公共服务体系完善的调整与社会之广泛认同。

虽然乡村文化建设及交往关系对于农民价值观念、认知思维、公共道德、集体理念等具有相应的塑造与培育作用，但是，由于农民行动逻辑中的"生存主义、情理主义、互惠主义、安全主义以及面子主义"①等，时常导致乡村居民成为无公德的个人。在此种情况下，如何培育有集体理念、懂技术、有文化素养的新农民，构建新型职业农民身份，运用多方式、多途径、多渠道激发村民建设乡村、发展自我的主动性与积极性，从而带动乡村全面振兴就显得格外重要。

同时，当前乡村振兴中农民生产能力有限、市场竞争能力不足，且新型职业农民培育面临诸多落实困境。比如，"新型职业农民培育对象不积极，劳动规模结构不合理，农民队伍呈现高年龄、低素质状态，造成培育资源利用率低，落实难度大"②的情况；由于浓厚的小农意识及其以自我利益为中心的行动逻辑，农民大多只顾小我及家庭利益，一般"各人自扫门前雪，莫管他人瓦上霜"；同时，对村委会、村干部等所关心的乡村建设大多漠不关心，对村级干部、村民代表等也都存在一些不信任、嫉妒甚至不交往的情况。

面对上述这些情况，村委会可以充分表达乡村振兴战略对于乡村整体及村民自身发展的重大意义，同时整合与统筹乡村集体资源，用确立乡村振兴目标的多样化方式与公私利益协调机制，激活留守村民参与乡村建设，提高自我生产技能、文化素养、公共意识等。比如，村委会在讨论村集体发展前景及相关资源的分配，尤其是在讨论土地、补贴、承包金、低保等农民利益，或是发展与农民相关的合作模式时，就特别需要尊重农民的主观意愿，始终以农民利益为首要出发点，以促进农民生活富裕为根本宗旨，如此才能"借助农民力量，实现相关政策的贯彻落实"③，培育与

---

① 张金俊：《农民环保自力救济的基本方式与行动逻辑——三个个案的比较研究》，《学习与实践》2017年第2期。

② 田君：《新型职业农民培育存在的问题与路径研究》，《河南农业》2018年第32期；张志媛：《新型职业农民培育路径探究》，《中外企业家》2019年第4期。

③ 王伟楠：《乡村振兴与新型职业农民培育的研究综述》，《中外企业家》2020年第4期。

发展出技术型、服务型、商贸型等新型职业农民，构建农民建设美丽乡村的幸福感、获得感和安全感。

此外，培育新型职业农民，还需要考虑本书特别强调的土地情结、崇拜惯习、价值观念、故土情感等文化心态。新型职业农民培育的过程与结果，不免深受上述这些文化要素的影响，尤其是在吸纳在外农民工返乡创业方面，可以更加充分运用乡村文化资源的实践过程，进行乡村大众之间的有效交往与人脉、关系的资源整合，从乡村内部的社会资源与文化体系中为农民充分就业提供职业化机会。如此，即便是居住和就职于周边城市或较远城镇，村民也可能选择返乡就业，实现其身份的职业化转变，增强大众的地方文化认同。而村民在价值观念、生活方式和行动方式层面的乡土情结与文化心理，更会强化这种返乡过程中的城乡关系流动与资源共享，促进乡村社会的整体发展。以下访谈资料中所呈现的土地流转现状，便说明了这种文化心态的复杂性与现实性。

　　问：你这样市里和村里两边跑，可以把城市资源带来乡村，把乡村文化带去城市啊？
　　答：我还是感觉乡村好，第一个是空气好，我从小在乡村长大，亲戚朋友都在农村。现在农村确实没有多少人，家里地都流转了，只剩余几分土地种菜，流转的主要是种水稻和油茶。
　　问：村里流转的土地大概有多少呢？你家还有土地种吗？
　　答：基本林地好多是公益的，不让开发。山里那些土地流转了1000—2000亩吧。农田和耕地我们村基本都流转了，年纪大的他们自己种，70%—80%都流转了，给一个种田大户，一个姓罗的人。一亩土地流转费是300元，有的地方是500元。我留了些旱地种菜，宅基地全部建房子了。虽然村里只有500多户人，但是市里的人也在家里盖了房子，宅基地就很紧张，房子和房子之间的距离按照规划应该是9米，但是现在哪里是，都是挨在一起的。①

这段访谈资料包括以下信息：其一，农村城镇化进程中的土地大量流转，农民不再以土地为唯一谋生手段，同时也说明农业谋生手段成本的增

---

① MXB8访谈记录，2019年9月30日。

加；其二，即便是农民实现了就近城镇化或异地城镇化，农民对于农村的归属、土地情感、家族熟人关系网络及文化心态，使他们依然要与农村建立各种联系；其三，城镇化或城市化进程中生活成本的增加，使他们认为土地依然是最根本的生产资料，即便流转土地也会留一些土地用以种菜，补给家用以减少家庭开支，这种"城乡两栖人"[1]的生活模式在当下城镇化进程中极为普遍，很多老人将家里种植的各种瓜果蔬菜定期带给在城里居住的儿女，既凝聚了大小家庭之间的亲密关系，又能够减轻子女在城市生活的消费压力；其四，农民居住身份转型并不意味着户籍身份及观念转变。很多村民在外居住并求职谋生，却也要在老家盖房。这种传统观念致使农民既能享受城乡两地的资源与快乐，又承受着来自乡村与城市生活的双重压力。

正是上述这些开放而复杂的城乡文化心态，使村民即便入城，或实现身份转变与职业转型，也会惦记农村生活及交往圈，保持一份对于故土的情感。在自己的土地里种菜供给城里的儿女，这不仅是一种对土地生产的眷恋和对土地孕育万物的崇敬之情，而且是一种节省生活成本的态度，是一种农民特有的质朴和美德。此外，即便入城就业或是随子女在城市生活，也会选择"抱团取暖""和多数人一样"的居住格局及熟人交往方式，这恰是城镇化进程中对乡村生活方式的某种持守。下述梅山村一百多户村民集中在所在市同一小区购房居住的情况便能说明这种传统心态，既是一种再造的熟人社区，又能够获得一份来自乡土社会的安全感。

问：昨天听说梅山村 100 多户都住在这个小区啊？

答：是的，都认识，我们村 100 多户都住在这个小区，主要是这里距离我们村最近，大家坐车也比较方便，有公交车等，还在主道上。原来是两三千元一平方米，现在都五六千一平方米了。去年一年涨价了很多，我买的房子在另外一边，这是我爸爸买的。

问：你对农村户口怎么看？很多人在城市买了房子住在城市里，但是户籍身份证上还是在农村。你们这里的农村户口有政策优惠吗？

答：以前都是往市里迁，小孩子读书可以减分。现在是农村户口

---

① 施本植、施庚宏：《城乡农民工"两栖人"难题破解研究——基于有效推进乡村振兴战略的视角》，《山东社会科学》2020 年第 5 期。

减分，都想回迁到农村，迁不回去了，现在是农村户口读书可以减
分，其实就是加分。你考了 100 分，可以加 5 分，你就是 105 分。如
果录取分数是 570，你考了 565 分就可以。以前我那个年代，好多人
将户口迁到市区去，现在迁不回了，都是城镇户口了，也不让回农
村。大概 2001 年之后就不让迁回了。现在有些人在市区买房了，但
是户籍还是在农村，所以他还能减分。①

　　可见，无论农民身处何时何地，即使身份与职业等得以就近或异地城
镇化、城市化，但是其生活方式与防御社会风险的保障机制依然相当传统
和局限。对于农民而言，所谓城镇化或城市化，在某种程度上并非主动
的，大多是一种被动的状态。例如，购房于就近县市，大多基于子代就读
更好的学校和父母辈谋生就业。一方面，为了更好地提高家庭人力资本与
改善生活环境，必须在主动与被动之间选择城镇化或接受、融入城镇化；
另一方面，为了减少和防御社会风险，还需要和流出故土旧宅的家乡保持
某种联系，主要基于家族血缘关系、人情面子、份子钱、祖先祭祀、宅基
地、土地流转收益及故土情感等。
　　另外，上述访谈资料中所揭示的现在农村户口读书加分的变迁及现状，
同样说明不同时期、不同政策背景下农民实用性选择中的风险规避意识。
在此过程中，农民主动选择进城的心态，或是被迫上楼生活，其实都是极
为复杂的情况。这些都不是农民仅仅参加一两次职业培训，成为职业农民
本身所能解决的问题，而是整个社会发展进程中农民能否有机会接受职业
培训、是否有主观意识和有意愿去参加职业培训，以及如何保障农民家庭
子女受教育、如何实现老人养老住房医疗基本保障等结构性发展的问题，
是城市化进程中如何满足村民安身立命的物质需求与精神需求的问题。
　　从这一意义上看，还是需要区分传统型农民、部分参与市场的农民和
职业农民。前两者主要是自产自销，重在满足自身家庭需求，第三种则具
有"限定性、商业性、技术性、稳定性和多样性"②。新型职业农民的成
长与培育，其实需要特定的社会文化环境，"包括土地流转制度、新型城

---

① MXB8 访谈记录，2019 年 9 月 30 日。

② 洪仁彪、张忠明：《农民职业化的国际经验与启示》，《农业经济问题》2013 年第 5 期，第 88—89 页。

乡关系和尊重农民的社会心理环境，也包括提供完善的教育服务"①。只有在相关政策制度配套且真正惠农，同时一些农民有意愿接受培训并具体给予深入实践的情况下，新型职业农民才可能真正构成一种职业及职业伦理精神，让农民在自我发展与自我进步中增强获得感、幸福感和满足感，实现高知识水平、道德素养及技术能人对于农村生产与生活现代化的引领作用，真正将"新农民""新农人""农村精英"的职业身份给予结构性的落实。

以梅山村为例，培育新型职业农民过程中，就可以根据相关政策扶植，借助于该村特色产业，进行相关资源整合。比如煤矿和稻米是梅山村的优势与特色，尤其是稻米，该村生产的稻米在市场上很容易出售，是一条促进农民增收和生活富裕的重要渠道。然而，近年来，土地收入有限，需要投入的水、肥料、农药等生产成本不断增加，导致土地大多被流转，稻米种植成为少数本地或外地种粮大户的事情，反而无益于本村村民的致富与发展。

因此，在提倡和培育新型职业农民过程中，首先还是要因地制宜，以当地留守农民参与意愿和增强其积极性为主旨，尊重农民选择职业培训的意愿和方式，继而提高农民职业培训的效果。只有将产业振兴、人才振兴、文化振兴、技术振兴等真正有效融入促进农业增收、农民富裕、生态宜居、乡风文明、治理有效等方面，才可能不断吸引留守农民，乃至村外有技术、有素质、有知识、有文化的各种优秀人才返乡创业，共同建设美好家园，促成农民职业共同体身份与村庄村级政权组织、宗族组织、文化组织和民间协会组织等之间的资源和人群整合，促进村集体经济建设及相关集体行动的生成，最终让农业成为有奔头的一种产业，让农民成为一种有吸引力的职业，让农村成为人们安居乐业的美丽家园，走出一条新时代的中国特色社会主义乡村振兴道路。

第三节　家族血缘认同及其文化能力建设

当前中国农村社会变迁所呈现的私人化挑战及其集体行动的整合难

---

① 朱启臻、闻静超：《论新型职业农民及其培育》，《农业工程》2012 年第 3 期，第 1 页。

题，已经成为中国社会不同阶层、不同人群、不同组织等之间关系整合的普遍问题。此类挑战与难题，在对家族血缘认同及文化建设当中亦能窥探究竟。

家族血缘认同其实是一个很难判断的事情。然而，中国人对于家族这一祭祀共同祖先的社会群体始终充满特殊情怀。正是这种浓厚的家族意识及祖宗情怀，在浙江溪水村的孔氏家族祭孔典礼、福建梅山村梅姓家族祭祖与河南吉原村的土地崇拜、新农村建设事件所呈现的"土地-土葬-祖坟-祖宗"崇拜心态中均有深度呈现。其实，家族血缘认同在中国人的文化崇拜结构中，就是一种基于血缘关系的家族交往结构及特殊情感，基于此而形成的一个社会群体。家族对于中国人而言，是一种极为特殊而复杂的道德情感与文化心态，已经内化在中国人的精神世界之中。

在中国社会的现代化变迁中，家族式个人主义一直在"脱离—嵌入—再脱离—再嵌入"的家族血缘关系中循环，找寻个体自我及独立人格的意义。然而，这种找寻至少迄今为止依然离不开家族关系的特殊庇护。随着中国式现代化进程的推进，这种倾向性可谓越来越突出。尤其是在后疫情时代，家-国同构背景下的"家""家风家训"等"家"文化意识的不断重塑和增强，都使家族关系成为审视中国文明、中华文化传统的独特视角。

如果说浙江溪水村的乡村儒学建设，是孔氏家族祭孔及地方文化建设，呈现的是孔氏南宗民间精英主导下的圣人崇拜逻辑，具有浓厚的一家一姓之家族氛围和地方祭孔色彩，极大地提升了溪水村的乡村文化建设能力，那么福建梅山村梅姓家族祭祖，同样带有一家一姓并兼具超越梅姓家族姓氏文化的建设意义。这种名人崇拜的背后，是其家族背后的象征资本及权力机制的深层影响机制。尽管梅山村的乡村文化建设，包括修建族谱、祖宗祭祀、修缮祠堂、文化展览和一系列关于乡村文化旅游的"赏梅"设想，包括正在进行中的各种乡村硬件设施与墙文化、儒家孝道伦理的文字粉饰等，都是地方行政精英和文化精英合作与主导的体现及结果，在很大程度上表达出梅山村村民较为普遍的文化崇拜与权力关系、心态秩序、价值重构等互动互惠逻辑。河南吉原村的土地崇拜及其文化心态研究，则呈现的是作为非正式制度的祖宗崇拜及民间崇拜惯习与乡村建设、基层社会治理之间的内在互动与关联；关注与考察土地如何从一种配置性资源转变为兼具权威性和特殊性的资源，并深刻影响着村民的日常生活逻辑、文化实践心态及乡村振兴战略进程中的乡村建设能力，影响着人与土地、人与祖先、人与村落共同体之间的关系再造与地域认同。

上述三类个案所论述的文化建设能力之角度、内容及侧重点不同，其共同点是都基于家族血缘及其文化认同的逻辑，其根本都是在处理家族关系、祖宗崇拜与乡村崇拜类型、其他价值关系及文化心态等之间的价值累加问题。溪水村主要论述以圣人崇拜为中心的乡村儒学建设能力及其价值累加机制，梅山村主要论述以名人崇拜为中心的梅姓家族关系及其乡村旅游文化资源的开发与建设能力，吉原村则主要论述以土地崇拜为中心的"土地-祖坟-祖先"之文化关联，及其与乡村建设、村级治理能力之间的实践关系。三类个案的关键点和相通点其实都是祖宗崇拜，即一种家国结构中的家族血缘关系及认同逻辑。

作为一种家族文化传统及价值理念，祖宗崇拜对于中国人的意义重大，其与个人、家庭、社会的关系，已经内化为个人主观的实在性情感及心理意识。对身处其中的建设主体而言，如何在各项基层治理、乡村公共事务开展过程中尊重农民和最大化保护农民的这些文化崇拜惯习、仪式性实践活动，恰恰是当前乡村建设需要特别注意的微观情感问题，亦能够反映某些宏观的社会问题。

作为这种家族观念与宗亲文化的重要传承，族谱可谓家族血缘关系认同最为重要的文本，在中国人的心目中占据独特分量。族谱作为同一姓氏家族成员的繁衍世系表，一种能够流传千古的特殊文本，既是同一宗族成员血脉相承的根源，又是大家族成员之间相互守望、团结互助与获得情感支持的精神联结机制，还是城市化进程中构建自我之个体化社会资源的网络及文化资本。因此，基于族谱的"宗亲文化对于共同祖先和民族渊源的追溯，对于海内外炎黄子孙的寻根问祖，对于凝聚中华民族的向心力，都有着重要的现实意义"[①]。在此过程中，族谱和宗族作为一种联结家族成员关系的中介与情感意识不断被生产和增强。当前社会复兴宗亲文化中的"忠烈文化"、"堂号文化"、"崇教文化"、"尊妇文化"和"寻根文

---

① 蔡嘉源、陈蘋：《台湾同胞寻根问祖之钥——论闽台宗亲文化交流》，《福建论坛》2009年第6期，第98页。

化"等，就对民族精神以及尊祖爱国等具有重要的文化传承意义。

此一文化心理与崇拜心态其实就是"中国人的情感"[1] 世界与最为隐性而特别的文化使命，既是中国人对祖宗之慎终追远式的崇拜与道德心理，又是一种无法超越现实权力关系而最终只能依赖家族血缘认同，寻求祖宗保佑或"祖荫"[2] 之德的无奈表达。其实，中国人对待祖宗的态度既深厚又矛盾，其中既有深厚的基于儒家孝道伦理的道德情感与血缘关联，希望有朝一日能够荣归故里、光宗耀祖，又有一种试图超越祖宗、重新构建个体自我之走出家族的期待。

因此，对于构建家族文本的重要事件，其宗族成员对待族谱的态度也并非一致的，其内部存在众多代际及主体性差异。我在梅山村的调研过程中就发现这样的情况。愿意耗费人力、资金、时间等修建家族族谱的是村级主导、高校与村级民间精英参与的合作模式，重修后的族谱收藏于梅山村村委会某一间办公室的一个角落，其特别厚重，且收藏于一个木质箱子里，似是一种文物级的保护文本，亦是一种文本符号的特别维护。只是关于族谱，不仅暂时只有一本，而且只有村委会有权借出。同时，村里也并未再梳理和出版一些简要版的资料简介，或是开发一些相关文创产品，以普惠大众，强化某种家族祭祖的集体仪式和家族血缘认同。当问及老百姓关于族谱修编之事时，大多数人会表示"有族谱，在村里管着呢"，似与普通人并无多大关联。

这种对族谱文本的护持及其现状，恰恰说明修建族谱者态度的差异及心态区隔，和学界相关研究结果基本一致，尤其体现在代际关系方面。一般而言，父代长辈们看重的是宗族的规范性和文化血脉传承作用，试图通过族谱强调宗族成员的集体归属感，由此对承载文化与象征意涵的族谱赋予重要意义；而对于大多数宗族成员而言，则将宗族纽带看作一种个体化的社会资源，因为凭借宗族这一纽带权变实现自身利益，看重的是族谱附带的通讯录编撰，故在城市化不断加快的进程中，强调文化规范与宗族等级秩序的传统宗族观念将逐步淡化，更多宗族成员会借助宗族之名义上的

① 吕坤维：《中国人的情感——文化心理学阐释》，谢中垚译，北京师范大学出版社 2019 年版。
② 许烺光：《祖荫下：中国乡村的亲属·人格与社会流动》，王芃、徐隆德译，台北南天书局 2001 年版。

"公"来获取私人资源、社会圈子及机遇。①

当然，中国人的家族观念也处于不断变化之中，且可能因时因地因人而变化。中国人对于家族血缘关系的认同，其实就是在寻找一种特别的人祖关系及其"关系认同"②，受儒家伦理道德与价值体系的深层影响，引导人们根据情境变化而将不同的关系者及资源纳入自身所需要的目标体系之中。虽然家族和家族力量一直似在弱化，或只是一种基于宗族伦理的部分价值之延续，却无法忽视来自家族的某种特定情感的力量与影响。家族在不同社会的作用机制其实随时可能增强，也可能弱化下去，与一个家族内是否出现精英或大人物，尤其是与政治精英的兴衰有着密切关系，当然也与该家族人心是否齐聚、家庭经济收入水平等相关。

信息化与人口流动所促成的流动性时代的到来，致使家族不再承担传统社会中的各种处理事务的功能与作用，其家长制权威亦受到较大影响。只是一个普遍的现实情况是，一旦某个家族出现一个大人物式的精英人物，尤其是这种大人物背后所占据的资源量越多，这种大人物的存在越是能够激活与增强这种浓厚的家族意识与情感心理。当然，也并非一定会增强某种基于血缘关系的家族情感与家族集体意识，而是同样会面临一系列关系中差序格局式的私人化选择与依附关系。那些能力强、关系强的人可以与其构建依附关系，构建自我价值，甚至是村庄发展的能力机制及社会影响，缺乏这种能力及强关系的人则只能自谋出路，同样产生不了社会意义乃至公共价值。正是这样一种可依附的关系情感与道德资源，但同时也可能是依附不了的关系格局与资源系统，使人们对家族或家之情感始终有一种极为特殊的文化心理与道德归属。

中国人的内心深处其实也有一种很为理性的判断。人们一方面期待来自祖宗的庇护与荣耀，另一方面也强调要靠自己，可谓既理想又现实。因此，中国人对于家族血缘关系的认同，或家族意识也在发生着某种潜在变化。宗族一方面是家族的集体身份归属与认同机制，另一方面也是社会竞争与风险日益增加的高压力社会之寻求某种庇护的一种资源、人脉和交往

---

① 朱妍、林盼：《宗族修谱活动中的代际分化与青年人的利益诉求》，《青年研究》2016 年第 6 期，第 60—61 页。

② 汪和建：《解读中国人的关系认同》，《探索与争鸣》2007 年第 12 期。

机制。对于大众而言，如果将二者相比较，后者的作用甚至大于前者，只是两者之间又并不冲突和矛盾罢了。

老百姓对于祖先的崇拜过程与情感文化，大多还融入了无数的主观利益和得失打算，都希望自己能够掌握祭拜祖先的特别化权力，并"代祖宗施用权威、代祖宗受人崇敬。这才是最重要的、最关键的意义所在"①。这一点在溪水村的乡村儒学建设和梅山村的乡村文化建设中都有体现。当然，老百姓对于祖先的崇拜与祭祀，其内部亦存在诸多阶层差异与代际变化，但是无论如何，老百姓对祖宗的强依附性心态及其深厚的家族伦理与道德情感，都使现代化发展进程中的个人始终局限于"家"及家族血缘关系的文化认同逻辑，很难生发出个人层面的个体化进程及社会意义。

中国老百姓这一浓厚的祖宗崇拜及血缘关系认同，还与民间乡土文化关系密切。乡村文化之所以具有乡土性，主要具有三个特征："一是与农村生活的节律形成内在关联。二是生长于乡村场域的'当地感'之中。三是植根于乡村社会社区记忆的'历史感'之中。"② 这类与农村生活节奏、乡村场域及乡村记忆密切相关且具有普遍意义的最典型代表恰恰就是农耕文明、乡土社会所孕育的民间文化、祖宗崇拜，其背后则是儒家伦理、家族关系及道德情感实践，并依赖于家族制度等世俗制度发挥作用，具有深厚的关系伦理与混合性表达特征。

至此可以发现，一方面，随着家族的延续、弱化及重构，基于血缘关系的家族认同传统在城镇化、城市化、信息化、工业化等进程中发生着潜在变化；另一方面，家族成员对于家族的血缘认同也会随着代际关系及个人选择等情境变化，而出现某种强化、分化或代际差异。无论是何种现实情境，这种浓厚而根深蒂固的家族血缘传统及道德心态，都深刻影响着中国人的日常生活与精神世界，成为影响基层社会建设之重要的情感治理问题，亦是实现乡村全面振兴进程中不可忽视的文化心态及秩序构建问题。

---

① 李向平：《祖宗的神灵——缺乏神性的中国人文世界》，广西人民出版社 1989 年版，第 199 页。
② 高晓琴：《乡村文化的双重逻辑与振兴路径》，《南京农业大学学报》（社会科学版）2020 年第 6 期，第 90 页。

第四节　农村多重价值累加及公私协调机制

人与土地关系的根本性变迁，致使不同区域背景下的乡村面临同一个社会现实，即乡村人口流动带来的社会关系断裂问题。人口流出后，乡村之外的资源大多很难反馈于乡村，导致乡村文化建设主体及其资源聚合面临一种集体行动的困境。在某种程度上，这正是后集体主义时代所面临的普遍问题，即在一种高度分化之后的社会里，乡村面临再次整合的能力不足问题。这里的能力不足主要是缺乏一种连接城乡关系的机制构建及制度化支撑。

其实，乡村是一个充满乡愁的地方，亦是一个充满分裂与矛盾的社会。乡村是一个集各种文化与心态于一体的混合体或私人群体性社会。要实现不同价值关系之间的正向累加，必然要面临各种各样的权力、利益、身份、文化等冲突与挑战。处理好其中的公私关系及矛盾，是实现乡村建设及振兴的关键。

吉原村现任村支书朱书记道出了乡村建设中的各种问题与困境，尤其是表达了群众心态分散、各管各的利益之集体行动的难题。朱书记告诉我："这里扶贫、党建、环境卫生、文化，各方面工作太多了，搞得人没有时间做这些文化活动，现在外面还有很多事情，我都没有去做。群众的话，有个前任支书他对我好，最不好管的就是群众。修路的话，你觉得是个好事情，但是人家说修得不好。大家不喜欢，修路，各人各管各的利益。你像修路，一般都是一年一年计划，不可能一下子完全修好，要经费的。人家就有意见了，为啥不给我这边修路，他们那边修好了呢。他不是说你们慢慢修，把道路修好就行，明年修我也没有意见。群众都是有意见的，渴望大家都一样，很分散。现在干部不好当啊，做了啥不好的事情，你还不能说他们。现在群众反映，总是不能让百姓满意，但是我能有多大权力，我能给群众办点啥呢，村里资金都有限。政府肯定也支持我们，但是起码我们这里规划得有个基础，形成个计划样式了，政府再拉一把。"[1]

---

[1]　MZLZ26 访谈记录，2019 年 10 月 6 日。

正如上述资料所呈现的，乡村建设其实是一个长期而复杂的过程，一旦人心分散、无法达成促进乡村建设的思想共识，缺乏振兴乡村的公共道德之心，村级干部的基层工作也将面临很难开展的尴尬境地。一方面，村民各人只顾各人的利益，这种私人化行动逻辑，很难构建村集体建设的能力与机制；另一方面，基层村干部工作事务的繁忙与复杂流程造成的工作内卷化，致使村级干部缺乏振兴乡村的时间与精力。这些都是村集体文化建设所面临的结构性问题，亦是乡村多重价值关系很难整合的发展困境。

这种价值累加与整合困境，也体现在以家族血缘关系认同为基础的企业赚钱逻辑中，这些都关系到乡村社会建设的整体能力与发展程度。梅山村煤矿企业发展的现状能够说明农村社会在人群与资源整合方面所面临的公私困境。当提及村里的煤矿企业是否全村村民都能投资受益时，一位村民告诉我说："不是的，一个是没有钱，另外一个都是他们老板的亲戚朋友拿去投资的。他们本来是一个家族房支的，有兄弟姐妹的，他把兄弟姐妹七大叔八大姨都拉进来，其他人都进不去的，你想发财也发不了。"[1]可见，能够参加煤矿工作的大多为梅姓家族内有血缘关系且关系较近的族内成员，或者是与煤矿老板有姻亲关系的亲属，并非所有村民都能够参与煤矿企业投资及生产过程，故其虽然在建设乡村、提高一部分人的收入等方面具有重要意义，却也只是某一家族或某一利益集团所构建起来的家族式企业与私人化经营模式。

对于无法参加和共享村里煤矿企业的原因，村民告诉我主要还是较大的资金支出问题。而当问及没有共享这一村集体企业的收益，是否与自己的祖宗没有保佑自己相关的问题时，这位村民很理性地告诉我说："你进不了那企业的，祖宗保佑的是他们啊，但是祖宗不可能个个都保佑的，这个东西也有个先后，哪能个个都保佑啊，能力都不一样的。不说保佑一个村子了，就是一个家族之间，也是不一样的，不可能保佑每个人的，怎么保佑得了。"[2] 在这位村民看来，即便将无法参与村里煤矿工作的事情归因于祖先没有保佑自己，但是祖先也不可能保佑所有家族成员，因为"能力都不一样的"。

此处，这位村民提及了"能力"一词，和本书重点探讨的"文化建

① 　MLXX5 访谈记录，2019 年 10 月 2 日。
② 　MLXX5 访谈记录，2019 年 10 月 2 日。

设能力"之"能力"一致，即从个人出发的一种能力的积累与呈现，决定着一个人的职业身份、经济地位及权力关系，这种判断无疑具有非常浓厚的现实主义心态。而能力大小能够决定一个人、一个组织、一个企业、一个乡村发展的程度，一个乡村文化建设的能力之正向积累与具体展现，也将会有益于乡村人际关系和睦、共同体生活构建、乡风文明与村容面貌的改善等。只是这种发展能力如果大多局限于以血缘关系为主导的人群聚合和资源整合逻辑，那么，这种乡村建设能力本身的发挥与价值意义体现，也就会深受此家族关系影响，其甚至决定着一个企业或一个组织所构建的价值认同范围、制度机制构建程度与企业发展规模等。

如何构建与发展现代化的乡村企业，同时，借助村级力量与民间经济精英的力量，吸纳更多资本链条与技术性人才，进一步扩大生产与销售规模，让更多愿意从事煤矿工作的农民都能参与其中，共享乡村企业发展的成果，在此过程中实现农民身份的职业化转变，更好地培育新型职业农民，构建公私利益之协调机制，无疑是一条促进农民增收、生活富裕与增强乡村文化归属的具体发展路径。因为对于构建文化建设的主体而言，农民自身所面临的最大问题其实是解决温饱以及过上自认为更加富裕、体面和有尊严的生活，即普通人每日为之努力的"过日子"① 逻辑。对于乡村大众而言，人们更愿意为家庭而谋生打拼，坚守家业、经营好土地、过上丰衣足食的生活、实现生活富裕及财富自由。

故从处理私人利益和公共利益、文化建设与公共建设的关系来看，乡村文化建设能力及各类文化崇拜活动的价值地位与功能意义，其实是一种与民众日常生活关系紧密、非常重要且特殊但又不那么重要的事情。因为这种重要性往往会因为个人利益、身份、地位、家族、生活环境等而发生变化。对于农民而言，乡村文化崇拜及其实践活动的意义，一是作为地方文化传统、崇拜惯习等的一种民间社会组织方式和交流方式；二是作为地方民俗及其文化表达的庙会式类型的热闹，或是寻求一种身份归属与内心安定；三是一种因时、因地、因人而变化的时空性选择及仪式性表达，与民众日常生活中的节庆礼仪、婚丧嫁娶及其现实利益关系密切。

村民对于乡村文化的这种认知、选择及认同逻辑，在很大程度上抑制着民间文化资源及其行动能力的基层构成与有机整合，形成了一种弱组织

---

① 吴飞：《论"过日子"》，《社会学研究》2007 年第 6 期。

性的文化类型及其表达方式，并与社会公共文化、公共道德崇拜发生着某种程度的分离。同时，对于中国小农而言，无论贫穷还是富有，千百年来的鬼神观念、圣人与祖先崇拜、权力崇拜、家国情怀等，都使中国人在日常生活中形成了一种特别注重通过祖先、圣人、大人物等中介，追寻一种此岸世界的安定与平安，构建着自身对于自我及发展能力的文化心态。一旦这种能力能够转换为现实身份、地位、利益、声望、资本等，则会修建高大庄严的祠堂以荣耀祖宗之庇佑。人们所熟知的徽州商人和潮州商人，他们大多就是在外打拼成功后，致力于在家乡故土修建肃穆庄重的私人祠堂，或资助家乡某一祠堂、庙堂的重修或修缮等，为自己积功累德，树立地方威望。

问题在于，自古至今，也只有权贵阶层或是某一类经济实力雄厚的精英人物，才可能实现这类私人性祠堂的修建之事。一些身份显赫的大家族，比如，自梅林辉成为著名文学家以来，梅姓家族就成为当地身份与地位显赫的贵族。至当代，更因这一独特家族之血脉关系的传承而独具特别意味。梅姓家族之所以能够繁衍至今，与梅林辉这一历史文化名人密切相关，更与梅姓祖先的恩德、当代梅姓家族所掌握的资源配置结构有着某种特别的关联，故梅姓后人大多对修缮族谱与祠堂、举办祖宗祭祀等事务葆有积极之心，并极力保护家族之家风家教、家规家训等文本，这是一种出自血缘关系的家族主义情结，也是一种基于家族主义情结的世俗主义文化心态。

老百姓的文化崇拜心态的确很复杂。这种文化崇拜心态及其精神世界的塑造，最为明显的就是其中的私人性特征，深刻影响着乡村振兴进程中各类价值关系的正向累加与公私利益协调的分配机制之生成。在中国文化与制度语境中，这里的"私人"是相对于"公共"而言的"私人"，是被"公"所定义、挤压和削弱的"私"及"私人"的状态。故中国社会中的崇拜祭祀及仪式性实践活动，其实并非制度性与分散性的问题，亦非混合性与独立性的问题，而是深嵌于权力秩序结构之中的公私分别及其特殊关系，是彼此互动的私人化结构，既有制度方面的整合，又有制度之外构建自我特别的行动逻辑。

在这样的公私结构与心态逻辑中，私人行动层面唯一能够依靠的庇护所就是祖荫之德，是人与祖先关系之间的某种联结能力的培育与构建。在此情境下，中国农民对于祖先的崇拜，其实早已超过了任何其他对象，

"而这与其社会结合的状态密不可分"①。中国文化传统中的公私转换、分别及其特别化机制，使得中国人时常深陷强弱、大小、多少、正邪、对错、是非等辩证关系之中，基于独立选择与发展的普遍行动逻辑较难建立，更多的是在实现一种公私反转。②中国人所特别热衷的血缘家族关系，能够构建一种特别化的能力与群体心态，亦可能因为其间的各种私人化利益纠葛而削弱这种能力的发挥，对个人与乡村在整体处理人群关系、人地关系、人我关系等方面都有深层影响。

第五节　民间文化参与乡村建设的能力及不足

深入实施乡村振兴战略，就是要按照"产业兴旺、生态宜居、乡风文明、治理有效、生活富裕"的总要求，推动农业农村现代化。2019年中央农村工作会议研究部署了"坚持农业农村优先发展"的政策措施，这些都为乡村振兴战略的实施工作指明了方向。乡村振兴绝非单一的经济振兴，而是经济与产业、生态、文化、社会等多方面的振兴。作为保持村落传统记忆、延续乡村人文精神的重要载体及内生资源，乡村民间崇拜及其实践活动无疑是乡村振兴不可忽视的文化资源，并以"文化""非遗""信俗"等形式呈现了对地方建设的重要意义，当然也存在诸多问题，值得进一步深入反思。

众多研究已经表明，乡村文化实践中的一些优秀传统与价值理念，有助于促进产业兴旺、生态宜居、乡风文明、治理有效和生活富裕。构建文化建设参与乡村振兴的多重发展机制，与人群、制度、法律、道德等要素整合，能够推动不同价值主体、不同民族等不同人群之间的关系融合及价值的正向累加，有益于促进乡村集体意识及行动的构成。然而，乡村在城镇化进程中所发生的诸多结构性变迁，使乡村人群与资源面临一些聚合难题，集体行动亦面临各种私人"搭便车"及利益冲突产生的可能。作为

---

① 谭同学：《双面人：转型乡村中的人生、欲望与社会心态》，社会科学文献出版社2016年版，第264页。

② 李向平、杨洋：《公私反转：当代中国社会的道德实践机制》，《文史哲》2021年第2期。

乡村社会能够组织人群和资源的文化崇拜活动及各种仪式性展演、宗族文化组织，则在现代化与市场化冲击之下变得弱化，这些都是乡村文化建设组织能力与制度能力不足的具体体现。

从农民的土地情结及其生产生活的心态变迁来看，经过四十余年的社会经济转型，"农民土地情结已开始从传统向现代转型，但是传统色彩依然浓厚"，同时，"如果农民分化水平进一步提高，农民会逐渐淡化对土地价值的传统情感，在生活和心理上弱化对土地的依赖，强化离土创业的动机，届时土地才会去除附着于其上几千年的情感纠结，单纯地作为经济要素参与市场流转和农业生产"。① 问题在于，即便农民的土地情感开始弱化，也并不能代表老百姓对于乡村文化崇拜本身的某种弱化。恰恰随着人口流入城市，无论经历怎样的城镇化类型或是城市化类型，都可能存在对民间崇拜的强化或弱化等多种不同语境下的转变。对于那些在本地或就地城镇化的人而言，即便被迫上楼，从村民转变为居民，其崇拜方式和生活方式可能依然无法摆脱传统崇拜惯习。

正是因为对于乡村文化留恋的土地情结及心态秩序，一些身份城镇化之后的农民、市民或居民，依旧向往固有的、乡村自给自足式的田园生活。而且居住于农村的最大优势在于相较于城市其空气更清新，尤其是那些有山有水的村落，更有益于构建生态宜居的美丽乡村，这些都是城市生活所不能提供的现实条件。尽管一些边远山区可能面临交通与道路不畅问题，却是村落最大的地方特色与可持续发展资源。正所谓"靠山吃山，靠水吃水""绿水青山就是金山银山"，这些都是近年来国家大力倡导的文化建设导向，能为乡村发展地方特色产业提供一种具体方向和路径。

从城乡流动及其关系重构来看，近二十年来，学界关于乡村研究其实也有一个研究思维和方法上的转型。如果说，此前由于中国社会主要围绕经济建设，所形成的发展模式是一种朝着城镇化、城市化目标进行的思维和战略目标，以至于形成与此种目标同时出现的失地农民、城市贫民、城市里的陌生人或边缘人群、城乡差距拉大、城市堵车等一系列问题，那么，此后中国发展的战略目标、相应的政策制度出台，以及学界研究重点则开始向乡村自身定位与价值转变，这正是乡村振兴战略提

---

① 陈胜祥：《分化视角下转型期农民土地情结变迁分析》，《中国土地科学》2013 年第 6 期，第 35 页。

出的重要背景。

这种发展战略的调整与规划，以及研究问题之思维转向，其实就是一种城乡关系在资金、技术、人才等要素方面的重构，亦是快速城镇化进程中人口、土地、宗族、文化、空间、社会关系的不断重构。尤其是当前乡村振兴战略的提出，以及新冠疫情、洪水灾害等的出现，都使政界、学界开始反思"发展"之根本意义。正因为如此，重新思考城市与乡村的关系，重塑乡村地位与现代价值成为学界关注的重点研究对象。其中，土地成为最受关注的热点，与土地密切相关的乡土文化心态亦是探讨乡村振兴能力的重要构成部分。

在此过程中，诸多研究已强调从乡村整体性视角、乡村文化传承等角度重新审视与研究乡村价值及其与城市建设之间的关系。然而，问题在于，当下"农民与国家"① 之间的衔接问题，除了土地与农业之外似无其他。此前的农民与农村主要通过农业和社会国家发生关联，但是，随着城镇化速度的加快，现在的农村大多出现空心化现象，真正求生存发展的青壮年或技术型人才大多流出农村而进入城市。在此种情况下，乡村农民如何与国家、社会产生关联，乡村集体建设行动与力量何以构成，成为探讨新型职业农民的重要背景，也是探讨乡村文化振兴与农村建设关系的关键。在乡村振兴背景下，地方社会特别需要结合实际情况，发挥自身所具有的文化优势，并将其融入为农民创造美好生活的城镇化进程中。

比如，梅山村就以建设梅林辉故居、祠堂及祭祖等为契机，致力于弘扬该村历史文化，构建乡村文化旅游和其他产业之间的融合性发展。一位村级干部告诉我："关于打造梅姓家族文化，建设梅林辉祠堂等文化品牌，计划都是有的，但是没钱没资金啊。早就有计划的，就是梅林辉最早住的地方，想造一个更大的祠堂。现在的祠堂嘛觉得不行，到时候一些资料都会上墙。和敬堂里挂的资料，全部都是纯白面的。如果建设一个全国性的梅姓祠堂，就是小学后面那边可以建，叫作梅林辉祠堂，这是希望建设的，不用建造和敬堂这种的。就是说集合全国的力量去建，曾经做过规划的，图纸都有的，但是不知道到哪里去了，村里

① 周飞舟：《从脱贫攻坚到乡村振兴：迈向"家国一体"的国家与农民关系》，《社会学研究》2021年第 6 期。

想建设的，但是缺乏资料。当然，也需要资金哦，要有人有钱。这边祠堂文化，几个自然村也因为祠堂倒掉了，就感觉村民自己掏钱集资修补，比如需要五十万元，就每个人出资四五千元，但对于村民来说，这出资还蛮多的呢。"①

　　根据这段访谈资料可以发现，关于修建梅林辉祠堂村里曾经有过具体设想，也有设计图纸，但是最终因为资金不足、缺乏资料等而不了了之，至今还处于筹备阶段。梅山村现有几座祠堂大多用于如婚丧嫁娶等一类的宗族事务，逢年过节满足老百姓对于祖先的祭拜和上供许愿等私人事务。悬挂梅姓家族历史名人及世系图、名贵字画的和敬堂也大多处于关门状态。

　　可见，拥有相应的资金支持系统，对于乡村文化建设及能力提升至关重要。即便谈及文化组织及其实践活动的举办也同样需要资金支持。经济基础恰是很多乡村公共文化事务能够开展以及开展到何种程度的一个重要基础。无论是个体祭拜之消费体验，还是文化组织活动开展及其社会互动，都离不开一定的资金支持。甚至可以说，这种经济支持维度恰恰是构建地方特色，联结地方人群关系的重要基础，对于乡村部分资源的有效聚合具有重要的协调意义。

　　通过对乡村社会不同价值之间的公私关系论述可以发现，民间文化建设能力与不足，呈现一种较为明显的依附性私人化特征，致使乡村社会在价值累加及秩序构成中面临诸多现实利益挑战与价值分割。一些被纳入传统村落、示范村及非遗项目的，尤其是其中能够依附于行政权力的，就能够借此建设而改善村容村貌，并构建乡村共同体的文化意义；没有被纳入上述范畴，尤其是相关政策规划，以及并未受到行政代理人重视的，则只能依赖于各种非正式文化构建方式，甚至只能局限于某些私人群体层面。

　　乡村文化建设如何进一步走出各种仪式化与私人化崇拜，走出城乡、村落及村内资源配置的各种私人化与层级式逻辑，不仅需要乡村文化建设主体之文化身份及自觉意识的培育，而且需要以村级为主导的村级政权更好地协调公私利益，促成乡村人群、资源、资金、宗族、精英等方面的价值与人际关系整合，构建乡村自治、德治及法治化的乡村新型治理体系。

---

①　MXB8 访谈记录，2019 年 9 月 30 日。

乡村社会有一套自成一体的生活逻辑与文化规则。然而，乡村变迁所呈现的乡村边界已经渐次模糊或不再时，作为文化与生活层面的共同体建设对于维系乡村社会关系就显得格外重要。

在此进程中，随着人与土地关系的变迁，乡村社会共同体也在发生变化。作为维系共同体功能与作用的宗族在此进程中，其权威也变得弱化。尽管宗族，具体为宗族理事会依然发挥乡村社会冲突事务的协调辅助作用，或是在乡村振兴战略实施过程中不断得以重构或加强其作用，但已然不再具有传统家族权威与功能的结构性地位。作为乡村能够组织人员和资源的民间崇拜组织及资源聚合的自组织，如老人协会、民间理事会、乡村文化组织等，也因人口空洞化、交往方式功利化与自我主义，大多处于祭典节庆热闹一时的仪式性崇拜状态，无力或很难发挥建设乡村自治文化组织的中介作用。

乡村振兴是一个需要长期投入并可持续发展的过程，乡村文化建设能力也绝非单一指标的考量。随着乡村人口的流动与边界模糊、消费主义风靡、金钱权力至上、人心涣散焦虑、无意义感抽离与不确定性[1]日渐增强，乡村正在发生着巨大的变迁与流动。一些乡村因为人口外流而面临人口空洞化的治理难题；一些乡村则因为地理优势，而融为城镇或城市建设的重要组成部分；一些乡村文化面临消亡或失传的可能；一些乡村文化则因易地搬迁而重新再造，并实现了乡村发展的都市化建设；一些乡村正致力于发展文化旅游，将文化振兴与生态、旅游、餐饮等相结合，走出一条极具特色的乡村振兴道路。

面对不同类型的乡村及其发展与建设的现状特征，如何根据乡村所具有的资源量大小、文化建设能力差异等，发展其独具特色的产业结构与文化链条，同时，克服乡村治理现代化进程中的"三种浪漫主义""秉承理性主义精神和采取务实的行动方略"[2]，构建不同类型且符合农民实际需求的乡村建设路径与治理方式，依然是当前促进城乡关系融合、农业农村发展、乡村治理现代化的关键。

---

① 文军、陈宇涵：《不确定性视角下乡村社会心态变迁及秩序建构》，《社会发展研究》2023年第4期。
② 任剑涛：《克制乡村治理中的浪漫主义冲动》，《湖北民族大学学报》（哲学社会科学版）2020年第1期。

小　结　依附性私人化与多重价值累加

　　文化建设能力研究有助于更好地梳理大众参与文化建设的过程与机制，在构建乡村自治中提升基层治理能力，对基层秩序构建与国家治理现代化具有重要意义，亦有助于从文化及其发展的视角促进人自身能力的提升，以文化振兴乡村并促进农业农村现代化，更好地解决"三农"问题，促进农民增收、农村富裕，促进乡村文化自治构建与不同文化信念之间的价值累加。

　　乡村文化崇拜及其实践所呈现的强依附性特征及仪式化态度，恰恰是文化建设对于现实条件的各种依附，亦是一种极为私人的行动逻辑。这种依附及逻辑能够在某些特定时刻展现其特定的意义与秩序，但是其可能是一种暂时的、不稳定的甚至是功利化的选择与需求。这种逻辑正是乡村文化建设及其交往能力在构建乡村公共生活和群体行动中能力不足的根本原因之一。民间精英主导下的乡村文化建设，其实就是要探讨如何更好地满足民众的各种精神需要，提供更好的精神生活选择，在某种程度上也是试图在文化建设方面为个人及村庄集体谋得一条造福社会的地方化道路。只是这种发展道路的构建过程，依然无法摆脱华尔德①所探讨的依附制度及其深刻的庇护关系网络与实用性的私人关系及其行动逻辑。此种背景下的乡村文化建设及其价值累加，同样会受到华尔德笔下"新传统主义"的各类依附关系及私人化行动逻辑的影响。

　　这种私人化行动逻辑体现在文化建设层面，就是中国人对于文化崇拜的实践往往呈现较为明显的公私分离逻辑，基于文化崇拜的道德伦理与社会公共伦理之间亦处于分隔状态。中国人的崇拜类型及其表达，大多是私人生活领域的一部分，公共价值与社会伦理则是另外一部分。这种文化崇拜，如圣人崇拜、名人崇拜、土地崇拜、祖宗崇拜等，虽然能够构建相应的私人崇拜秩序，同样能够构建相应的群体秩序，却可能无助于公共文化

---

① 华尔德：《共产党社会的新传统主义：中国工业中的工作环境和权力结构》，龚小夏译，香港牛津大学出版社 1996 年版，第 183—209 页。

与公共秩序的理性生成，也可能会分隔相应的秩序生成过程。因此，乡村振兴进程中同样需要谨防和注意这种分隔效应，尤其是其中可能出现的非法活动或不良风气。关键问题在于，其中的公私关系、资源分配及协调机制的现代构建，何以促进文化秩序的理性生成与乡村公共秩序之间的正向叠加和良性构建。

本书从文化人类学视角论述乡村振兴视域中文化建设的发展现状及其与社会的互动关系，说明文化建设实践适应、参与和构建乡村振兴的价值与意义，揭示文化要素对强化乡村集体价值理念的各种累加效应。然而，乡村振兴中的文化建设及其参与也存在一些问题，不利于不同价值的累加。比如，往往只重视经济与物质发展，轻视文化与精神建设。无论是村民、村干部、地方精英，还是村级层面，基层干部对于乡村文化建设的重视程度往往不够，甚至基于个人偏好等将其悬置。乡村文化实践大多依赖于地方精英的组织与号召，发挥了相应的秩序构成作用，却缺乏表达与实践的长效机制。

乡村振兴中的各种文化实践，无疑会影响或主导地方文化生成及秩序形成的过程与逻辑。乡村文化建设是复杂的多因素整合的过程。一方面，要克服对于文化及心态研究的功能主义倾向与思维逻辑；另一方面，要深刻认识文化心态所具有的根深蒂固的社会认同与道德情感基础。诸多因素的变化，都可能影响文化在社会层面的具体展开过程、仪式及结果。在此意义上，文化建设能力之于乡村振兴的意义和价值，不仅是文化空间与仪式展演等对于村落建设的活态意义，还是多重的、多层级的、动态的文化建设过程与依附逻辑，且需要与地方风俗、宗族伦理、乡规民约、政策法律、地方性法规等结合，促成一种符合农民主体利益、满足大众精神文化需求，进而增强人民群众的获得感、幸福感和安全感的乡村振兴逻辑。这些精神文化需要恰恰"是当代乡村现代化建设及城乡关系融合发展过程中不可忽视的重要问题"[1]。

就地、就近或异地城镇化以及人口流动、土地流转、人群分化所造成的乡村空洞化与边缘化，文化实践及其关系的仪式化，乃至较为普遍的功利主义诱导下的农民行动逻辑等，往往都不太利于乡村文化建设之社会性

---

[1] 赵翠翠：《城镇化背景下的乡村文化空间重构——以 S 省花园社区为例》，《华东师范大学学报》（哲学社会科学版）2023 年第 3 期，第 119 页。

与公共性的生成与作用发挥，不太利于人群关系及乡村资源的有效整合。对此，村级层面需要提高对乡村文化建设的认知水平和乡村治理水平，继而通过多种方式促成村干部、文化精英、村民对促进乡村文化建设的普遍共识，以乡村公共事务整合乡村文化建设及其组织资源、社会资源，连接村民建设主体与村委会、文化组织、宗族家庭等，构建基于文化的公共价值与信念基础。

特别是在处理与文化建设相关的公共事务及利益关系时，首先需要分离私人利益，站在乡村集体和公众的角度及立场上，乃至以法治化方式化解矛盾，构建村级干部与乡村精英、普通群众之间相互信任与团结的关系，以维护村民利益，激活乡村民众适应和服务于乡村振兴的自觉性与主动性。另外，村级党支部和村委会还可以举办各种文化活动促进村中不同民族、不同职业人群之间的相互了解与融合，发挥乡村文化在建设乡村中的社会性与公共性作用，在增进群众互信与团结中促进乡村民众在思想观念与生产行动层面的转变，促成不同关系、不同人群、不同资源的正向价值累加。

第八章 结论：文化建设能力的依附性逻辑

> 文化自觉是指生活在一定文化中的人对其文化有"自知之明"，明白它的来历、形成过程、所具有的特色和它的发展倾向，不带任何"文化回归"的意思，不是要"复旧"，同时也不主张"全盘西化"或者"全盘他化"。自知之明是为了加强对文化转型的自主能力，取得决定适应新环境、新时代对文化选择的自主地位。文化自觉是一个艰巨的过程，首先要认识自己的文化，理解所接触到的多种文化，才有条件在这个正在形成中的多元文化的世界里确立自己的位置，经过自主的适应，和其他文化一起，取长补短，共同建立一个有共同认可的基本秩序和一套与各种文化能和平共处、各抒所长、联手发展的条件。
>
> ——费孝通《中国文化的重建》

中国乡村文化研究由来已久。杜赞奇通过"国家政权建设"与"权力的文化网络"两个核心概念，深入研究了 1900—1942 年的华北农村变迁。百年前梁漱溟先生认为中国农村问题根源在于"文化失调"，故要进行乡村建设运动，以实现民族救亡。费孝通先生笔下的"乡土社会""差序格局""文化自觉""中国文化的重建"[①] 以及他晚年转向的"心态秩序"等研究，都试图从文化层面分析与解决中国社会日益出现的结构性

---

① 费孝通：《中国文化的重建》，华东师范大学出版社 2014 年版。

矛盾与社会心态的嬗变[①]等问题，故当前背景下，文化建设依然是中国社会建设之重点内容，"乡村建设的重点是文化建设"[②]。而如何重构与整合乡村文化资源与社会关系，促进乡村公私利益平衡，实现工农互促、城乡融合乃至共同繁荣与精神生活富裕，是当前乡村振兴之重点。

百年来中国乡村社会的变迁与现实，促使我从"文化建设能力"的理论与方法视角，去关注和分析不同区域和文化背景下的乡村文化建设能力，继而呈现文化与人心、自我、家庭、乡村、城乡关系变迁、基层治理转型及现代化的关系等重大论题。浙闽豫不同区域背景下的个案研究，分别围绕圣人崇拜、名人崇拜、土地崇拜对乡村文化建设能力展开分析与论述，都呈现了家族所表征的祖宗崇拜及其文化内涵。这些个案研究及其深度比较，尤其是通过民间精英这一人物中介所进行的横向比较研究，都充分呈现了当前乡村文化建设能力对行政权力及其象征资源、家族关系的深层依附。这种对行政权力和家族关系的依附性逻辑，能够促进乡村社会不同人群、关系、资源的价值累加与秩序叠合，亦体现了乡村文化建设的私人化依附与层级式建设逻辑。其中，私人化依附体现在对乡村文化资源整合中的各种公私表达方式及资源配置的转换逻辑之中，层级式建设逻辑则主要体现在城与乡、村与民、民与民、精英与大众等主体在文化建设方面的差异。

诚然，乡村文化建设能力很难用某种具体指标进行精准评估，这其实是一种动态的、变化的甚至是不确定的构建过程与现状特征。同时，乡村文化建设能力的培育与提升，亦是一个系统而复杂的工程，是一个长时段、综合性和兼具建设性的结构性发展过程，需要文化主体意识、资金系统支持、村委会主导、民间精英协助、地方权力系统重视等多要素的协同推动与治理整合。当前，乡村文化建设能力的呈现过程大多体现为一种层级差异式的、集体欢腾式的消费娱乐性，文化建设能力的结果或效果往往在集体欢腾之后以一种显性或隐性的状态存在，很难通过某一类个案及其比较，或是某一乡村文化建设项目本身，就简单肯定与确定，或是简单否定。但是有一点可以确定，通过考察、梳理与比较，能够发现乡村文化建

---

① 周晓虹等：《中国体验：全球化、社会转型与中国人社会心态的嬗变》，社会科学文献出版社2017年版。
② 贺雪峰：《乡村建设的重点是文化建设》，《广西大学学报》（哲学社会科学版）2017年第4期。

设的现状特征、能力构成、经验成效及发展不足的各种问题与根源，继而可以在个案研究及个案比较中揭示文化建设能力的各种普遍逻辑。

综观全书，我主要论述了四个方面的研究内容。

其一，以不同区域背景下浙江溪水村、福建梅山村、河南吉原村的乡村文化建设为个案，具体围绕圣人崇拜、名人崇拜和土地崇拜三种崇拜类型及乡村文化建设，说明不同崇拜类型背后的文化建设能力构成及发展困境，试图以个案研究及个案比较，对乡村振兴进程中的文化建设能力及其现状进行整体把握。

其二，通过探讨乡村振兴进程中各种文化崇拜、宗族活动、民间精英、文化心态等，梳理与讨论不同系统、不同信念、不同人群价值累加的过程与机制，研究它能否构成现代乡村社会建设的中介，尤其是其中公私利益关系如何协调与平衡，最终何以构成乡村公共文化及公共型叠合秩序。

其三，特别关注作为乡村社会价值累加值之中介的民间精英在促进乡村文化建设过程中的公私协调机制与能力构成特征，主要通过行政精英、文化精英、商业精英三种类型，考察民间精英与乡村振兴之间的内在关联，最后回应构建城市与乡村、国家与农民、国家与地方之关系中介方面的学术研究价值。

其四，通过对浙闽豫研究个案的深入考察及比较，讨论乡村振兴与文化建设能力之间的理论与实践关联，揭示当前乡村振兴进程中乡村文化建设对于乡村振兴的重大意义，说明乡村文化建设普遍的行动逻辑与文化心态。

研究结果表明，浙闽豫三种不同类型的乡村振兴与乡村文化建设能力研究，呈现一种私人化依附与层级式建设逻辑，体现了当代中国社会乡村文化建设的层级式依附特征。其中，私人化依附主要体现为乡村文化建设对相关行政权力与家族关系的深层依附，层级式建设逻辑则表现为乡村文化建设在城与乡、村与民、民与民、精英与大众等方面的差异。这种私人化依附与层级式建设逻辑，造成当前乡村文化振兴差异突出，部分地区集体欢腾式的消费娱乐性特征较为明显。

浙闽豫三村文化建设能力的现状，虽然呈现不同的发展特征及地方文化特色，但是又都存在文化建设方面的主客观能力不足。这些现实说明，乡村文化建设是一个长期而复杂的结构性发展过程，乡村文化建设能力也是一个极难把握、需要长时段观察追踪，才能逐渐明确的研究课题。同时，作为一种社会生产方式或系统性构建工程，乡村文化建设所承担的文化使命与作用意义亦是潜在的，其不仅是促进当前乡村振兴的一种建设机制，而且是促进城乡关系融合发展，助力农村振兴发展与农民增收富裕，推动农业农村现代化、社会治理转型、国家治理现代化，实现人民"精神生活共同富裕"[①] 的重要方式。

理论回应方面，我试图回应以下两个方面的理论问题。

其一，以浙闽豫三村个案研究为例，试图揭示文化建设能力的各种依附性逻辑与文化心态，即私人化依附与层级式建设逻辑。这一逻辑，其实源于中国社会自古以来的公私分别及等级传统，其亦是中国社会一种"关系即结构"[②] 的结构性私人化表达逻辑。这一传统在华尔德那里被定义为"新传统主义"，即"单位制社会"所呈现的权力结构及依附关系，这一传统及特征的普遍意义犹在，且在现代中国发展、乡村文化建设与中介机制构建方面能够窥探究竟。

其二，通过乡村文化建设的现状特征、能力构成及各种发展的结构性困境，回应社会学理论中连接个人与社会、个体与集体、私人与公共、国家与社会、国家与农民的中介机制及其重组问题。这方面，杜赞奇的《文化、权力与国家——1900—1942 年的华北农村》一书已经通过"国家政权建设"与"权力的文化网络"两大核心概念，研究了民国时期的华北农村社会变迁。其中，重点指出了乡村统治经纪模型，即"保护型经纪人"和"营利型经纪人"两种"经纪人"或中介人连接国家与地方社会的重要意义。而这一中介人的身份研究视角，我已经通过乡村民间精英这一具体人物在构建乡村与城市、个人与家族、村民与村落、村民与国家关系等价值累加能力中具体呈现。当然，此一中介作用的积极发挥，还需要在现实层面借助相关政策、制度、法律乃至共同体文化生活方面的制度化构建。

在实践意义方面，我致力于呈现一条能将文化建设能力与乡村文化共同体建设有机整合为一体的结构性文化建设路径，挖掘文化建设及心态秩

---

① 王瑜：《精神生活共同富裕的伦理向度及价值意蕴》，《道德与文明》2023 年第 6 期。
② 赵翠翠：《宗教信仰交往及其私人化特征——基于福建海滨社区信仰关系的研究》，《世界宗教研究》2018 年第 1 期。

序对增进家族关系、促进乡村自治、构建村落文化共同体、提升村级治理能力、促进农业农村现代化等的学术价值与社会意义，为乡村振兴提供一种文化秩序生成框架及解释体系。

第一节　古今—城乡文化链的连接机制

乡村文化建设能力的现状特征及发展困境，在浙闽豫三村个案研究中呈现为如下几个方面。其一，作为乡村建设主体的文化群体缺失，导致资源整合缺乏有效的建设中介，即乡村文化资源的整合，缺乏类似"共同体"的联结中介。这体现在宗族作为文化生产场域，在连接民与民、村与民、城与乡、精英与大众等的累加机制或中介能力缺失或不足方面，还体现在文化建设所需资金、技术、人才、土地、政策等制度化支持系统的资源配置及整合能力不足方面。其二，乡村文化建设者对地方行政权力资源的依附性。这种依附性的文化建设心态与行动特征使文化建设者将文化建设视为一种国家层面的公共事务，并受国家文化供给制度模式深层影响，构建与组织文化资源的积极性和主观建设能力不足。其三，人口流动与土地流转促成家庭、家族等传统社会关系失衡，导致村民在价值观层面不断分化与再分化。即便是留守人群，其关系也较难聚合，这些都给村落集体行动带来诸多发展困境。其四，随着国家基础性权力的增长，基层社会治理不断琐碎化，公共权力与权威式微。同时，一些地方权力代理人公信力的下降，导致村民与村干部、村集体之间缺乏良性联结，尤其是一些长期以来的民怨情绪等，都使本已弱化的群干关系再次蒙上更多的不确定性。其五，主观层面的文化建设意识不足或缺失。长期以来，村民对于参与政治和文化建设的意识较为缺乏，对于"生活政治"①的概念认知更是不足，主要忙碌于家庭生计而无暇顾及文化认知能力等方面的提升。这体现在具体个案、具体语境中的文化生产主体，即村级干部、民间精英、普通百姓、基层权力代理人等，对村落文化认知、判断、叙事及挖掘

---

① 汪建华、孟泉：《新生代农民工的集体抗争模式——从生产政治到生活政治》，《开放时代》2013年第1期。

能力的差异等。其六，乡村建设缺乏新社会关系的流入机制。长期以来，国家在人才流动方面的相关政策与制度配合，使人口流动一般都是从乡村到城市，这种人口外流趋势，导致乡村在技术、人才、资本等方面不断流失，而这种流失所具有的不可逆转性，导致乡村振兴缺乏发展的基础性条件，尤其是人群和资源分散现象，使乡村建设面临集体行动能力不足的困境。

就此可以发现，一百多年前梁漱溟先生所进行的乡村建设研究影响依然存在。与其历史语境有所不同的是，今日中国乡村所发生的各种结构性巨变，已使其不再是传统社会中人与土地、祖先同处一地一隅之空间的乡村社会，而是受城镇化、工业化、商业化、信息化和全球化等深刻影响，且社会关系正在发生巨大变化并不断发生重组或错位的乡村社会。故乡村振兴战略视域中的文化建设能力研究，就是要在城与乡、乡与民、民与地、人与人的各种错综复杂的关系中去发现与梳理连接古今—城乡文化链的机制，以论述乡村与城市、传统与现代、历史与现实之间的各种联结关系及其内在张力。

古今—城乡关系问题有其内在关联性，其实质是处理"传统"与"现代"的关系。然而，古旧文化与现代文化并不是二元对立的。恰恰是在"今"之"现代"中，才能更好地看到古之"传统"，以至于产生对"古"的回味及对"乡"的眷恋。"传统"是一个大而庞杂的概念，当我们论及"传统"时，这一具体"传统"，其实早已不同于前一时段的"传统"。因为所谓"传统"并非一种静态的存在，而是处于不断传承与创造之中，与人类社会发展相适应，有着极为复杂的生产与再生产过程，是历史变迁形成的结果与产物，并与不断变化的主客观之"现代性"有着千丝万缕的关系。

其实，"传统"对中国而言是个晚来的词语，其历史可以追溯至清末民初。作为一个新词，其流行于20世纪20年代到30年代，之后才进入辞典，并作为英语"tradition"的译词。[①] 从词源来看，"传"与"统"二字在古代汉语中都存在，且存在连用的实例，其意与皇位传递相关。作为新词的"传统"在日语中，于19世纪90年代发生了较大变化，到大正时期新义"传统"才真正得以流行开来。"传统"一词的流行，当然也与相

① 章可：《清末民初"传统"的出现：概念史视角的考察》，《史学月刊》2020年第4期。

应的历史政治文化环境密切相关。新文化运动所倡导的一系列如"德先生"与"赛先生"的思想变化与启蒙运动，使文人志士对儒家文化的态度发生了极大反转，也促使人们开始思考与处理"传统"与"现代"之间的关系，以拯救民族国家之命运。对于这种"传统的意义"，梁漱溟先生的理解既不同于胡适在处理中西方文化时的古今文化对立态度，也和现代新儒家阵营中的其他人有所区别，他反对用古今问题代替中西问题，并认为无论是中国文化还是西方文化，都具有其普遍性与特殊性意义，且二者不能区分开。①

然而，随着近三十年来西方学者对于"传统如何变迁""传统的发明"等的研究②，中国学界依然深受"传统与现代"二元对立话语影响，这成为理解与叙述中国问题的基本框架。但其实，正如前文所论，传统与现代之间并非二元对立的关系，而是一种动态的相互影响、相互构建的关系。

在此意义上，讨论古今—城乡关系链问题，其实质就是在梳理传统与现代、城市与乡村的关系中考察中国社会文化变迁的基本轨迹，分析中国人最为基本的行动逻辑、思维方式、价值观念与心态秩序的各种变迁，如何影响中国社会文明进步过程及其面临的一系列发展困境，与本书所关注的不同地域社会之乡村文化建设能力、中介机制等有着深刻的理论与实践关联。

只有真正剖析与了解中国社会从古至今的普遍变迁逻辑与心态秩序，及中国人最为普遍的精神世界、家国心态、交往方式及行动逻辑，才可能更好地理解中国乡村社会及城乡关系之间的复杂勾连，明析梁漱溟先生所致力于的乡村建设之所以失败的社会及人心本质，才可能真正理解现代化进程中与后疫情时代面临转型的中国社会何以成为中国、如何构建中国精神、如何铸牢中华民族共同体的文化根基。

只是在城镇化进程中，当人们从土地、祖先、家族等关系中渐次走出，打破传统同质性较强的社会生活模式，突破以往祖先崇拜及深厚的土地情结，维持乡村农业生产的经营主体、促进乡村社会文化发展及振兴的主体减少，

---

① 曹跃明：《梁漱溟思想研究》，天津人民出版社 1995 年版，第 250—251、253 页。

② 爱德华·希尔斯：《论传统》，傅铿、吕乐译，上海人民出版社 2009 年版；E. 霍布斯鲍姆、T. 兰格：《传统的发明》，顾杭、庞冠群译，译林出版社 2004 年版。

连接个人与国家和社会的关系机制弱化时，乡村系统整体生存及发展的根本也将会发生变化。在此种情况下，个人只能靠自身资源在城乡生活中获取生存资本，留守乡村的民众之间的互动会减少，黏合程度也会有所降低。

尽管在城镇化进程中乡村秩序亦在重新生成或构建过程中，村委会作为国家在基层社会的象征，仍然发挥着不可或缺的增强集体认同与整合资源、协调乡村人际关系、缓和利益矛盾冲突等中介作用。然而，由于生活方式、消费方式、职业选择、价值信念之私人化心态趋势的增强，社会成员间的互动与凝聚力以及对村集体的认同心理也受到较大影响。民众对基层干部往往存在诸多不信任，对参与村集体活动态度较为冷漠，或是根本无视这些内容，这些微观层面的心态秩序变化，都是考察乡村振兴、促进城乡融合发展机制构建的关键。

因此，考虑古今—城乡文化链问题，离不开对乡村社会成员之间的关系及其对村集体认同的文化心态的研究。一旦乡村内部促进乡村共同体发展的价值累加系统与群体行动逻辑遭到破坏，"乡村发展走向何处"的问题就会变得更为突出。因此，乡村文化建设就是要实现一种建设能力的提升，关键就是要考察乡村社会中的文化心态是否平衡、如何公平公正地处理与协调好人的物质需求与精神需求之间的关系，以及这种文化心态的公私平衡最终在何种程度上推动着乡村振兴的机制构建。这些微观的心态秩序问题，看似是对个人心理与情感层面的微观考察，却是影响宏观的村民行动方式乃至群体行动能否促成、构建乡村公共文化及公共型叠合秩序、提升基层社会混合治理①能力的关键。

第二节　乡村共同体建设与乡村文化振兴

百年来中国"乡村发展走向何处"的问题一直备受关注，其关系到乡村现代化乃至中国式现代化重要目标的实现和进程。改革开放四十多年来中国社会发展的现状与格局，使乡村社会呈现诸多变迁的景象。尤其是

---

① 韩志明：《混合治理的维度及其实践逻辑——面向复杂性的基层治理新形态》，《华东理工大学学报》（社会科学版）2020年第5期。

那些只剩下老人、妇女和儿童的空心村，就会面临治理空心化和人口流失及人才缺失的困境。这里的"空心"主要是指人口流动引起的乡村在常住人口、人才、技术和资金方面的流失。与此同时，城镇化、城市化速度的加快，又使一些乡村发生着巨大变化，有些正处于城镇化发展进程之中，有些则面临被拆迁或消亡的可能。

与乡村相比，城市社会经济文化的快节奏发展，致使其出现了诸如交通堵塞、住房紧张、环境污染、供需矛盾加剧等一系列"城市病"[①]。在此种情况下，乡村自给自足、自产自销的田园慢生活，似乎成为都市人群的向往，近年来被誉为一种"乡愁文化"，即在人文内核方面，要让人"记得住乡愁、留得住文脉"，实现"诗意的栖居"[②]。然而，"乡愁文化"及其想象的乡村生活虽然对于都市人群而言温情脉脉，但是对于地处乡村的农民而言则绝非一种必然的"美好"。值得反思的是，乡村田园风光是很不错，但是缺乏了制度保障、民生福利、公共服务、职业构建等系统性发展，乡村最终只是一种被消费的乡愁，而乡村振兴的根本还是在于人的职业伦理构建与道德自觉，在于公私利益关系处理。农业生产成本增加、半工半农的繁忙生活、子代受教育的焦虑与越来越重的经济负担等，都让农民不仅面临"上有老、下有小"的赡养与抚育压力，而且面临城市居住、医疗、消费、文化所带来的经济负重和精神压抑。对于离土离乡的农民而言，他们对"乡愁"的想象变得相对理性。高压力、高强度与高风险社会使城市和周边农村的一些人遭遇了"回不去的乡村、待不下的城镇或城市"的尴尬境遇。

由此，乡村逐渐成为城市人群"美好"的乡愁想象，而这也恰是对人口外流、人才缺失、社会伦理解体、村级自治建设缺失等诸多能力不足的乡村的景象描述。在此种情形下，乡村如何以文化建设为契机，以文化崇拜的活动空间与仪式展演为载体和方式，继而组织人群与整合资源，重构一种新型社会关系，包括家庭关系、村与民的关系、村与国家的关系、城与乡的关系、村民与国家的关系等，也包括经济发展与文化、生态、民俗、乡规民约的关系等，既需要制度、行政及相关法律

---

① 向春玲：《中国城镇化进程中的"城市病"及其治理》，《新疆师范大学学报》（哲学社会科学版）2014年第2期。

② 周兵：《"乡愁"文化与新型城镇化》，《学术探索》2015年第4期，第85页。

的支持，也需要依赖和构建一种城乡连接中介，还需要在兼顾公私利益的同时，实现乡村振兴之社会心态平衡与健康发展，构建乡村振兴的现代化生产方式、生活方式与公共道德。

其实，当前中国乡村社会所呈现的各种不同程度的发展，主要是指乡村社会在人口、宗族、土地、文化等结构方面所发生的巨大变化，是指维系传统乡村社会凝聚力的共同体机制或宗族伦理及权威的变化，但是这些变化并非完全或绝对指向乡村整体性的某种发展或衰退。其中，最为突出的变化，就是人与土地关系的一系列分离、错位或断裂，以及由此导致的民-民、村-民关系的变迁及民间权威的弱化、资源与人群关系的较难聚合、乡村共同体生活较难重构等现状，但是这些变化又在村民往返于城乡的过程中给乡村带来了无限的活力与发展契机。特别是"媒介化社会"①及其新技术所带来的一些新观念、新思想和新发展路径，均是乡村大众实现产业增收、生产经营方式升级以及促进农民生活富裕与丰富农民精神生活的重要动力。

在乡村振兴战略视域下，诸如修建文化礼堂或广场、打造名人塑像、建设农家书屋或综合文化站、重建家族祠堂与村庄活动中心等举措在浙闽豫三地的乡村文化建设中都已呈现且较为普遍，这对于丰富民众精神生活、提高民众人文素质、改善村容村貌、促进城乡融合发展都具有重大意义，只是从其实际效果来看，它们又都存在一些问题。这些乡村文化建设生成的文化活动空间，有些建造规模宏大却时常大门紧闭，使用频率较低；有些局限于物态的格式化建设，缺乏地方历史文化特色；有些虽然依托公共空间举办了非遗系列活动，平日却是民众打麻将的娱乐之地。由此，文化建设的历史文化与当代价值无人问津；村庄历史与地方民俗、民间技艺及有关地方历史名人等的知识与仪式，面临无人传承的发展困境。虽然"文化下乡"与"资本下乡"等国家政府、市场文化供给模式以及互联网自媒体的盛行等，都能够促进乡村社会文化建设能力的提高，甚至能够实现文化振兴乡村，促进"以人为本的城镇化"② 转向，但是，乡村文化振兴依然存在主观参与积极性不够、文化认知能力较

---

① 孙信茹、杨星星：《"媒介化社会"中的传播与乡村社会变迁》，《国际新闻界》2013 年第 7 期。

② 周飞舟、王绍琛：《农民上楼与资本下乡：城镇化的社会学研究》，《中国社会科学》2015 年第 1 期，第 66 页。

低、人群凝聚力较弱、文化共同体组织能力较弱、城乡文化链缺失等建设能力问题。

故在促进城乡文化链的建设方面，人口流出是一个极大的问题。尤其体现在相关传统技艺和地方性知识的传承方面，这些都是影响乡村文化建设能力的重要内容。一方面，农村人口流出，导致乡村空心化与乡村在人才、资源、技术、资金等整合方面的发展困境；另一方面，从农村流入周边城镇或异地城市化的人又面临城市生存与消费所带来的城市挤压与边缘境遇。对于那些已经拥有城镇或城市户口的"单位人"而言，他们的身份、地位及归属因为工作相对稳定、福利和社会保障等实现了转变。而对于那些"打工一族""半工半农""城市里的陌生人或边缘人"而言，他们大多处于一种身份归属的精神焦虑与生存迷茫中，面临是否返回乡村或回故乡就近就业的选择，其中一部分人具有"拟城镇化"①的人口流动特征，但这也绝非他们主观意愿的选择，而是一种现实与结构性的无奈选择。无论农村人口流动趋势是上述哪种情况，都可能会对乡村文化共同体的凝聚力及组织建设造成深层影响，导致相关文化实践活动缺乏组织者、相关仪式活动无法进行的文化建设现状。

更为现实的问题是，对于大部分村民而言，挖掘与弘扬乡村文化、更好地建设乡村，被看作民间精英人士热衷的高雅之事。普通民众由于对乡村历史文化知识的缺乏和忙于生计等，缺乏对文化建设意义的深层思考，或仅仅将乡村文化建设视为村集体或国家致力于从事的公共事务。这种思维与认知明显深受长期以来国家文化供给制度的影响。普通民众对于乡村文化的理解与认知欠缺，大多以为乡村文化活动就是一种休闲娱乐或是大型仪式性活动，是一个集体热闹如何延续的问题，而不会从自身发展觉悟、文化自治以及文化对于自我发展、家庭关系、产业升级、村集体经济发展的影响等角度思考文化存在、文化建设的意义。这些都使村民以为所谓文化建设，首先就是"有文化的人"或是精英和国家权力所为之事，人们缺乏参与文化建设、构建乡村文化生活的政治意识与能动性。一旦村集体治理能力的基层实践缺乏积极引导与政策宣讲，文化建设就会陷入人群分化或心态区隔状态。

---

① 沈东：《再论当代中国逆城镇化研究》，《兰州学刊》2019年第2期，第96—105页。

　　同时，在流动性和风险性日益增强的现代社会，"文化"① 对于处于温饱状态，或为解决温饱及追求生活富裕的正在努力奋斗的村民而言，更是一种虽然能够了解、欣赏、消费与体验，也能参与某些集体欢腾，却往往被视为一种与实现生活富裕和促进增收、提高物质生活水平相互矛盾或在生活闲暇之余才可能关心之事。从文化之于人自身发展的意义来看，作为人类文明传承之地方文化，某些风俗惯习、价值观、文化崇拜方式等虽然得以传承延续，与民众的日常生活息息相关，但是这种文化实践与具体生活之间存在某种分隔。这些恰恰反映了村民的文化认知与文化身份、文化政治生活之间的隔阂，文化建设与经济建设之间的矛盾纠葛，体现了中国乡村文化建设各种能力不足的深层原因，反映了当代中国社会转型中文化建设的短板以及文化自觉之路②依然任重道远的现实。

　　费孝通先生晚年的研究，尤其是 20 世纪 90 年代以后的研究，从"志在富民"③ 转向对"心态秩序"的重视与强调，就是基于对全球化进程中人类心态问题的深入思考，继而提出一种国民建设的文化自觉。费孝通先生晚年意识到，"必须建立的新秩序不仅需要一个能保证人类维持生存下去的公正的生态格局，而且还需要一个所有人类均能遂生乐业，发扬人生价值的心态秩序"④，就是要基于"生态秩序"与"社会秩序"，在全球化进程中构建人与人相互认可和理解的价值体系，这亦是梁漱溟先生致力于从事的中国文化重建之重大意义。梁漱溟认为，自近代以来中国种种关于经济政治的改良与革命之所以失败，根本问题就在于文化失调，而他所致力于从事的乡村自治或村治就是一种文化意义上的乡村运动。⑤

　　梁漱溟与费孝通两位先生对中国乡村社会的真知灼见可谓中国社会

---

① 日本学者横山宁夫将"文化"分为三个层次：物质文化、制度文化和理念文化。物质文化主要指生产工具、生产条件等；制度文化包括国家机器、政治组织等；理念文化主要是指风俗、习惯、价值观念等。这三个层次是一个有机整体，不可分割。横山宁夫：《社会学概论》，毛良鸿等译，上海译文出版社 1983 年版。

② 李友梅：《导言："文化自觉"与现代知识分子的社会责任》《文化主体性及其困境——费孝通文化观的社会学分析》，转引自耿敬、李友梅等《文化主体性的思考》，社会科学文献出版社 2015 年版，第 1—28 页。

③ 费孝通：《农村、小城镇、区域发展——我的社区研究历程的再回顾》，《北京大学学报》（哲学社会科学版）1995 年第 2 期，第 12 页。

④ 费孝通：《中国城乡发展的道路——我一生的研究课题》，《中国社会科学》1993 年第 1 期，第 12 页。

⑤ 曹跃明：《梁漱溟思想研究》，天津人民出版社 1995 年版，第 321—322 页。

科学推进本土化的重要标志和重要成果，对于深入认识和有效解决当下的乡村问题具有重要的参考价值。① 只是，一百多年来的历史社会与文化变迁，以及国家政权不断向乡村渗透的过程，使乡村作为基层征税纳税的最小单位，或作为村落文化共同体的作用发挥，依然呈现"理性小农"② 追逐私我利益的中国式自我行动逻辑。虽然这点并不影响乡村作为文化共同体可能维系的道义秩序，却也是中国社会整体秩序中很容易分化、松散如沙的普遍特征的根源所在。

在这种个人与集体、私人与公共之公私关系的历史文化背景下，当代乡村振兴中新型职业农民培育已经成为一种发展方向和可能的农业产业化趋势。学界研究与现实也已呈现这种新型职业农民培育政策与制度等对于推动乡村建设的作用，尤其是技术培训、建设方法与思路方面的制度化和资源关系的整合与丰富等，都可能促使乡村企业家、农民精英成为地方文化建设的中介人，这对于乡村集体经济发展、文化建设及促成集体行动都有着特别的社会联结意义。

在此，村级政权带领下的村落经济生产模式与产业结构，能否促使这类"乡村企业家""农民精英"成为杜赞奇笔下的"经纪人"，无论是保护本地乡村民众利益的"保护型经纪人"，还是通过乡村企业在连接乡村、家庭内外部关系，增进国家与农民、地方关系中榨取中间利润的"营利型经纪人"，其中的衔接与整合环节对"找回乡村"及"村落共同体"都颇有意义，无论这种"经纪人"之主观意愿及其建设乡村的文化心态是基于某种宗族血缘关系及情感结构，还是出于个人在乡村权力结构方面的私人化构建。

即便是后者，如果某种利益整合机制能够实现一种协调与兼顾公私关系的可能，那么，这类营利型中介人群或力量，便可能与乡村行政精英、文化精英、商业精英等民间精英相配合，成为一种促进乡村社会关系和谐、乡村生活共同体构建、乡村集体经济重构的内生动力或激活机制，成为促进乡村文化建设的积极中介及实现文化自治的力量。这样的文化建设路径，就不仅是追求理性物质利益的建设方式，而且是关注村民微观心态

---

① 张浩：《从"各美其美"到"美美与共"——费孝通看梁漱溟乡村建设主张》，《社会学研究》2019 年第 5 期，第 19 页。

② Samuel L. Popkin, *The Rational Peasant*. California：University of California Press, 1979.

及其对乡村共同体深厚情感与热爱的系统性建设方式。这方面，学界已经在城镇化进程中各种拆迁合并以及关于"集体行动与个体行动"[①] 关系的研究中多有体现。

这些在本书对梅山村的乡村煤矿企业和乡村文化知识精英的论述中也有具体呈现。如能通过这类新型职业精英进一步整合村内外人群与关系资源，就会更好地发挥乡村企业作为村级集体经济构成吸纳与整合乡村资源、增进村落人际关系以及促进产业就业、农民增收的作用，便能够为乡村企业文化构建、乡村集体文化建设奠定组织与制度基础。最为关键的就在于其中的整合机制，包括利益整合、家族整合、权力整合、关系整合等整合逻辑[②]与资源配置的规则构建。

第三节　公共文化与公共型叠合秩序的构成

乡村社会人地关系的城镇化变迁，致使乡村文化共同体及其权力的文化网络日渐弱化，呈现不同程度上的衰落或是重构的多样化景象。进一步重构乡村社会关系、聚合人群资源、提升乡村文化建设能力，以及呈现文化建设的社会性、公共性及良好心态秩序构成，成为振兴乡村、构建城乡关系链的关键。

在流动性和不确定性日渐增强的中国社会，乡村在多大程度上能够重构一种集体经济与文化共同体生活，能否构建基于文化建设的社会共同体或社会组织中介，发挥文化建设在促进基层社会"共建、共治、共享"方面的价值，关系到"乡村发展走向何处"的重大问题，更关系到中国社会文明进程与治理转型。

杜赞奇在《文化、权力与国家：1900—1942 年的华北农村》中曾经就"华北乡村是一个共同体吗"的问题对"乡村共同体"这一概念的产生背景做过深入讨论。杜赞奇通过梳理"共同体"一词的来源以及指出自由派和左

---

① 刘怡然：《共同体的庇护——集体行动向个体行动转变的人类学视角》，《上海大学学报》（社会科学版）2020 年第 1 期。

② 周怡教授在关于华西村的研究中，专门就"后集体主义"时期的整合与分化做了深入分析。周怡：《中国第一村：华西村转型经济中的后集体主义》，香港牛津大学出版社 2006 年版。

派日本学者曾引入"共同体"概念，以解释和批判日本学者对当时中国乡村研究的不足和缺陷。同时，他在比较施坚雅重视集市而轻视村庄的基层社会研究、黄宗智的满铁调查村庄研究以及旗田巍的村庄研究后，指出了共同体内部普遍存在的"合作与竞争"及其背后的双重动机，即"在同一机体或行为中，合作与竞争往往并存"，"他们以合作和竞争来应付变化不定的周围世界"①，构建着一种相对的关系平衡与村庄秩序，其实质就是村庄内外、家庭内外、村与民、国家与地方公私利益的协调与平衡。

杜赞奇笔下"合作与竞争"的共同体关系，主要体现在传统村庄的排外性、集体仪式的参加权、准亲戚关系称谓、处理村内外人与人关系的亲疏远近及利益分配，乃至争斗与冲突等。这一点在"后集体主义"时代、流动性日益增强的当代乡村社会，同样体现在村庄内外、家庭内外、村与民、国家与地方的关系构建等不断分化及不断整合的现代化进程中。其中的分化与竞争，主要体现在利益分配、资源分配、家族内部人群分化、乡村企业利益竞争、社会关系网络松散等方面。

从传统到现代的进程中，家庭、家族等社会内部的分化与再分化以及人们对待家庭、家族及其族谱的代际差异等，都让学界注意到中国乡村社会所发生的一系列结构性变迁、冲突及结构性张力问题。比如"国家介入与地方行动之间的张力"等问题，具体表现在政策定位、治理形态、资源配置、行动主体四个方面。② 同时，中国传统乡村的社会心态从以"天命""公私""秩序"为主要特征转变为以"争取""发展""开放"为主要特征。③ 这些变迁的核心在于，"人们开始重视自己发展出来的、自致性的关系网络，而不再需要天然地臣服于先赋性的关系网络（如宗族、亲缘和血缘），这就使得宗亲关系的实际运作边界是权变的"④，被阎云翔称为"实践性亲属关系"⑤，即亲属关系网络的边界会因不同情境而

① 杜赞奇：《文化、权力与国家：1900—1942年的华北农村》，王福明译，江苏人民出版社2003年版，第171—179页。
② 文军、陈雪婧：《国家介入与地方行动：乡村内生发展的张力及其化解》，《南京农业大学学报》（社会科学版）2024年第1期。
③ 文军、陈宇涵：《不确定性视角下乡村社会心态变迁及秩序建构》，《社会发展研究》2023年第4期，第42页。
④ 朱妍、林盼：《宗族修谱活动中的代际分化与青年人的利益诉求》，《青年研究》2016年第6期，第67页。
⑤ 阎云翔：《中国社会的个体化》，陆洋等译，上海译文出版社2012年版。

变化。借助于这种关系网络及行动逻辑，民间精英的权威生成也具有实践权变性，且面临不断维系与此权威相关的各种社会关系的稳定的问题，而这些权变都与民间精英能否发挥建设乡村的能力以及发挥到何种程度的问题密切相关。

在溪水村以孔麟鞠老人所实践的传统儒学建设、梅山村地方知识精英和文化行政精英的乡村旅游建设思路以及吉原村新农村建设及其困境中，都能够发现这种需要维系关系的"关系原理"① 与普遍行动逻辑。这里的"关系"，不仅是中国社会所特有的一种熟人交往关系，而且是从个人、村社或组织出发的一种私人化关系的博弈与构建，是对村内外及城乡文化链生成过程中相关资源与规则的把握与占有、重新组合分配及私人庇护性寻求，尤其体现出乡村文化建设对于行政权力资源及其象征系统的强依附性特征。

此变迁及行动层面的强依附性逻辑，同样体现在家族认同的代际差异及中国社会亲密关系的变革方面。比如，青年子代更重视家庭利益与个人利益的平衡，这一点和父代强调家庭利益高于个人利益的传统家庭主义不同，被誉为兼顾个体意识崛起和家庭价值的"新家庭主义"② 及"个体家庭"③、强调中国式亲密关系的"社会自我行动逻辑"之"下行式家庭主义"④，都试图揭示中国家庭领域正在发生的"个体化"进程，更加强调个人的自主选择认同及权责意识，以及自我与家庭利益的平衡，但是较为忽视其中的理性选择及利益冲突、策略行为视角，以及家国同源同构逻辑对"个人"及"家–国"观念的不断形塑的内在影响。而以"家"为研究方法⑤，寻求现代化进程中社会学理论本土化及其想象力的构建，恰恰是从"家庭主义"走向"个人主义"的张力体现。

尽管信息化、数字化时代所推进的人地关系、人群关系不再以家庭关系为唯一社会关系，各种超越血缘、地缘、亲缘、业缘的虚拟网络群和圈子文化盛行，但是，家庭血缘关系及其自我行动逻辑，依旧是中国社会最

---

① 翟学伟：《中国人的关系原理：时空秩序、生活欲念及其流变》，北京大学出版社 2011 年版。
② 康岚：《代差与代同：新家庭主义价值的兴起》，《青年研究》2012 年第 3 期。
③ 沈奕斐：《谁在你家：中国"个体家庭"的选择》，上海三联书店 2019 年版。
④ 阎云翔：《社会自我主义：中国式亲密关系——中国北方农村的代际亲密关系与下行式家庭主义》，杨雯琦译，《探索与争鸣》2017 年第 7 期。
⑤ 肖瑛：《"家"作为方法：中国社会理论的一种尝试》，《中国社会科学》2020 年第 11 期。

为普遍的社群交往方式，这恰恰说明对于个人而言最为重要的"家"及其关系结构的双重性，即一方面，中国人在现代化进程中试图走出家庭血缘关系，不受以"家"为核心的大家长制权威及其财产关系的制约；另一方面，市场化的各种生存竞争与道德伦理关系，又使个人不得不依附于家庭血缘及人伦关系，以构建自我实现的意义和价值。这种试图超越家族关系，但是又无法超越家族关系的文化结构与情感心态特征，正是中国社会从私人化走向个体化进程中的最大桎梏。

这种曾被梁漱溟誉为东西方文化差异的"伦理本位"社会，致使中国人无论走到哪里都要寻求来自血缘、地缘、亲缘、业缘等的宗族会、同乡会及宗亲会的关系庇护，在各种关系资源与规则的反复使用与重构中，形成多个面向、多个层级且纵横交错，甚至不断"分离与重叠"的动态的叠合型交往关系。这在项飙北京"浙江村"①的研究中有深刻而具体的呈现，他提出来的一系列概念，如"关系丛""关系的关系""交错互惠""关系中人"等，就是中国社会独特的人群关系及交往方式，可以在不断"分离与重叠"中发挥促进社区整合及地方经济发展的作用。

可见，无论是宏观层面古今—城乡关系变迁所体现的传统与现代的矛盾关系，还是微观层面中国人自我行动的交往逻辑与生存方式，抑或是中观层面中国人喜好寻求"关系共同体"式的、相对平衡的、"中国人特有的和谐观/冲突观及和谐化方式/冲突化解方式"②的人际关系网络及组织方式，都呈现了中国社会变迁独有的行动能力、价值取向和文化理解方式。

这种情况使中国历史文化变迁及自我、家庭、社会的发展，呈现一种翻转的双重性。在个人层面，一方面私心很重，是喜好"窝里斗"的"小我"之利己主义或精致的利己主义者；另一方面又有着特有的"大我"式甚至是大公无私、公而忘私的集体主义理念。这种双重性，最终形成了费孝通笔下对传统社会描述的"差序格局"以及随着乡土社会变

---

① 项飙：《跨越边界的社区：北京"浙江村"的生活史》（修订版），生活书店出版有限公司 2018 年版，第 394 页。

② 黄曬莉：《人际和谐与冲突：本土化的理论与研究》，台北桂冠图书股份有限公司 1999 年版。

迁所呈现的"工具性差序格局"① "工具性圈层格局"② 逻辑，个人与集体、私人与公共之间的边界相当模糊，且会依情境而发生变化。此一"中国人行动的逻辑"③，在面对乡村文化共同体建设时，同样会呈现与其一致的社会行动逻辑。

从浙闽豫三地民间精英与文化建设的关系视角来看，作为促进乡村文化建设之中介，民间基层权力代言人与民间精英致力于乡村儒学和乡村文化旅游等地方文化实践，其自身也在此过程中成为乡村文化建设链条上的某一生产方。借着这一中介之"公"，他们将自我对乡村历史与文化理解的个人性认知与家国情感，乃至与其相关的社会关系网络，融入这一文化建设的过程之中，以构建自身在此文化网络中的权力资本及地位能力，实现公私协调及融合。在此，乡村文化建设能力研究，呈现的就是乡村各种社会关系与资源之间的整合问题，关键就在于其中的整合中介是精英还是共同体组织，或是二者兼有，或是规则式的制度化构建，具体情况取决于乡村社会文化建设的具体语境与现状特征。浙闽豫三地乡村文化建设及其实践活动，实际上特别体现出民间精英在构建权力的文化网络和关系资源生产与再生产方面的现实逻辑。尤其是基层权力代言人在促进文化建设能力提升方面所呈现的对相关行政资源、家族关系的强依附性思维，无疑是一种乡村秩序内生发展的自我行动与关系思维，亦是乡村文化自治及其治理有效性在这些个案研究中的具体体现。

在乡村秩序的重构方面，乡村社会生活自有一套逻辑，具有不同于城市生活的特殊禀赋与社会性格，乡村是传统社会关系、生命价值、地方民俗和日常生活并存的或松散或集中的共同体。在保护村落传统和"小农经济"的基础上，进一步维系"村庄社会关联"④ 及文化自有的权威性，

① 李沛良：《试中国式社会学研究的关联概念与命题》，转引自北京大学社会学人类学研究所编《东亚社会研究》，北京大学出版社 1993 年版。
② 谭同学：《当代中国乡村社会结合中的工具性圈层格局——基于桥村田野经验的分析》，《开放时代》2009 年第 8 期。
③ 翟学伟：《中国人行动的逻辑》，生活书店出版有限公司 2017 年版。
④ 贺雪峰、仝志辉：《论村庄社会关联——兼论村庄秩序的社会基础》，《中国社会科学》2002 年第 3 期；刘拥华：《论社会关联的形式：社会、宗教、政治——兼论中国社会的社会关联》，《江苏行政学院学报》2016 年第 5 期。

改善乡村文化建设"公共性"① 弱化现状，在整合乡村关系与资源过程中协调与平衡各种文化建设心态，构建一种以村组织为主导、各种不同价值主体协同参与的公共文化与公共型叠合秩序，依然是乡村振兴面临的最大任务。

另外，在城镇化与乡村振兴进程中，通过乡村企业、文化组织、宗族、村级政权等共同构建乡村文化实践的稳定机制或实体组织，重新将留守、分散在各地的乡村社会大众，居住于附近城镇的本地居民，与在外务工人员、退休老干部、返乡创业大学生、新乡贤等进行联结和组织，同时吸纳和激励本地村民、周边村民和在城村民积极参与，无疑是一条有助于增进乡村社会关系与促进资源重组的文化整合路径。

如其能够构建一种朝向积极的"合作实体"，尤其能够构建一种文化建设的实体平台及其制度组织，就可能构建滕尼斯（Ferdinand Tönnies）笔下的"共同体与社会"逻辑②，促使这种"合作实体"不断超越家族、地缘、亲缘等"共同体"，向"社会"及其良性联结过渡与转型，促成基层社会文化建设的组织机制与文化共同体之生产与再生产。

在此方面，当前中国农村社会正在出现的新型职业农民群体、大型农场主群体以及因各种仪式性的文化崇拜活动而形成的文化群体，都将是实现这种文化与资源共享或认同累加的中介组织，促使乡村价值信念系统走出文化建设、价值关系重构的私人化和仪式化困境，是促进乡村振兴公共型叠合秩序形成、重新找回乡村并构建新型乡村生活共同体和新型城乡关系的关键所在。

至于其中的不同群体或个人之间能否达成致力于乡村建设的共享公共型价值理念，关键就在于这种结构性私人化过程中各方利益关系的平衡与协调。尽管没有一种绝对的平衡与协调真实存在，但是可以尽可能满足各方利益主体的需要，尤其是在面对乡村公共事务时，特别需要抽离文化建设的私人层面，以促成乡村社会不同价值关系及其主体之间的资源整合及正向价值累加，构建有益于乡村群众集体利益或公共利益的规则或理性共识。

---

① 桂华：《"三农"形势新变化与我国乡村治理转型》，《长白学刊》2018 年第 3 期，第 63 页。
② 斐迪南·滕尼斯：《共同体与社会——纯粹社会学的基本概念》，林荣远译，商务印书馆 1999年版。

第四节 文化建构秩序的配置规则与行动逻辑

英国社会学家齐格蒙特·鲍曼曾经就文化与秩序的关系指出，"每一种文化的存在都依赖于对生活意义的发明和传播，每一种秩序的存在都依赖于对要超越的强烈欲望的操纵；但是，由这种欲望所产生的能量一旦转化为资本，便可能以许多不同的方式得以使用和误用，尽管从每一种能量的分配中所获得的利益给人们所带来的益处是不等的。可以说，'社会秩序'的要旨是重新分配，即对在文化环境中产生的资源和超越策略进行区别性分配；所有社会秩序的作用都是控制它们的可及性，把这一作用转变为'社会分层的主要因素'和控制社会不平等的首要措施"。① 至此，文化构建社会良性秩序乃至良好社会心态的最大意义在于，它能够对社会进行重新再分配和控制社会不平等，能够将拥有文化资源的不同个人进行整合或分层，继而构建了不同类型的文化模式，并以不同的文化身份建构着不同的人群秩序。可见，如果说社会秩序的要旨是参与社会的重新分配，那么文化秩序同样具有这样的重新分配特征。

其中的关键在于个体或组织的文化建设能力认知与实践性程度，以及整个社会能够提供给个体或组织在文化自治方面的制度与合法性保障。故我关于浙闽豫三地文化建设能力的研究，就试图构建提升乡村振兴文化建设能力的理论图景与解释框架，指出基于文化主体性之文化自觉与生活政治，或基于文化身份权利的乡村叠合秩序及其构成逻辑，如此将文化秩序置于社会秩序的重新分配之中，促进文化自身的再创造与转换性发展，同时在参与和分配资源中让乡村群众真正共建文化、共治文化、共享文化，实现文化惠民。

当然，其前提在于，乡村社会文化的多样性、传统性、家族性和历史性致使选择与建设一种基于地方文化特色，同时又超越地方文化特色的新型文化及组织形式，成为提升文化建设能力、促进乡村全面振兴的关键。在弘扬中华优秀传统文化的背景下，并非所有的传统文化类型都能生发或

---

① 齐格蒙特·鲍曼：《个体化社会》，范祥涛译，上海三联书店 2002 年版，第 6 页。

有机会构建现代乡村发展的内生动力。乡村文化建设的过程、机制与结果，能否生发与构建一种公共文化与叠合秩序，在于这一文化建设本身是否遵循文化主体意愿，能够在多大程度上借助于愿意支持乡村建设的行政-文化-商业精英等人物中介的城乡关系链资源，把握好适合乡村发展的各种文化资源之间的整合逻辑，以适应乡村农业生产、文化共同体生活，并有益于村与民、民与民、乡村与城市、村民与国家等社会关系及其权利的平衡，促成文化资源建设在配置层面的制度化及规则构建。

关于文化自觉及文化身份的构建，在溪水村以孔麟鞠老人为代表的乡村儒绅那里有着最为详细的体现。孔麟鞠、"孔爷"等人几十年如一日地为祭孔典礼恢复、孔氏总厅重建、溪水村孔氏后裔家谱重修以及一系列促进乡村文化建设的活动的举办而操劳，形成了一种精英主导下的乡村文化构建模式。这种文化主体性意识，同样在梅山村的名人崇拜及家族祭祖、祠堂修缮、乡村旅游规划，如吉原村现任村支书对于该村土地、村集体旅游文化等规划实践中得以体现。包括梅山村乡村教师、第一书记、村委会主任以及吉原村现任村支书等在内的对家族文化及传统习俗、村集体建设、乡村振兴有着独特情感的行政精英和文化精英，能够联合起来就如何促进乡村发展出谋划策，表达与实践其地方情怀与家国情怀，在乡村文化建设中具有相应的权威性和话语权，是乡村文化资源配置及规则构建的中介人。

这类"中介人"，是当前中国乡村社会构建乡村文化共同体的关键人物。这类人物在杜赞奇的笔下，就是连接国家与地方社会的"经纪人"，或称"经济人"。对于这类中介人的概念界定，杜赞奇已经指出，其本身既无褒义，也无贬义，分为保护型经纪人和营利型经纪人。前者与社区民众的关系较为密切，后者虽有对待乡民的贪婪性和利益掠夺性，但是，如果营利型经纪人能够真正作用于乡村企业文化及其制度化运作，也将对其有理性与积极的推动作用。

结合杜赞奇的经纪人类型研究和本书所进行的个案研究，尤其是上述提及的民间精英，我们可以发现和期待的是，无论是从民众利益出发的文化建设能力构成之挖掘，还是基于企业营利性质的某种制度化经营，如果能够在这类中介或经纪人的主导下，生发与创造性地构建乡村新型文化，在此过程中带动乡村各类人群与资源的有效整合，并能够基于经济、文化、利益、家族等促使留守村民有效联结，那么，这样的文化建设，就不仅是对乡村共同体及其社会关系的重塑，而且是一种有益于文化社会性及文化权利的现代构建。

这一理论层面的思考与构建，当然比现实中的社会实践更为理想。然而，这样的理论分析路径，并不影响我们对于文化建设能力自身的谨慎分析。相较于理论思考，我们从个案研究中不仅能够发现文化共同体建设的某种可能性，还能发现构建文化社会性与公共性的种种困境与普遍的建设逻辑。具体表现为基层社会组织能力有待提升、文化主体性与自治意识较为缺乏、宗族权威式微、价值分化导致的人群与阶层分化、民众对村集体文化建设活动的漠视等，这些都是乡村文化建设、集体行动难以促成的实践困境。

在此种情况下，能够构建与整合乡村文化资源的，就是那些作为村级权力代言人的村干部必须去面对的公共事务，或是民间精英基于自身喜好和家国情怀的文化自觉意识与道德行动。可以说，当前乡村文化建设大多依赖于这两种类型的中介人。而在相关文化资源的制度化构建进程中，村级政权和民间精英能够依赖和组织的资源的有效性、诸多文化实践所依托的现实条件的匮乏和局限性等，都使乡村文化建设面临资金、人才、技术、土地、利益协调等方面的结构性困境。尽管在这些中介人的组织权威与能力范围内，乡村文化建设的具体化表达，比如图书室、文化墙、祠堂、老桥与老路、老庙、家谱文本等都得到了不同程度的修缮与保护，村民生活环境以及人文素质等得到提升，丰富了乡村建设的能力构成，然而，这些文化建设如同一个个的项目，大多出于自上而下的制度供给或倒逼式建设，致使此类文化建设往往成为静态而景观式的存在，或是仅仅体现了基层组织的功能，无法真正促成人文精神与行动能力的提升，乡村文化建设在某种程度上更面临无人问、无人管、无多少人真正懂并愿意投身去做的现状。

文化本身就是一种人类学意义上内化了的存在方式。只是文化作为一种促进乡村内生发展的建设路径，需要制度化和组织化的重塑与现代化构建。国家卫生健康委员会预计，2030年约有2.3亿人转移至城镇，城镇流动人口将达到8000万人，我国城镇化率将高达70%。① 这意味着留守

---

① 顾泳：《国家卫计委负责人公布数据：至2030年城镇化率达70%，未来15年中国将有2.3亿人进城》，《解放日报》2015年7月10日。

乡村的人会越来越少。如何组织乡村留守老人等人员，以文化建设的方式关爱留守村民，促进留守村民增收致富，使其过上物质需求与精神需求都得到满足的美好生活，成为乡村文化建设所面临的一个具体问题。

另外，如何构建一种关系型的乡村发展思路，不断拓展乡村与外界的有效联结，在乡村内外资源的有效整合中促进乡村实体经济的发展，成为近年来学界关注与讨论的热点之一。"实体主义乡村发展观的关系转向为此提供了一种关系性的理论框架来重新理解、描述和建构乡村。乡村振兴的关键在于重构一种关系型的乡村治理体系，其对象不再简单是'人'或'物'，而是涉及城与乡、本地与全球、人类活动与自然社会系统等不同空间尺度之间的空间关系。"[1] 作为推动关系型乡村建设与城镇化的重要构成部分，以文化促进关系型乡村建设体系和治理体系的生成，构建文化建设的城乡互动链与实体组织，重塑城乡文化空间与社会空间，无疑是文化建设能力研究最大的理论与社会意义。

需要面对的现实还在于，当圣人崇拜的文化资源及其规则的建设权力掌握在部分群体手中时，当名人文化资源成为提升精英自身影响力及其权威资源的工具和方式时，当家族血缘关系成为一种特殊的中介链条，成为部分人群构建自身权力关系及自我利益的生产链条时，当祖宗崇拜及其文化心态在新农村建设及公共事务中重视和考虑不足时，当文化建设自身仅依赖于比村级更大的行政权力之制度供给及其象征权力的某种变相补给或是意义表征，而很难真正依托乡村自有资源而提升乡民文化认知与自治意识时，这些文化建设的意义和逻辑还是否具有一种普遍存在的可能性。

这样的文化建设方式在某种意义上，其实并未超越家国同构与总体权力框架的深层影响。我曾于梅山村调研时经村里人介绍认识了梅姓家族文化研究中心的主任梅清风。就此得知梅清风是梅山村人，他早年离开家乡务工，现在移居上海闵行区已经十余年，有两家自己的公司。在更加深入了解之后，我才发现梅清风其实有着极为深厚的家族文化情怀。这种情怀体现在他所推动的梅姓家族文化建设以及具体事务的开展上。只是在此之外我还发现，借助于这种因家族血缘关系及文化认同而形成的家族文化网络，梅清风能够寻求诸多生意场上的利益转换与关系互惠。梅林辉这一名

---

[1] 吴越菲：《重建关系性的"乡村"：实体主义乡村发展观的关系转向及其实践脉络》，《南京农业大学学报》（社会科学版）2019年第4期。

人崇拜及梅姓在全国范围内的权力声誉与象征系统，能够为梅清风扩大企业影响力，带来一些资源、人脉及关系权力。当然，其中诸多活动的开展，对一些企业与学术精英的聘请吸纳，运用家族关系网络推动企业联盟，以此增强全国梅姓家族成员的凝聚力与文化认同等，对于梅山村自身发展及其文化旅游的开发无疑具有重要意义，然而其中的文化建设之私人化和依附性逻辑是很突出的。

当代乡村文化建设的私人化依附与层级式建设逻辑表明，谁能够把握或左右相应的文化规则和资源系统，谁就能够将这些不同的规则和资源为己所用，构建一种独特的关系结构；谁拥有的关系资源量越多，谁就越能够主导这种关系结构及私人化行动逻辑。同时，这也充分说明了私人化行动逻辑对于外在社会条件或人际关系、资源类型的强依附性，且能够根据情境或"己"之所处位置进行自我调整，并整合于各种资源与关系的特殊主义行动策略中，最终使诸多私人关系介入其中，以至于其公开性、公共性无法真实展开，导致集体行动陷入困境。

小　结　私人化与层级式的文化建设能力

乡村文化传承与建设过程中的诸多仪式化、私人化及层级式建设特征，已经说明了乡村文化实践过程中的各种强依附性及文化建设能力的具体呈现。此种逻辑对乡村社会整体发展以及乡村社会价值观念的正向累加乃至秩序重构具有重要影响。农民自身的私人化行动逻辑与对待崇拜对象的仪式化态度、道德情感有着本质相似性，那就是以自我利益为中心的"小农行动"导向。这也是斯梅尔瑟提出的集体行为的价值累加理论（Value-added Theory）所面临的普遍问题。[①] 这种行动逻辑被马克思称为以"马铃薯"[②] 状态存在的小农经济及其生活方式，装在袋子里是一个整体，但袋子破损后就会散落一地、各不相干，它们表现在集体行动层面更

---

① Semelser, Neil J., *Theory of Collective Behavior*. New York：Free Press, 1962.

② 卡尔·马克思：《路易·波拿巴的雾月十八日》，载《马克思恩格斯文集》第 2 卷，中共中央马克思恩格斯列宁斯大林著作编译局译，人民出版社 2009 年版，第 472 页。

是"善分不善合"①。

此一基于仪式化的依附性关系及私人化行动逻辑，在中国有其深刻的历史文化根源，源自中国历史上的崇公抑私、灭私立公的文化传统，无法成为中国社会之公共理念，大多会被一种公共化的价值理念处理为私人的事情。然而，任何一种文化崇拜及其实践活动都具有私人化和公共性的双重特征，关键就在于是否能够在一定的结构化视域中充分运用各种资源与关系，进而建构这种文化崇拜实践所本有的规则化体系，表达出基于文化崇拜关系的社会性与公共性。这种矛盾与困境，正是乡村文化参与乡村建设面临的重大难题之一。

针对这一难题，学界曾经提出"后集体主义"② 作为乡村建设的主要进路。这种"后集体主义"的主要特征在于，既不同于1978年以前的公社集体主义，又不同于1978年之后出现的联产合作经营之"新集体主义"，它延续了过去的集体主义之后又经过不断的"整合—分化—整合"过程形成了"集体与去集体因素共存的社区状态"。而所谓"后"，就是在强调集体共同体整合的力量一次次战胜村庄所可能发生的各种离散及分化。因此，"后集体主义"社会既是一个高度分化的社会，又是一个高度整合的组织化社会，它旨在强调集体共同体或权力关系对不同资源与规则、不同身份人群和不同价值观念之间关系的高度整合，能够促成乡村新型秩序的生产与再生产。

为发挥这种"后集体主义"在乡村振兴中的具体作用，也许需要从外部系统制定适应乡村发展的制度优化方法③，需要社会资本的支持与作用发挥等④，但是，如果将这种"后集体主义"的概念置于乡村振兴战略中来了解，它就如同华尔德的"新传统主义"（Neo-traditionalism），即将一种实用性权力结构及其私人关系呈现在一个新型的单位组织及其行动逻辑当中。⑤ 这在乡村文化建设过程中，亦表现为孙立平笔下"纵向的庇护

---

① 曹锦清：《黄河边的中国：一个学者对乡村社会的观察与思考》，上海文艺出版社2000年版。
② 周怡：《中国第一村：华西村转型经济中的后集体主义》，香港牛津大学出版社2006年版。
③ 金太军、鹿斌：《制度建构：走出集体行动困境的反思》，《南京师大学报》（社会科学版）2016年第2期。
④ 张继亮：《走出集体行动困境的社会资本逻辑理路探析》，《学术交流》2014年第6期。
⑤ 华尔德：《共产党社会的新传统主义：中国工业中的工作环境和权力结构》，龚小夏译，香港牛津大学出版社1996年版。

主义关系和横向的工具性个人关系"① 的复杂交织，是中国人所特有的"自我行动逻辑"，即自我行动者在自我主义和关系理性的驱动及约束下所做出的关系行动选择，是依赖关系所采取的自我行动，且是以自我利益为导向的；这种行动逻辑所产生的结果与潜在后果就是集体行动缺失或不足，只能走向一种以特殊主义纽带为基础的小集团或派系行动。②

这些论述恰恰说明，中国社会往往在正式制度或规则之外存在大量的非正式制度、潜规则等，并且其与正式制度或规则紧密结合在一起发挥作用，构成一种独特的公共与私人、官员与个人、庇护者与被庇护者之间的权力关系。其实质是依据不同时空背景下"关系即结构"的规则与资源，生成一种关系式的纵向庇护和横向依附特征。其中，纵向庇护关系，主要体现为对行政权力及象征资源的私人庇护；横向依附关系，则主要体现为对家族血缘关系的私人依附。无论是纵向庇护关系还是横向依附关系，都是一种家国同构逻辑下"关系即结构"的私人化行动逻辑，体现为个人与国家之间"社会"构建的权利缺失及能力不足，但是又非个人主义及私法制度保障之"个体化社会"③ 的现代性构建逻辑，以至于构成类似于乡村文化建设的并且与大众日常生活联系最为紧密的关系网络，亦是一种如同私人化的仪式性结构或乡村社会小圈子、小群体社会。这样的社会只能依附于各种行政权力，并为各种权力关系所主导。相关的文化规则与资源整合亦在此权力关系结构中被不断重新构建，成为私人化的规则和资源。

针对这种较为普遍的依附性及私人化行动逻辑，如要降低集体行动成本④，那么，就需要借助于乡村非制度层面如乡风、村规、民约、身份、权威等"文化面向"⑤ 的价值信念与人物中介等激励或参与机制，构建价值累加与秩序叠合等乡村共识，促成情境化、策略性或乡村文化实践仪式中私人行动向集体行动转变，促使农民从"无公德的个人"转变为"有

① 孙立平：《权利失衡、两极社会与合作主义宪政体制》，《战略与管理》2004 年第 1 期；孙立平：《"关系"、社会关系与社会结构》，《社会学研究》1996 年第 5 期。
② 汪和建：《自我行动的逻辑：理解"新传统主义"与中国单位组织的真实的社会建构》，《社会》2006 年第 3 期。
③ 齐格蒙特·鲍曼：《个体化社会》，范祥涛译，上海三联书店 2002 年版。
④ 周生春、汪杰贵：《乡村社会资本与农村公共服务农民自主供给效率——基于集体行动视角的研究》，《浙江大学学报》（人文社会科学版）2012 年第 3 期。
⑤ 夏瑛：《从边缘到主流：集体行动框架与文化情境》，《社会》2014 年第 1 期。

集体理念的新公民"。当前中国农村社会中传统乡村的宗族群体、正在出现的职业群体以及各种文化组织所形成的崇拜群体之间能否在现实层面真正共享或经由认同累加而形成价值信念系统，走出文化崇拜、价值关系的私人化和仪式化展演困境，关键就在于这种结构性私人化过程中各方利益关系的公私平衡与协调，以及乡村群众集体利益及公共规则或理性共识的达成。

从文化建设的本质来说，如要构建乡村文化建设在乡村建设中的价值与意义，就要协调与平衡不同的人群关系、利益关系、权力关系和资源关系，以促成不同资源与价值系统的正向累加。乡村文化建设能力的社会学研究，实际上就是通过人与文化崇拜之间的理论与实践关联，还原社会中人与人、人与家族、人与乡村秩序、乡村共同体之间的关系及其要素特征，以发掘其中的各种关联机制，构建文化建设在身份与权利等方面的个体及社会属性。

当前，乡村文化建设的一个重要特点就是，既有集体欢腾的仪式化内容，又有极为私密或私人层面的膜拜形式。将这些仪式化崇拜内容与组织资源倾向、行动逻辑等转变为促进乡村秩序构成的集体欢腾和公共理念，促进各种人群、资源及价值关系的正向累加，促进乡村文化共同体构建与社会关系重构，对乡村建设而言显得尤为关键。

其中，前文讨论的民间精英的中介地位与功能不可或缺。作为能够影响关系的特别中介、把握与整合乡村文化资源与社会规则系统的大人物，乡村民间精英在人际关系协调方面发挥着极其重要的积极作用。他们的身份构成与特征越是多元，其所具有的资源整合与协调乡村事务的能力越强，越是能够得到乡村民众与村级政权的认同与肯定，就越能够促进乡村公共事务的顺利开展。民间精英在乡村社会就是人与祖先、人与土地、人与人、人与村庄秩序乃至共同体生活得以连接的重要中介，他们本身亦是乡村价值累加链条中的重要一环，是乡村公共型叠合秩序构成的象征。

至于乡村文化建设能否或是在多大程度上能够形成相应的文化群体及其在私人化仪式层面表达出自身的主观意识或意愿，则包含了部分乡村居民对秩序与文化意义的各种"拼贴"过程，即对物品和对象的意义进行某种挪用交换，或不合常规的排列组合及重新排序等复杂过程。这些都会使乡村建设中的一些文化崇拜符号及表意规则系统得到整合或重新解释，从而可以实现乡村文化及其符号意义在不同语境下的重构，最终传递出一种层级式的、秩序叠合基础上的新意义与新价值。

总之，乡村文化建设就是要主动适应、参与和服务于乡村振兴战略，尤其是在乡村振兴文化资源的深度挖掘与再整合过程中建设一种有共同体意味的仪式，而非借助于集体欢腾而建构私人化的祈福仪式，仅仅去实现或具体呈现私人意义而非乡村群体生活。换句话说，就是要使乡村文化建设在乡村振兴过程中最大化地呈现价值累加及秩序叠合，让私人化崇拜仪式表现出共同体的仪式及其意味，并随着时代的变迁，把乡村文化从私人领域重新带回到共同体生活之中，实现从自我疏离到被乡村共同体秩序不断吸纳、转化及再创造的现代过程，促进新时代的美丽乡村建设，满足人民群众对于美好生活的需要，实现人民物质生活与精神生活的共同富裕。

参考文献

阿马蒂亚·森：《以自由看待发展》，任赜、于真译，中国人民大学出版社 2013 年版。

阿马蒂亚·森：《正义的理念》，王磊、李航译，中国人民大学出版社 2012 年版。

E. 霍布斯鲍姆、T. 兰格：《传统的发明》，顾杭、庞冠群译，译林出版社 2004 年版。

爱德华·格莱泽：《城市的胜利》，上海社会科学院出版社 2012 年版。

爱德华·希尔斯：《论传统》，傅铿、吕乐译，上海人民出版社 2009 年版。

安德鲁·华尔德：《共产党社会的新传统主义：中国工业中的工作环境和权力结构》，龚小夏译，香港牛津大学出版社 1996 年版。

安东尼·吉登斯：《社会的构成：结构化理论大纲》，李康、李猛译，生活·读书·新知三联书店 1998 年版。

安东尼·吉登斯：《社会学》（第五版），西蒙·格里菲斯协助，李康译，北京大学出版社 2009 年版。

柏桦：《烧钱：中国人生活世界中的物质精神》，袁剑、刘玺鸿译，江苏人民出版社 2019 年版。

鲍海君、吴次芳：《论失地农民社会保障体系建设》，《管理世界》2002 年第 10 期。

边燕杰：《关系社会学：理论与研究》，社会科学文献出版社 2011 年版。

蔡嘉源、陈藾：《台湾同胞寻根问祖之钥——论闽台宗亲文化交流》，《福建论坛》2009 年第 6 期。

曹锦清：《黄河边的中国：一个学者对乡村社会的观察与思考》，上海文艺出版社 2000 年版。

曹跃明：《梁漱溟思想研究》，天津人民出版社 1995 年版。

查理·路易·孟德斯鸠：《论法的精神》（上、下册），张雁深译，商务印书馆 1963 年版。

陈柏峰：《土地流转对农民阶层分化的影响——基于湖北省京山县调研的分析》，《中国农村观察》2009 年第 4 期。

陈建伟：《新型职业农民身份对农业经营收入的影响：基于倾向值匹配方法的分析》，《东岳论丛》2019 年第 11 期。

陈进国：《中国民间信仰如何走向善治》，《中央社会主义学院学报》2018 年第 3 期。

陈勤建：《当代民间信仰与民众生活》，上海锦绣文章出版社 2013 年版。

陈胜祥：《分化视角下转型期农民土地情结变迁分析》，《中国土地科学》2013 年第 6 期。

陈胜祥：《农民土地情结变迁的经济意义——基于 1149 份问卷的调查分析》，《青海社会科学》2012 年第 6 期。

陈胜祥：《农民土地所有权认知与农地制度创新——基于 1995—2008 年实证研究文献的统计分析》，《中国土地科学》2009 年第 11 期。

陈卫平：《儒学制度化的得失》，《光明日报》2015 年 7 月 6 日，第 16 版。

陈支平：《近 500 年来福建的家族社会与文化》，三联书店 1991 年版。

程潮：《论儒家的人格崇拜》，《安庆师范学院学报》1991 年第 1 期。

仇立平：《文化资本与社会地位获得——基于上海市的实证研究》，《中国社会科学》2011 年第 6 期。

戴安娜·克兰：《文化生产：媒体与都市艺术》，赵国新译，译林出版社 2012 年版。

戴维·E. 阿普特：《现代化的政治》，陈尧译，上海世纪出版集团、上海人民出版社 2011 年版。

翟学伟：《中国人的关系原理：时空秩序、生活欲念及其流变》，北京大学出版社 2011 年版。

翟学伟：《中国人行动的逻辑》，生活书店出版有限公司 2017 年版。

杜姣：《乡村振兴背景下乡村治理主体的去精英化与村干部职业化》，《经济社会体制比较》2022 年第 2 期。

杜赞奇：《文化、权力与国家：1900—1942 年的华北农村》，王福明译，江苏人民出版社 2003 年版。

渡边欣雄：《风水·气的景观地理学》，索秋劲译，台北：地景，2000。

范丽珠、欧大年：《中国北方农村社会的民间信仰》，上海人民出版社 2013 年版。

范正义：《众神喧哗中的十字架：基督教与福建民间信仰共处关系研究》，社会科学文献出版社 2015 年版。

斐迪南·滕尼斯：《共同体与社会——纯粹社会学的基本概念》，林荣远译，商务印书馆 1999 年版。

费孝通：《江村经济——中国农民的生活》，商务印书馆 2001 年版。

费孝通：《乡土中国》，北京大学出版社 2012 年版。

费孝通：《中国士绅——城乡关系论集》，赵旭东、秦志杰译，外语教学与研究出版社 2011 年版。

费孝通：《中国文化的重建》，华东师范大学出版社 2013 年版。

费正清主编《中国思想与制度论集》，段昌国等译，台北联经出版社 1976 年版。

冯仕政：《当代中国的社会治理与政治秩序》，中国人民大学出版社 2013 年版。

干春松：《制度化儒家及其解体》，中国人民大学出版社 2003 年版。

高晓琴：《乡村文化的双重逻辑与振兴路径》，《南京农业大学学报》（社会科学版）2020 年第 6 期。

耿敬、李友梅等：《文化主体性的思考》，社会科学文献出版社 2015 年版。

顾泳：《国家卫计委负责人公布数据：至 2030 年城镇化率达 70%，未来 15 年中国将有 2.3 亿人进城》，《解放日报》2015 年 7 月 10 日。

桂华：《"三农"形势新变化与我国乡村治理转型》，《长白学刊》2018 年第 3 期。

郭亮：《地根政治：江镇地权纠纷研究（1998—2010）》，社会科学文献出版社 2013 年版。

郭齐勇：《民间儒学的新开展》，《深圳大学学报》2013 年第 2 期。

哈佛燕京学社编《儒家传统与启蒙心态》，凤凰出版传媒集团、江苏教育出版社 2005 年版。

韩雪文、武鹏：《经济脱贫与文化脱贫如何协同推进》，《人民论坛》2017 年第 28 期。

何雪松、袁圆：《全球城市的流动性与社会治理》，《华东师范大学学报》

2017 年第 6 期。

贺喜：《亦神亦祖——粤西南信仰构建的社会史》，生活·读书·新知三联书店 2011 年版。

贺雪峰：《小农立场》，中国政法大学出版社 2013 年版。

贺雪峰：《新乡土中国》，北京大学出版社 2013 年版。

贺雪峰：《治村》，北京大学出版社 2017 年版。

贺雪峰：《组织起来——取消农业税后农村基层组织建设研究》，山东人民出版社 2012 年版。

横山宁夫：《社会学概论》，毛良鸿等译，上海译文出版社 1983 年版。

洪仁彪、张忠明：《农民职业化的国际经验与启示》，《农业经济问题》2013 年第 5 期。

侯外庐主编《中国思想史纲》，上海书店出版社 2004 年版。

侯喆：《基层权力结构中的动员与组织建设——对"新传统主义"理论的再思考》，《复旦政治学评论》2018 年第 2 期。

胡鹏辉、高继波：《新乡贤：内涵、作用与偏误规避》，《南京农业大学学报》（社会科学版）2017 年第 1 期。

胡鹏辉：《社会底层：结构机会与心态危机——以农民工和失地农民为例》，《福建论坛》2016 年第 11 期。

黄光国、胡先缙著，黄光国编订《面子：中国人的权力游戏》，中国人民大学出版社 2004 年版。

黄光国：《儒家关系主义：文化反思与典范重建》，北京大学出版社 2006 年版。

黄剑波、张真瑞：《"文"的意义与"化"的过程：作为一种文化实践的语言与言语》，《社会学评论》2020 年第 4 期。

黄剑波、赵亚川：《日常生活与人类学的中国思想资源》，《华东师范大学学报》2019 年第 3 期。

黄剑波：《地方文化与信仰共同体的生成：人类学与中国基督教研究》，知识产权出版社 2013 年版。

黄剑波：《碎片化的时代如何期待一个可欲的公共生活》，《探索与争鸣》2017 年第 6 期。

黄剑波：《乡村社区中的信仰、政治与生活——吴庄基督教的人类学研究》，香港中文大学出版社 2012 年版。

黄囒莉：《人际和谐与冲突：本土化的理论与研究》，台北桂冠图书股份有限公司 1999 年版。

黄尚军：《四川话民俗词语举例》，《方言》1998 年第 4 期。

黄新华：《吴语太湖片区的金总管信仰考》，《苏州科技大学学报》（社会科学版）2017 年第 3 期。

黄宗智：《华北的小农经济与社会变迁》，中华书局 1986 年版。

黄宗智：《中国农村的过密化与现代化：规范认识危机及其出路》，上海社会科学院出版社 1992 年版。

季芳桐：《儒学民间化研究——以泰州学派为考察点》，《南京理工大学学报》2013 年第 5 期。

姜爱、刘春桃：《乡村"过疏化"背景下传统村落乡村精英的角色——基于鄂西南盛家坝乡 E 村的个案考察》，《中南民族大学学报》2019 年第 5 期。

姜方炳：《"乡贤回归"：城乡循环修复与精英结构再造——以改革开放 40 年的城乡关系变迁为分析背景》，《浙江社会科学》2018 年第 10 期。

解丽霞：《制度化传承·精英化传承·民间化传承——中国优秀传统文化传承体系的历史经验与当代建构》，《社会科学战线》2013 年第 10 期。

金太军、鹿斌：《制度建构：走出集体行动困境的反思》，《南京师大学报》（社会科学版）2016 年第 2 期。

卡尔·马克思：《路易·波拿巴的雾月十八日》，载《马克思恩格斯文集》第 2 卷，中共中央马克思恩格斯列宁斯大林著作编译局译，人民出版社 2009 年版。

康岚：《失地农民被征用土地的意愿及其影响因素》，《中国农村经济》2009 年第 8 期。

科大卫：《皇帝和祖宗：华南的国家与宗族》，卜永坚译，凤凰出版传媒集团、江苏人民出版社 2009 年版。

兰德尔·柯林斯：《互动仪式链》，林聚任译，商务印书馆 2009 年版。

李华伟：《正祀与民间信仰的"非遗"化——对民间信仰两种文化整合战略的比较》，《中央民族大学学报》2019 年第 2 期。

李怀印：《乡村中国纪事——集体化和改革的微观历程》，法律出版社 2010 年版。

李里峰：《乡村精英的百年嬗蜕》，《武汉大学学报》2017 年第 1 期。

李培林：《村落的终结》，商务印书馆 2004 年版。

李沛良：《论中国式社会学研究的关联概念与命题》，载北京大学社会学人类学研究所编《东亚社会研究》，北京大学出版社 1993 年版。

李强、王昊：《什么是人的城镇化?》，《南京农业大学学报》（社会科学版）2017 年第 2 期。

李强：《人的城镇化的本意》，《山东经济战略研究》2018 年第 5 期。

李强：《职业共同体：今日中国社会整合之基础——论"杜尔克姆主义"的相关理论》，《学术界》2006 年第 3 期。

李强：《主动城镇化与被动城镇化》，《西北师大学报》2013 年第 6 期。

李向平、杨杨：《从空间定位到空间错位——城镇化过程中民间信仰方式的转型》，《东南学术》2019 年第 3 期。

李向平、张晓艺：《分化与合流——当代中国的儒学与儒教》，《人文天下》2016 年第 16 期。

李向平：《神圣悖论与民间信仰双重性》，《河北学刊》2018 年第 1 期。

李向平：《祖宗的神灵——缺乏神性的中国人文世界》，广西人民出版社 1989 年版。

李晓斐：《当代乡贤：地方精英抑或民间权威》，《华南农业大学学报》（社会科学版）2016 年第 4 期。

李旭：《新集体主义：新时代乡村振兴中的精神引导——以浙江为例》，《观察与思考》2018 年第 1 期。

理查德·桑内特：《公共人的衰落》，李继宏译，上海译文出版社 2008 年版。

梁漱溟：《乡村建设理论》，上海人民出版社 2011 年版。

梁漱溟：《中国文化要义》，世纪出版集团 2013 年版。

林国平：《闽台民间信仰源流》，台湾幼狮文化出版社 1996 年版。

刘超：《非物质文化遗产与乡村文化振兴：松潘小姓乡"毕曼"歌节的人类学研究》，《阿坝师范学院学报》2018 年第 4 期。

刘创楚、杨庆堃：《中国社会从不变到巨变》，香港中文大学出版社 2001 年版。

刘宏玉：《从"身份群体"到"职业群体"——新型职业农民身份转变的预估性难题及其破解研究》，《北京农业职业学院学报》2019 年第 5 期。

刘擎：《迷失的家园：超越经济视野的房地产问题》，《探索与争鸣》2016 年第 5 期。

刘燕舞：《农民自杀研究》，社会科学文献出版社 2014 年版。

刘怡然：《共同体的庇护：集体行动向个体行动转变的人类学视角》，《上海大学学报》2020 年第 1 期。

刘拥华：《从国家中心论到国家人类学——对国家与社会关系的一个历史考察》，《江南学刊》2018 年第 6 期。

刘拥华：《行为选择、博弈地位与制度变迁——基于国家-农民关系的分析框架》，《吉林大学社会科学学报》2015 年第 1 期。

卢海元：《土地换保障：扩大推动发展民众基础的政策选择——被征地农民社会保障的理论》，群众出版社 2012 年版。

卢海元：《土地换保障——妥善安置失地农民的基本设想》，《中国农村观察》2003 年第 6 期。

卢晖临：《通向集体之路：一项关于文化观念和制度形成的个案研究》，社会科学文献出版社 2015 年版。

陆学艺等：《社会结构的变迁》，中国社会科学出版社 1997 年版。

吕方、苏海、梅琳：《找回村落共同体：集体经济与乡村治理——来自豫鲁两省的经验观察》，《河南社会科学》2019 年第 6 期。

吕坤维：《中国人的情感——文化心理学阐释》，谢中垚译，北京师范大学出版社 2019 年版。

吕途：《迷失的新工人：待不下的城市，回不去的农村》，《社会科学报》2015 年 7 月 30 日。

马克·布洛赫：《法国农村史》，余中先、张朋浩、车耳译，商务印书馆 1991 年版。

马克·布洛赫：《封建社会》（上、下），张绪山译，商务印书馆 2018 年版。

马克·布洛赫：《国王神迹：英法王权所谓超自然性研究》，张绪山译，商务印书馆 2018 年版。

马林诺夫斯基：《文化论》，费孝通等译，中国民间文学出版社 1987 年版。

马歇尔·萨林斯：《历史之岛》，蓝达居等译，上海人民出版社 2003 年版。

曼瑟尔·奥尔森：《集体行动的逻辑》，陈郁等译，格致出版社、上海人民出版社 2014 年版。

孟德拉斯：《农民的终结》，李培林译，中国社会科学出版社 1991 年版。

宁锐、淡懿诚主编《中国民俗趣谈》，三秦出版社 1993 年版。

潘光旦：《儒家的社会思想》，北京大学出版社 2010 年版。

潘明：《城镇化进程中失地农民"无根"心态表现及调整对策》，《上海党史与党建》2009年第6期。

潘启云、田东林、杨永建、李皎、彭云：《边境民族地区农村基层党组织文化建设能力研究——来自云南4县8镇18村的调查》，《云南农业大学学报》2014年第3期。

彭永庆：《社区营造与民族地区乡村文化建设》，《华南农业大学学报》（社会科学版）2017年第3期。

皮埃尔·布迪厄：《实践感》，蒋梓骅译，译林出版社2003年版。

皮埃尔·布尔迪厄：《区分：判断力的社会批判》，刘晖译，商务印书馆2015年版。

普鸣：《成神：早期中国的宇宙论、祭祀与自我神化》，张常煊、李健芸译，生活·读书·新知三联书店2020年版。

齐格蒙特·鲍曼：《个体化社会》，范祥涛译，上海三联书店2002年版。

钱杭：《中国宗族史研究入门》，复旦大学出版社2009年版。

秦晖：《农民中国：历史反思与现实选择》，河南人民出版社2003年版。

任剑涛：《克制乡村治理中的浪漫主义冲动》，《湖北民族大学学报》（哲学社会科学版）2020年第1期。

石琴、李华、冯梅：《大学城建设中失地农民的社会保障问题研究——以重庆大学城为个案》，《重庆大学学报》2010年第3期。

苏力：《法治及其本土资源》，中国政法大学出版社2004年版。

苏力：《送法下乡：中国基层司法制度研究》，北京大学出版社2011年版。

苏力：《制度是如何形成的》（增订版），北京大学出版社2007年版。

孙君恒、刘可馨：《从圣坛到民间：王艮儒家君子观大众化建构及困限》，《深圳大学学报》（人文社会科学版）2017年第6期。

孙立平：《"过程—事件分析"与当代中国国家—农民关系的实践形态》，载《清华社会学评论》特辑，鹭江出版社2000年版。

孙立平：《"关系"、社会关系与社会结构》，《社会学研究》1996年第5期。

孙隆基：《中国文化的深层结构》，广西师范大学出版社2004年版。

孙秀林、周飞舟：《土地财政与分税制：一个实证解释》，《中国社会科学》2013年第4期。

谭同学：《当代中国乡村社会结合中的工具性圈层格局——基于桥村田野经验的分析》，《开放时代》2009年第8期。

谭同学：《双面人：转型乡村中的人生、欲望与社会心态》，社会科学文献出版社 2016 年版。

陶钰环：《价值累加理论框架下的集体行为探析》，《法制与社会》2015 年第 4 期。

田君：《新型职业农民培育存在的问题与路径研究》，《河南农业》2018 年第 32 期。

童禅福：《走近新时代的乡村振兴道路：中国"三农"调查》，人民出版社 2018 年版。

托斯丹·邦德·凡勃伦：《有闲阶级论：关于制度的经济研究》，蔡受百译，商务印书馆 1964 年版。

汪和建：《解读中国人的关系认同》，《探索与争鸣》2007 年第 12 期。

汪和建：《自我行动的逻辑：理解"新传统主义"与中国单位组织的真实的社会建构》，《社会》2006 年第 3 期。

汪建华、孟泉：《新生代农民工的集体抗争模式——从生产政治到生活政治》，《开放时代》2013 年第 1 期。

王传历：《民间信仰"合法化"与乡村音乐文化振兴》，《歌海》2019 年第 3 期。

王欢：《土地、政策与农民心态》，《北京邮电大学学报》（社会科学版）2000 年第 2 期。

王铭铭、王斯福主编《乡土社会的秩序、公正与权威》，中国政法大学出版社 1997 年版。

王铭铭：《村落视野中的文化与权力：闽台三村五论》，生活·读书·新知三联书店 1997 年版。

王伟楠：《乡村振兴与新型职业农民培育的研究综述》，《中外企业家》2020 年第 4 期。

王欣梅、王孙禹、乔伟峰：《工程科技人员跨文化能力研究》，《清华大学教育研究》2019 年第 6 期。

王新松：《制度的力量：中国农村治理研究》，社会科学文献出版社 2015 年版。

王颖：《新集体主义与泛家族制度——从南海看中国乡村社会基本单元的重构》，《战略与管理》1994 年第 1 期。

王颖：《新集体主义与乡村现代化》，《读书》1996 年第 10 期。

维尔弗雷多·帕累托等：《精英的兴衰》，刘北成、许虹编译，台北桂冠图书
　　有限公司 1993 年版。

文军、高艺多：《社区情感治理：何以可能，何以可为?》，《华东师范大学学
　　报》（哲学社会科学版）2017 年第 6 期。

文军、王云龙：《寓活力于秩序：包容性城市治理的制度建构及其反思》，
　　《学术研究》2020 年第 5 期。

文军：《承传与创新：现代性、全球化与社会学理论的变革》，华东师范大学
　　出版社 2004 年版。

文军：《大力培育新型职业农民，提升市场竞争能力》，《农村工作通讯》
　　2019 年第 3 期。

文军主编《西方社会学理论：经典传统与当代转向》，上海人民出版社 2006
　　年版。

吴道明、宋智勇、张晓霞：《当代农村青年心态研究——以赣中农村为例》，
　　《社会调查》2004 年第 11 期。

吴飞：《论"过日子"》，《社会学研究》2007 年第 6 期。

吴毅：《"权力——利益的结构之网"与农民群体性利益的表达困境——对一
　　起石场纠纷案例的分析》，《社会学研究》2007 年第 5 期。

吴毅：《小镇喧嚣——一个乡镇政治运作的演绎与阐释》，生活·读书·新知
　　三联书店 2007 年版。

吴越菲：《迈向流动性治理：新地域空间的理论重构及其行动策略》，《学术
　　月刊》2019 年第 2 期。

吴越菲：《重建关系性的"乡村"：实体主义乡村发展观的关系转向及其实践
　　脉络》，《南京农业大学学报》（社会科学版）2019 年第 4 期。

吴运凯、李首成：《尊重农民土地情结　稳妥推进土地流转》，《人民日报》
　　2014 年 12 月 11 日，第 7 版。

习近平：《把乡村振兴战略作为新时代"三农"工作总抓手》，《社会主义论
　　坛》2019 年第 7 期。

习近平：《习近平谈治国理政》第三卷，外文出版社 2020 年版。

夏当英、宣朝庆：《乡村生活秩序重构中的传统文化复兴——以皖南 H 镇为
　　例》，《河北学刊》2018 年第 4 期。

夏纪军：《公平与集体行动的逻辑》，格致出版社、上海人民出版社 2013
　　年版。

夏瑛：《从边缘到主流：集体行动框架与文化情境》，《社会》2014年第
    1期。

夏柱智、贺雪峰：《半工半耕与中国渐进城镇化模式》，《中国社会科学》
    2017年第12期。

项飙：《跨越边界的社区：北京"浙江村"的生活史》（修订版），生活书店
    出版有限公司2018年版。

萧放：《民俗传统与乡村振兴》，《西南民族大学学报》（人文社会科学版）
    2019年第5期。

肖瑛：《"家"作为方法：中国社会理论的一种尝试》，《中国社会科学》
    2020年第11期。

肖远平、刘洋：《乡村文化建设与农村社区认同研究：以贵州民族地区为
    例》，人民出版社2015年版。

谢宇：《中国家庭：追求个人自由，还是以子女为中心》，徐蓓整理，《解放
    日报》2020年8月28日。

徐春林：《王艮的身体观与儒学转向》，《学海》2007年第4期。

徐勇：《村干部的双重角色——代理人与当家人》，《二十一世纪》（香港）
    1997年8月号总第42期。

许烺光：《祖荫下：中国乡村的亲属·人格与社会流动》，王芃、徐隆德译，
    台北南天书局2001年版。

阎云翔：《当代中国社会道德变革的轨迹》，《思想战线》2019年第1期。

阎云翔：《社会自我主义：中国式亲密关系——中国北方农村的代际亲密关
    系与下行式家庭主义》，《探索与争鸣》2017年第7期。

阎云翔：《中国社会的个体化》，陆洋等译，上海译文出版社2012年版。

杨存田：《土地情结：中国文化的一个重要原点》，《北京大学学报》（哲学社
    会科学版）2001年第5期。

杨华：《"中农"阶层：当前农村社会的中间阶层——"中国隐性农业革命"
    的社会学命题》，《开放时代》2012年第3期。

杨联陞：《中国文化中"报"、"保"、"包"之意义》，贵州人民出版社2009
    年版。

杨锃：《从"人格崇拜"到"自主自我"——社会的心理学化与心灵治理》，
    《社会学研究》2019年第1期。

易劳逸：《家族、土地与祖先：近世中国四百年社会经济的常与变》，苑杰

译，重庆出版社 2019 年版。

袁方明：《民间信仰在乡村振兴战略中的作用—兼论中国人的信仰模式》，《云南社会科学》2019 年第 2 期。

袁莉：《价值累加理论框架下的网络集体行为研究——以"帝吧出征 FB"事件为例》，《东南传播》2016 年第 7 期。

岳永逸：《行好：乡土的逻辑与庙会》，浙江大学出版社 2014 年版。

詹姆斯·C. 斯科特：《农民的道义经济学：东南亚的反叛与生存》，程立显、刘建等译，译林出版社 2001 年版。

张冠生记录整理《费孝通晚年谈话录（1981—2000）》，生活·读书·新知三联书店 2019 年版。

张浩：《规则竞争：乡土社会转型中的纠纷解决与法律实践》，中国社会科学出版社 2014 年版。

张继亮：《走出集体行动困境的社会资本逻辑理路探析》，《学术交流》2014 年第 6 期。

张金俊：《农民环保自力救济的基本方式与行动逻辑》，《学习与实践》2017 年第 2 期。

张静：《20 世纪中期中国地权变迁与农家经济研究（1946—1956）》，人民出版社 2017 年版。

张静：《基层政权：乡村制度诸问题》，浙江人民出版社 2000 年版。

张静：《社会建设——传统经验面临挑战》，《江苏行政学院学报》2012 年第 4 期。

张静：《社会治理：组织、观念与方法》，商务印书馆 2019 年版。

张静：《现代公共规则与乡村社会》，上海书店出版社 2006 年版。

张军、郑循刚：《劳动力老龄化对农村土地流转的影响——土地情结与劳动能力限制准占主导?》，《长江流域资源与环境》2020 年第 4 期。

张乐天、方煜星：《文化脱贫：一个贫困治理中的难题》，《贵州民族大学学报》2016 年第 2 期。

张鹏：《城市里的陌生人》，袁长庚编译，江苏人民出版社 2014 年版。

张柠：《土地的黄昏》，中国人民大学出版社 2013 年版。

张佩国：《财产关系与乡村法秩序》，学林出版社 2007 年版。

张佩国：《地权·家户·村落》，学林出版社 2007 年版。

张文明、章志敏：《资源·参与·认同：乡村振兴的内生发展逻辑与路径选择》，《社会科学》2018 年第 11 期。

张文明：《内生发展：自主性对农村家庭收入的影响——基于上海市郊 9 个村的实证研究》，《人民论坛·学术前沿》2019 年第 10 期。

张文明：《上海农村调查》，中国社会出版社 2014 年版。

张文明：《乡村振兴应该给予农民更多基于内生的自主性》，《中国乡村发现》2018 年第 5 期。

张玉林：《21 世纪的城乡关系、要素流动与乡村振兴》，《中国农业大学学报》2019 年第 3 期。

张玉林：《大清场：中国的圈地运动及其与英国的比较》，《中国农业大学学报》2015 年第 1 期。

张兆成：《论传统乡贤与现代新乡贤的内涵界定与社会功能》，《江苏师范大学学报》2016 年第 4 期。

张志媛：《新型职业农民培育路径探究》，《中外企业家》2019 年第 4 期。

张祝平：《论乡村振兴中的民间信仰文化自觉——中国茹民区核心地带村落 40 年变迁考察》，《学术界》2019 年第 1 期。

章可：《清末民初"传统"的出现：概念史视角的考察》，《史学月刊》2020 年第 4 期。

赵翠翠：《何处是"家"心安何处——儒家文化振兴中的家国心态》，《国际儒学》（中英文）2022 年第 1 期。

赵建国：《中国式关系批判》，新华出版社 2013 年版。

赵世瑜：《狂欢与日常–明清以来的庙会与民间社会》，生活·读书·新知三联书店 2002 年版。

赵晓峰：《公私定律：村庄视域中的国家政权建设》，社会科学文献出版社 2013 年版。

赵晓锋：《乡村振兴背景下江苏农村基督教工作调查研究》，《江苏省社会主义学院学报》2019 年第 3 期。

赵旭东：《权力与公正——乡土社会的纠纷解决与权威多元》，天津古籍出版社 2003 年版。

赵旭东：《仪式性竞争与第四种权威——政治人类学视角的民间权威与公共性支配的社会逻辑》，《西北民族研究》2017 年第 2 期。

郑雄飞：《中国农村"土地换保障"的实践反思与理性建构》，上海三联书店 2012 年版。

中国文化书院学术委员会编《梁漱溟全集》，山东人民出版社 1989 年版。

周飞舟、吴柳财、左雯敏、李松涛：《从工业城镇化、土地城镇化到人口城镇化：中国特色城镇化道路的社会学考察》，《社会发展研究》2018 年第 1 期。

周飞舟：《生财有道：土地开发和转让中的政府和农民》，《社会学研究》2007 年第 1 期。

周生春、汪杰贵：《乡村社会资本与农村公共服务农民自主供给效率——基于集体行动视角的研究》，《浙江大学学报》（人文社会科学版）2012 年第 3 期。

周晓虹：《传统与变迁——江浙农民的社会心理及其近代以来的嬗变》，生活·读书·新知三联书店 1998 年版。

周晓虹：《社会心态、情感治理与媒介变革》，《探索与争鸣》2016 年第 11 期。

周晓虹等：《中国体验：全球化、社会转型与中国人社会心态的嬗变》，社会科学文献出版社 2017 年版。

周怡：《中国第一村：华西村转型经济中的后集体主义》，香港牛津大学出版社 2006 年版。

朱启臻、闻静超：《论新型职业农民及其培育》，《农业工程》2012 年第 3 期。

朱启臻：《新型职业农民与家庭农场》，《中国农业大学学报》（社会科学版）2013 年第 2 期。

朱妍、林盼：《宗族修谱活动中的代际分化与青年人的利益诉求》，《青年研究》2016 年第 6 期。

子安宣邦：《国家与祭祀：国家神道的现状》，董炳月译，生活·读书·新知三联书店 2007 年版。

佐佐木毅、金泰昌主编《欧美的公与私》，林美茂、徐滔译，人民出版社 2009 年版。

Adam Yuet Chau, *Miraculous Response*: *Doing Popular Religion in Contempoary China*. Stanford: Stanford University Press, 2006.

Anthony Giddens, *The Constitution of Society*: *Outline of the Theory of Structuration*. Oxford: Polity Press, 1984.

Arthur P. Wolf, *Religion and Ritual in Chinese Society*. Stanford University

Press, 1974.

C. K. Yang, *Religion in Chinese Society: A Study of Contemporary Social Functions of Religion and Some of Their Historical Factors*. Berkeley: University of California Press, 1961. Daniel Chirot, "Communist Neo-Traditionalism: Work and Authority in Chinese Industry. By Walder Andrew G." *The Journal of Asian Studies* 47 (1), 1988.

Elizabeth Perry, "Review: State and Society in Contemporary China." Reviewed Works: Communist Neo-Traditionalism: Work and Authority in Chinese Industry; The Reach of the State: Sketches of the Chinese Body Politics, *World Politics* 41 (4), 1989.

Fenggang Yang, *Chinese Christians in America: Conversion, Assimilation, and Adhesive Identities*. Pennsylvania State University Press, 1999.

Fenggang Yang, *Religion in China: Survival and Revival under Communist Rule*. Oxford University Press, 2012.

Gilles Deleuze, *The Flod: Leibniz and the Baroque*. Minneapolis: University of Minnesota Press, 1993.

Gilles Deleuze, *The Logic of Sense*. New York: Columbia University Press, 1990.

Hsiao-Tung Fei & Chih-I Chang, *Earthbound China: A Study of Rural Economy in Yunnan*. Chicago: University of Chicago Press, 1945.

Hsiao-Tung Fei, *China's Gentry: Essays in Rural-Urban Relations*. Revised & edited by Margaret Park Redfield. Chicago: University of Chicago Press, 2011.

Hsiao-Tung Fei, *Peasant Life in China: A Field Study of Country Life in the Yangtze Valley*. London: Routledge, 1939.

Jose Casanova, *Public Religions in the Modern World*. University of Chicago Press, 1994.

K. R. Merton, *Social Theory and Social Structure*. New York: The Free Press, 1968.

Maurice Freedman, "A Chinese Phase in Social Anthropology." *British Journal of Sociology* 14 (1), 1963.

Maurice Freedman, *Chinese Lineage and Society: Fukien and Kwangtung*. London: The Athlone Press, 1966.

Michael Burawoy, "The Extended Case Method." *Sociological Theory* 16: 1 March, 1998.

Neil J. Semelser, *Theory of Collective Behavior*. New York: Free Press, 1962.

Pierre Bourdieu et al. , *Reproductionin Education, Society and Culture*, trans. by Richard Nice. New York: Sage Publication, 1990.

Pierre Bourdieu, *Language and Symbolic Power*, edited by John Thompson. MA: Harvard University Press, 1991.

Prasenjit Duara, *Culture, Power, and the State : Rural North China*, 1900 – 1942. Stanford: Stanford University Press, 1988.

Robert Redfield, *Peasant Society and Culture*. Chicago University Press, 1956.

Samuel L. Popkin, *The Rational Peasant*. California: University of California Press, 1979.

Stephan Feuchtwang & Mingming Wang, *Grassroots Charisma : Four Local Leaders in China*. London and New York: Routledge, 2001.

Stephan Feuchtwang, *An Anthropological Analysis of Chinese Geomancy*. Vientiane, Laos: Vithagna, 1974.

Thomas B. Gold, "Reviewed Work: Communist Neo-Traditionalism: Work and Authority in Chinese Industry by Andrew G. Walder." *Contemporary Sociology* 17 (2), 1988.

T. R. Gurr, *Why Men Rebel*. New Jersey: Princeton University Press, 1970.

附录：访谈人物记录

代码	年龄（岁）	政治面貌	婚姻	职业	地址	访谈时间	访谈地点	备注
MKXJ1	79	群众	已婚	农民	浙江溪水村	2019年2月15日 2019年2月18日	家里	民间精英 孔姓第75代孙
MKXY2	76	群众	已婚	农民	浙江溪水村	2019年2月13日 2019年2月16日	家里	民间精英 孔姓第75代孙
MKXK3	82	党员	已婚	退休干部	浙江溪水村	2019年2月14日	家庙	民间精英 孔姓第75代孙
MGQIL4	48	党员	已婚	村主任	浙江溪水村	2019年2月16日	家里	主管村务
MLXX5	50	党员	已婚	驻村干部	福建梅山村	2019年10月2日	村办公室	
MXXZH6	68	党员	已婚	小学教师	福建梅山村	2019年9月29日	家里	村里的小学教师
MXY7	36	群众	已婚	村主任	福建梅山村	2019年9月29日 2019年9月30日	村里	个体户
MXB8	30	团员	已婚	村委委员	福建梅山村	2019年9月29日 2019年9月30日	餐馆 村办公室	综合治理人员
MXP9	60	党员	已婚	村级出纳	福建梅山村	2019年10月2日	村办公室	
MXXL10	54	党员	已婚	村支书	福建梅山村	2019年9月30日	村办公室	
MXGG11	50	群众	已婚	村委委员	福建梅山村	2019年10月2日	村办公室	

代码	年龄（岁）	政治面貌	婚姻	职业	地址	访谈时间	访谈地点	备注
MYXP12	55	党员	已婚	区文化旅游局	福建梅山村	2019 年 10 月 1 日	某茶馆	
MXSL13	34	群众	已婚	老板	福建梅山村	2019 年 9 月 30 日 2020 年 4 月 20 日	电话访谈某餐厅	定居上海
FLXY14	30	团员	已婚	村委会委员	福建梅山村	2019 年 9 月 30 日	村委会图书室	外嫁到村里的
MXXP15	45	党员	已婚	大学教授	福建梅山村	2019 年 9 月 29 日	学院办公室	
MLSJ16	40	群众	已婚	司机	河南吉原村	2019 年 10 月 6 日	出租车	
FMT17	30	外国人	未婚	博士研究生	河南吉原村	2019 年 7 月 17 日	村里	
MYP18	28	群众	未婚	和尚	河南吉原村	2019 年 7 月 17 日	村里	
FLNS19	42	群众	已婚	司机	河南吉原村	2019 年 10 月 3 日	出租车	
MWSJ20	39	群众	已婚	司机	河南吉原村	2019 年 10 月 5 日	出租车	
MZLB21	48	群众	已婚	饭店老板	河南吉原村	2019 年 10 月 7 日	饭店	购两套新农村房产卖掉一套
FZTT22	78	群众	已婚	农民	河南吉原村	2019 年 10 月 5 日	家里	
MZRJ23	69	群众	已婚	农民	河南吉原村	2019 年 10 月 5 日 2019 年 10 月 8 日	家里	老村长
FWNS24	59	群众	已婚	农民	河南吉原村	2019 年 10 月 8 日	田地里	
MWZX25	56	群众	已婚	农民	河南吉原村	2019 年 10 月 6 日	村办公室	上访多次
MZLZ26	40	党员	已婚	村支书	河南吉原村	2019 年 10 月 6 日	村办公室	村支书

代码	年龄（岁）	政治面貌	婚姻	职业	地址	访谈时间	访谈地点	备注
FZNVS27	52	群众	已婚	农民	河南吉原村	2019 年 10 月 5 日	家里	基督徒
FZHR28	13	团员	未婚	学生	河南吉原村	2019 年 10 月 8 日	家里	初一学生
MZYY29	75	群众	已婚	农民	河南吉原村	2019 年 10 月 4 日	田地里	FZHR28 的爷爷
MZQF30	50	群众	已婚	农民	河南吉原村	2019 年 10 月 5 日	家里	
MZSJ31	66	党员	已婚	农民	河南吉原村	2019 年 10 月 5 日	家里	老支书

注：首字母 M 代表男性，F 代表女性。

索引

Y

Z

致　谢

学术研究是一场修行，更是一种生活方式。从攻读博士学位到从事博士后研究以及走上工作岗位这十多年的时光里，我慢慢地在感受、体会和思考研究的艰辛与魅力，也在读书、田野及写作中感悟着学术与人生。做研究如同参禅一般，需要在行住坐卧中不断觉悟，也需要在勤能补拙及反复温习中求实知新，还需要在反思自我与观察社会中不断提升研究之学养，以及社会学独特的理解力、想象力和批判力。

该研究工作的完成，在一场突如其来的新冠疫情中思考并进行。幸运的是，此前我已完成了浙闽豫三地的田野调研，故能在新冠疫情发生，大多被隔离、惶恐不安的日子里因为整理田野资料和写作等而获得一些身心的安定，同时也在后疫情时代改变着的普通人的生活与研究中体会着生命的感动与时间的流动。

田野体会及其资料整理分析促使整本书的研究思路与主旨不断明确，也促使我从"文化建设能力"的视角出发，论述乡村振兴与乡村文化建设能力之间的理论与实践关联。"文化建设能力"这一贯穿全书的核心概念，主要深受阿马蒂亚·森的"可行能力"研究、国内外关于"文化能力""跨文化能力"的研究，以及近年来热议的"治理能力现代化"等概念的启发。尤其是其中的"能力"一词，对于本书讨论乡村文化建设及其促进乡村振兴研究具有直接的启发意义。

借助于"能力"一词，通过浙闽豫三村文化建设现状及对各种建设能力的深度考察与比较研究，本书呈现了当前乡村文化建设中普遍存在的私人化依附与层级式建设逻辑，有助于更好地观察乡村社会变迁以及重新找到乡村发展的动力机制与能力不足，促成乡村文化自治及村落生活共同体等制度化建设，构建一种以村级政权为中心，各种价值、人群、资源关系有效整合的公共文化与公共型叠合秩序，为当前乡村振兴研究提供一种文化构建制度化中介的秩序生成框架及其解释体系；致力于研究当下全面建成小康社会以及乡村振兴中的价值秩序与文化心态，揭示当代乡村建设中社会大众的价值变迁与普遍的行动逻辑。

在此过程中，"文化建设能力"的核心概念及其内涵，既能将不同村庄社会中的文化构成内容进行指标化分类，与村庄其他类型的能力机制有效整合，促进乡村不同文化价值体系之间的深度融合，又能将不同村庄的文化崇拜类型及其建设现状、经验成效与存在问题，采用一种动态的秩序呈现，有助于多样化的活态文化构建。此外，围绕着村委会这一乡村基层政权，同时借助于民间精英的道德能力与身份中介效应，实现民与民、城与乡、村与民、村庄与社会、农民与国家等之间的有机联结，促进基层德治、法治、自治的公共秩序构建。

"文化建设能力"的概念内涵给予我在研究中以很大的启发，但其同时又是一个极难把握的概念。我在调研及写作过程中，就是希望借助此概念厘清不同村庄有益于促进乡村振兴的各类资源和人群关系，希望将其进行分类整合，同时亦注重不同价值、不同主体、不同资源等之间的层级式累加，展现不同乡村文化建设的能力机制与强弱关系。这些不同村庄的文化建设现状及其发展心态，虽然大多是局部的、地方的、家族的、私人的文化秩序构建，但是也不乏当前乡村建设过程中的普遍特征。尤其是乡村各类仪式性崇拜活动所呈现的各种私人化、消费娱乐化特征，乡村文化建设能力对家族势力、行政权力的深层依附，乡村文化建设现状的某些景观化与空洞化等，都呈现了文化建设能力的某种弱化。

在研究方法层面，本书主要从整体与部分、宏观与微观、公共与私人等角度，考察浙闽豫三村的不同文化崇拜类型及其心态秩序，特别注重对价值的正向累加与秩序叠合过程的论述。同时，借助于民间精英的身份中介及其家国心态，把握行政精英、文化精英、商业精英在促进家族文化建设、乡村文化建设、乡村治理秩序等方面的意义和价值，挖掘乡村大众、村委会干部、地方权力代理人在乡村建设过程中的各种心态秩序与文化情感。大体来说，本书致力于为读者展现乡村振兴过程中特别需要关注的文化崇拜心态及其情感治理问题，为大众展现地方特色文化的同时，揭示当前乡村文化振兴的能力强弱、经验成效及普遍逻辑。

研究总是一个集迷茫、感动、辛苦、焦虑、喜乐等于一体的五味杂陈、百感交集的复杂过程。而对这一过程的回忆以及对本书思路、研究主旨的重新梳理，更是对这一过程最好的叙事、消化与再理解。该研究的完成，离不开华东师范大学社会学系李向平教授的悉心指导。从田野调查到写作过程，李老师给予我很多方面的点拨与帮助。李老师提出的各种思路、建议和修改意见，总是能够给我以重要启发，让我在讨论与反思中不断获得喜悦与新的觉悟。

研究工作的过程与完成，离不开学界多位老师的指导和帮助。感谢文军教授、田兆元教授、张文明教授、黄剑波教授、刘拥华教授、唐忠毛教授、李峰教授等给予我在研究工作中的各种鼓励与指导。他们在学术上的深厚造诣以及在不同研究方向上的学术建树和相关研究论著，都给予我极大的启发与鼓舞。感谢杜保源、丁玉婷、王晓霞、杨雯等几位老师给予我的各种帮助和关心。感谢国家社科基金项目、中国博士后科学基金面上资助项目和特别资助项目给予我在课题调研方面的重大支持与精神鼓励。这些经费与项目获得，都让我对课题的学习与研究工作更加有信心，也给予我在田野调查中以各种方便，让我的学术与人生道路多了一份光彩与感动。

感谢上海社会科学院宗教研究所晏可佳所长、佘凌副所长、吉艳主任、潘浩、张靓、石丽、黄海波等各位同事给予我在从事研究工作期间的各种关心、指导和帮助，让我能够很好地平衡科研工作与家庭生活之间的关系。我还要感谢我的同门师兄师姐、师弟师妹以及我身边的一群好友，他们给了我在研究与生活方面的各种支持，他们是我最真诚的好友，亦是我前行道路上的欢乐。

感谢社会科学文献出版社谢蕊芬、赵娜、张真真等编辑老师的辛苦编校与细心工作。特别是赵娜老师多次与我联系，商讨相关内容及格式的修改与完善等，给了我很大的帮助、鼓励和启发，也让我在文字修订及打磨中获益良多。

我还要感谢我最亲爱的家人，无论何时何地，家人都是我人生与学术道路上最坚强的后盾和最深的牵挂。在研究与写作过程中，家人时常在嘘寒问暖之际问及我科研工作方面的进展情况，并不断叮嘱我要劳逸结合、注意身体，不要总是坐在电脑跟前……这些都让我倍感温暖与幸福，使我能够安心自在地从事自己喜欢的研究和写作，亦在此过程中深感责任重大，更加有动力和懂得珍惜与回报这份爱的深沉。

　　费孝通先生曾说："我就是这样到处跑，到处学习，学到了不少东西。一边跑，一边看，从看到的事实出发，来思考问题，分析过程，提出观点，和大家讨论。"费孝通先生的这段话很让人受用，也将鼓励我更好地读书、田野和写作，在学术研究与交流中获得知识、方法和智慧。

　　本书介于乡村研究和文化研究之间，试图展现不同区域背景下的乡村文化特色与普遍的乡村建设逻辑，为读者呈现乡村文化振兴进程中不同人群、不同资源、不同村庄在价值层面的各种累加机制与秩序叠合过程，促成以人为本的城镇化与振兴逻辑，构建一种兼顾经济增收、文化崇拜、地方民俗和自然生态的结构性发展道路。

　　文章千古事，得失寸心知。这是一个研究时段的结束，也意味着新阶段、新思考和新想法的到来。三毛说："一个人至少拥有一个梦想，有一个理由去坚强。心若没有栖息的地方，到哪里都是在流浪。"我的学术之梦依然需要艰辛跋涉，愿未来无论身处何时何地，都能随时阅读自己喜欢的书籍，在理解和想象中自由自在地书写心中的山水与美好，在研究中修心成己，获得自我解放。

赵翠翠

2024 年春节前夕

第十批《中国社会科学博士后文库》专家推荐表 1

　　《中国社会科学博士后文库》由中国社会科学院与全国博士后管理委员会共同设立,旨在集中推出选题立意高、成果质量高、真正反映当前我国哲学社会科学领域博士后研究最高学术水准的创新成果,充分发挥哲学社会科学优秀博士后科研成果和优秀博士后人才的引领示范作用,让《文库》著作真正成为时代的符号、学术的示范。

推荐专家姓名	李向平	电　　话	
专业技术职务	教　授	研究专长	宗教社会学、社会变迁与心态秩序
工作单位	华东师范大学社会学系	行政职务	社会发展学院学术委员会主任
推荐成果名称	乡村振兴与文化建设能力——以浙闽豫三村个案研究为例		
成果作者姓名	赵翠翠		

　　(对书稿的学术创新、理论价值、现实意义、政治理论倾向及是否具有出版价值等方面做出全面评价,并指出其不足之处)

　　赵翠翠的博士后研究报告以浙江溪水村、福建梅山村、河南吉原村三地乡村文化建设为研究对象,基于中共中央关于乡村振兴战略的政策与精神,对浙闽豫三地乡村文化建设进行深入考察与比较研究,论述乡村振兴与文化建设能力之间的理论与实践关联。

　　学术创新点在于,以文化生成秩序为理论视角。提出"文化建设能力"的核心概念,并在个案研究及比较中论述乡村文化建设现状特征、能力不足与存在困境,揭示了乡村文化建设能力的普遍行动逻辑。该研究问题意识明确,资料扎实可靠,引证规范,论证过程合乎逻辑,结构完整,其理论价值与关怀在于,从文化建设能力的层级式依附逻辑出发,回应了华尔德"新传统主义"权力之私人化依附及杜赞奇笔下关于"经纪人"在促进乡村与国家关系构建中的中介地位与作用机制。现实方面,试图挖掘文化建设及其能力机制构建对促进乡村全面振兴、村落文化生活共同体建设、村级治理能力提升、城乡关系融合等方面的借鉴意义。当然,该研究报告也存在一些不足之处,比如,相关理论讨论与个案研究、比较研究部分,似可再做深入讨论。

　　总之,该研究报告致力于构建文化建设能力与乡村振兴之有机整合的文化建设路径,对于当前实施乡村文化振兴、促进乡村全面发展与城乡关系融合、基层治理现代化等都具有借鉴意义与学术价值。特此推荐。

说明:该推荐表须由具有正高级专业技术职务的同行专家填写,并由推荐人亲自签字,一旦推荐,须承担个人信誉责任。如推荐书稿入选《文库》,推荐专家姓名及推荐意见将印入著作。

第十批《中国社会科学博士后文库》专家推荐表 2

　　《中国社会科学博士后文库》由中国社会科学院与全国博士后管理委员会共同设立,旨在集中推出选题立意高、成果质量高、真正反映当前我国哲学社会科学领域博士后研究最高学术水准的创新成果,充分发挥哲学社会科学优秀博士科研成果和优秀博士后人才的引领示范作用,让《文库》著作真正成为时代的符号、学术的示范。

推荐专家姓名	文 军	电 话	
专业技术职务	教 授	研究专长	社会学理论发展社会学
工作单位	华东师范大学社会学系	行政职务	社会发展学院院长
推荐成果名称	乡村振兴与文化建设能力——以浙闽豫三村个案研究为例		
成果作者姓名	赵翠翠		

　　(对书稿的学术创新、理论价值、现实意义、政治理论倾向及是否具有出版价值等方面做出全面评价,并指出其不足之处)

　　赵翠翠的博士后研究报告选题新颖、问题意识明确,研究方法科学严谨、框架完整。以浙江溪水村、福建梅山村、河南吉原村三种不同类型的崇拜现象及其关系为研究对象,对浙闽豫三种不同类型的乡村文化建设进行了深入考察与比较研究,论述乡村振兴与文化建设能力之间的理论与实践关联,试图从文化振兴视角讨论乡村发展、变迁现状特征及存在困境。

　　该研究报告围绕圣人崇拜、名人崇拜和土地崇拜三种崇拜类型及其文化建设现状与困境等,从文化建设能力的独特性、依附性、层级式等逻辑出发,回应华尔德"新传统主义"权力之私人化依附及杜赞奇笔下关于"经纪人"在促进乡村与国家关系构建中的中介地位与作用机制,其最大的学术创新与理论价值在于,以文化生成秩序为理论视角,提出了"文化建设能力"的核心概念,并在个案研究及比较中论述乡村文化建设现状特征、能力不足与发展困境,揭示当前乡村文化建设的各种普遍逻辑,说明中国社会中一种最为普遍的文化崇拜情结及其权力心态是如何作用于当前的乡村文化建设的。从现实意义来看,试图挖掘文化建设对于构建良好家风,促进乡村文化自觉、村落共同体建设、乡村社会关系重构、村级治理能力提升及社会转型等方面的借鉴意义。不足之处在于,相关理论论述与比较研究部分,还可再做深入讨论。

　　总体来说,该研究报告基于中共中央关于乡村振兴战略的政策与精神,致力于构建文化建设能力与乡村振兴有机整合的文化建设路径,对于当前促进乡村资源有效整合、提升农民创新创业、推动乡村全面发展及城乡关系融合、基层治理现代化等具有借鉴意义与学术价值。

说明:该推荐表须由具有正高级专业技术职务的同行专家填写,并由推荐人亲自签字,一旦推荐,须承担个人信誉责任。如推荐书稿入选《文库》,推荐专家姓名及推荐意见将印入著作。